东方·剑桥 世界历史文库
Orient & Cambridge World History Library

A Concise History of Finland

芬兰史

大卫·科尔比 著 纪胜利 等 译

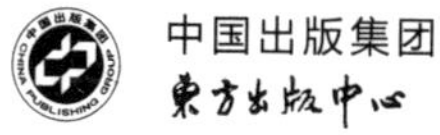
中国出版集团
東方出版中心

图书在版编目(CIP)数据

芬兰史/(英)大卫·科尔比著;纪胜利等译. —
上海: 东方出版中心,2017.5
(东方·剑桥世界历史文库)
ISBN 978-7-5473-1114-1

Ⅰ. ①芬… Ⅱ. ①大…②纪… Ⅲ. ① 芬兰—历史
Ⅳ. ① K531.0

中国版本图书馆 CIP 数据核字(2017)第 081340 号

上海市版权局著作权合同登记: 图字 09-2017-252 号

责任编辑: 赵　明
责任印制: 徐儒静
装帧设计: 罗　洪

芬兰史

出版发行: 东方出版中心
地　　址: 上海市仙霞路 345 号
电　　话: (021)62417400
邮政编码: 200336
经　　销: 全国新华书店
印　　刷: 常熟新骅印刷有限公司
开　　本: 640×960 毫米　1/16
字　　数: 275 千字
印　　张: 20.25
版　　次: 2017 年 5 月第 1 版第 1 次印刷
ISBN 978-7-5473-1114-1
定　　价: 52.00 元

东方出版中心邮购部　电话: (021)52069798

目录 Contents

序　言

芬兰完全可以称得上现代史上取得巨大成功的传奇之一。在不到 xii
一个世纪的时间里，芬兰从欧洲北部边缘一个贫穷的农业地区变为今日欧洲联盟内最繁荣的国家之一。这一经历令人瞩目，但绝非一帆风顺。1918 年，芬兰自俄国统治下取得独立，伴随而来的是痛苦的内战，在芬兰政治肌体上烙下的伤疤持续数十年。从 1939 到 1945 年，芬兰经历了三次战争，两次反抗苏联，一次抗击德国。期间除蒙受巨大伤亡外，还失去了几乎十分之一领土。作为独立的共和国，芬兰政治史在 20 世纪大多数时间里深受冲突之困扰，与今日芬兰呈现之和谐一致的欧洲良好一员形象相去甚远。作为一个不再处于苏联阴影之下、自信而又坚定的欧盟成员国，芬兰在过去 20 年里的再造，还伴随着对民族历史和民族身份的重新认识。特别是，芬兰不久前还处在严格的审查制度下，它作为清洗运动的一部分，与所谓“真空带”的东欧国家不久前的检查制度不无相似之处。

这种对一个民族过去的重新评价构成了本书的一个起点。虽然已考虑到社会、文化和经济均为构成因素，但不论就短期还是长期叙事而言，本书主要是一部政治史。

在采取传统编年史结构的同时，我尝试强调那些使芬兰得以成为 xiv
今日之芬兰的特征。特别是，我着重强调空间、时间和政治这三个对语言和文化的形成产生决定性影响的维度。生活在寒冷而又相当贫瘠的北方土地上的人们寻求适应和改变之途，即怎样使这块土地成为他们谋生之地和家邦的象征，铭记于芬兰人心中。从冰盖开始退去人类开始定居的遥远时代到 20 世纪 40 年代后期付出巨大努力安置数千难民，在这块土地上努力谋生的斗争乃是一部史诗和不变的主题。在此意义上，芬兰曾是一个非常边缘化的国家，这可很好地用来解释在过去几个世纪里两种敌对和冲突的力量都在芬兰人的生活中留下印记。第一种看起来出自竭力索求和使用一切可能的资源的强烈驱动。这产生了很强的服从权威的传统，这个传统又被路德宗、强有力的贵族机构和对法律的严格信奉所强化。不过，该传统同样更倾向于合作一致而不是强制。第二种是一种很少正式定义的出自野蛮、目无法纪的传统，一种漠视或不服从法律的边民心态。亚历克西斯 · 基维(Aleksis Kivi)写于 19 世纪的小说中所描写的七兄弟逃避文明世界，过着自由的野外生活；带着大刀傲慢地游荡的波的尼亚的流浪儿们；两次大战之间违反禁令向那些四处游荡的瘾君子们提供致命酒精的非法贩运者；阿基 · 考里斯迈基(Aki Kaurismäki)的电影中甚至也充斥的散漫和可悲的特征：所有这些均属于带有对上流人士强烈不信任的野蛮、轻慢和松散的传统。这种传统容易被成功故事的光华外表所掩盖，但它同样成为构成今日芬兰之一部分。

现代芬兰历史似乎摇摆于长期相对稳定以及不易察觉的变化和导致一切改观的短期爆发之间。目前看来这其中一段又要来过。我尝试
xv 对照自己所直接经历过的最近背景以理解和弄清楚这些变化，这一经历构成了我自己关于芬兰的见解和观念，坦率地说我的许多结论都可能打上这一经历的烙印。过去多年里，我从与芬兰和英国同事们的讨论中获益匪浅，非此，则我不可能写成此书，我要对他们的善意和支持表示感谢。我还必须感谢为我挑选图片提供方便的芬兰国家古迹局和赫尔辛基劳工档案馆。同样还要感谢总统档案馆允许我复制吉科宁总统 1961 年访美受到肯尼迪总统欢迎的照片。

芬兰的官方语言有两种，大多数历史专有名词源自瑞典语。在我

认为恰当的地方，我使用瑞典词汇并同时标出芬兰语。除由于历史原因，瑞典语地名在某地更加著名外，譬如，1721 年的《奈斯泰德条约》(The Treaty of Nystad of 1721)，省、县和城镇的名字仅用芬兰语冠名。在某些情况下，我同样追本溯源，以芬兰词汇命名重要的机构，如议会。

第一章　中世纪的疆界

北欧构成今日芬兰共和国包括水陆在内共 338 145 平方公里的自 1
然轮廓，成型于大冰期之后。退去的大冰川冲蚀了芬兰-斯堪的纳维亚
大陆架的结晶红岩石，在它身后留下了数千个浅湖、蛇丘、鼓丘，以及犬
牙交错的海岸线，由于陆地还在从巨大冰川的压力下恢复，这样的海岸
线仍然不断地从海洋中浮现出来。只是在芬兰极北端，陆地才高出海
平面 1 000 米以上。在东面，曼塞尔凯丘陵是分别向西注入波的尼亚
湾和向东注入白海的河流的分水岭。芬兰中央和东部庞大的湖泊系统
被进一步向东南方的南海岸延伸的众多分水岭同海岸线分割开来。内
陆地区几乎四分之一的表面被水所覆盖，进而有百分之二十为湿地，多
半是沼泽和泥淖。除了极小的一块突出的陆地位于北纬 60 度线以南
(奥斯陆和设得兰群岛在这一纬度上，斯德哥尔摩稍微更南一点)，芬兰
可称得上是欧洲大陆所有国家中最北面的，它从波罗的海北岸绵亘一
千多公里直到北冰洋。夏天温暖，但很短暂；冬季漫长、黑暗和寒冷，不
过地区之间有很大差别，西南部地区积雪的覆盖平均 70 天到 110 天，
东部地区是 160—190 天，北部地区则是 200—220 天。北方土地上的 2
居民们不得不学会在寒冬、洪水泛滥的春季生存，也包括反复无常的夏
季，因为 5 月或 8 月的霜冻可能会破坏农作物。这有助于形成这样的
文化：顽强的适应力、忍耐以及辛勤地劳作受人尊敬。

芬兰是一块被森林覆盖的土地，绝大部分森林是松树和云杉，巨大的森林一眼望不到边；即使今天，该国超过一半的国土仍为森林所覆盖。9 000 多年前，很有可能是充满诱惑的森林吸引了来自南部和东部的定居者。中石器时代的史前文物和遗骨揭示了一种基本位于沿岸和主要水系广阔地带的渔猎文化。埃尔克是肉类、骨类、兽筋和兽皮的主要供应地，同样也以树木和石头吸引着新石器时代的艺术家们。海豹提供了供消费和贸易的脂肪、肉和皮；鱼，特别是狗鱼、鸟、坚果和浆果为这些早期的定居者提供了食物。

从大约公元前 3300 年起，相当于现在芬兰最西面的地区形成了一种新的文化，该地制造具有篦纹特征的陶器。据认为，这种来自伏尔加地区的新文化的携带者同样操芬兰语，他们受所接触到的语言影响，逐渐形成了被历史语言学家命名的原始芬兰语。这些人看起来大多数定居在芬兰湾南部，不过其中一个操萨米语的群体在较早时候从中分离出来，移民到拉多加湖和奥涅加湖北部地区。同古波罗的海人和东日耳曼人的接触决定性地改变了原始芬兰语和操这种语言的人们。从芬兰湾南岸开始形成的四种主要芬兰语方言集团，即西南芬兰、海梅、萨瓦和卡累利阿，在随后几个世纪通过陆路和海路向北迁移。

到大约公元前 1500 年左右，北欧青铜时代开始时，两种截然不同的文化带出现了。在同斯堪的纳维亚和中欧的交往中，西部和南部海
3 岸的居民受到强烈影响，这些偏远地区继续从东部受到文化上的刺激。在河谷和沿岸平原更加富饶的土地上，农业开始成为文化常态；在北部和东部的森林和沼泽地区，渔猎文化继续兴盛。芬兰人的起源，特别是定居地和文化的“东方”和“西方”外观，仍然是很多争辩和偶尔冲突的主题，这种争辩已经影响到并继续塑造着芬兰人对自己和他人的见解。芬兰人自己如何被外人理解完全是另外一回事。事实上，这些早期作家（塔西佗在公元 1 世纪，乔达内斯在 6 世纪）提到的“芬尼人”试图辨认的北极地区居民，是北极地区的游牧猎人，他们可能确实同诸如 9 世纪的挪威渥太尔人这样的迁徙者进行贸易，后者对自己在北极旅行的叙述被韦塞克斯的阿尔弗雷德王保存给后代。

这些在极北部定居的人被12世纪挪威历史描述为“令人遗憾地崇拜虚构的上帝的人，即卡累利阿人和奎尼人(Kweni)，霍恩芬兰人(Hornfinns)和比阿米人(Biarmi)”。奎尼人和比阿米人也通过皮毛商人等其他途径为人所知，他们似乎是在白海与波的尼亚湾最北端之间的地区活动：作为与众不同的群落，他们曾经长期消失在时间的薄雾中。对于挪威人来说霍恩芬兰人可能是萨米芬兰人(SamiFinns，挪威最北端的地区称为芬马克[Finnmark])。卡累利阿人在12至13世纪开始从他们在拉多加和奥涅加的中心地区分散开来，向东到了北德维纳河的入口，向北到了北冰洋沿岸，在那里他们同挪威人发生冲突，而在西方则与海梅部落发生冲突。同时，他们同样开始受到东正教和诺夫戈罗德公国的影响和控制。

中世纪欧洲的“芬兰人”之所以拥有原始猎人、行巫术者和向搁浅
的水手们兜售急需品的小贩的形象，很大程度上应归因于北大西洋冒
险者们的讲述。我们明显缺少关于居住在波罗的海沿岸和逐渐定居在 4
偏远地区的人们有文字记载的证据，不过13世纪一则关于从丹麦到东
波罗的海航路的描写显示，这是维京时代一条很好的海路，考古发掘同
样显示西部芬兰人了解并应用了维京人的造船技术。

“芬兰”一词在中世纪已经通用，不过采用它的地区仍然不清楚和被错误界定。具有突出意义的是，这个词被用来作为加强中央权威的手段：1229年，教皇格里高里九世用这个词宣称芬兰已经处于他的保护下，瑞典国王芒努斯·拉杜洛斯(Magnus Ladulås)在1284年任命其弟本格特(Bengt)为芬兰公爵。在天主教和瑞典的权威加强之前，有些史料，如石刻铭文和正教修道院的编年史，使用芬兰一词通常更多指的是某些部落，如海梅。这些部落具备进行战争和贸易的组织能力，并且当重大事件需要的时候，他们有足够的力量给自己的邻居制造麻烦；但这些从易北河一直延伸到北极圈的人与罗伯特·巴特利特曾经称呼的“没文化的多神崇拜者”圈中的人们有共同之处，最终都被纳入拉丁基督教徒的社团组织结构中。芬兰作为一个政治实体在11至13世纪能够生存下来，归因于他们在相当于现今瑞典中部平原的地区逐渐建立

了自己的领地。斯维王国和哥塔王国的扩张和兼并，向北和向西将诺尔兰、达拉那、哥得兰岛以及严格意义上的芬兰（瓦西奈斯-索米，艾根特里加）囊括进来。对于北欧乘船旅行的人们来说，在航行的季节里，波罗的海较浅的水不是障碍，而是提供了便利（不过冬季海上浮冰的确阻隔了通过海路和水路的联络），有充分的证据表明，在所谓“十字军东征”之前环东北波罗的海边缘地带定居的人们已经混合与融合，而通常“十字军东征”是芬兰成为瑞典王国一部分的时期开始的标志。

18世纪早期历史学家阿尔戈特·斯卡林（Algot Scarin）确信，亲

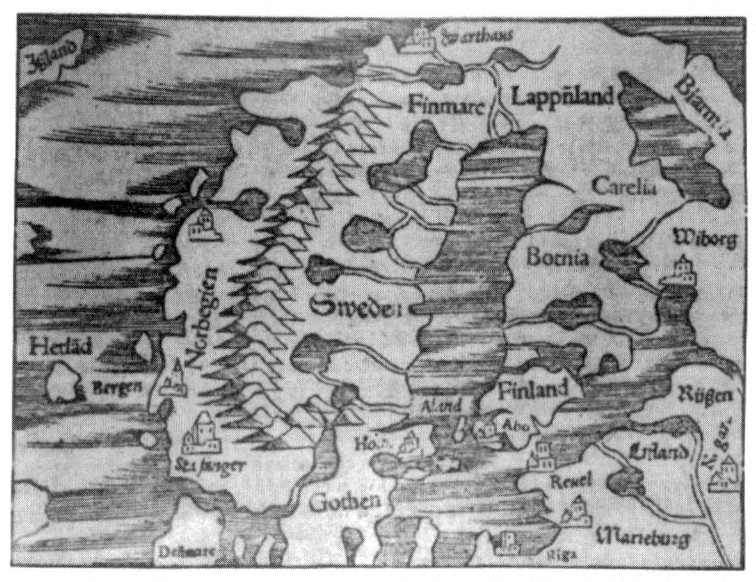

图1　北欧地图，取自于塞巴斯蒂安·明斯特著作《1552年的世界地图》。

第一幅详细的北欧地图是1539年在威尼斯印制的由奥劳斯·芒努斯（Olaus Magnus）编著的《卡塔·哥西卡》（*Carta Gothica*），后来重新命名为《卡塔·玛丽娜》（*Carta Marina*）。荒漠占据了地图的大部分，和奥劳斯·芒努斯16年后出版的作品中对北欧人的描述一样。人类居住和耕作的遗存仅限于西南角的芬兰本土。北部和东部是野兽出没的森林，鱼和禽鸟的世界，偶尔有人驾驶小船穿过湖水，或乘坐由马或驯鹿拉的雪橇越过冰封的海面。《卡塔·玛丽娜》这一简本后来在1544年塞巴斯蒂安·明斯特首次于巴塞尔出版的《世界地图》中再版，此后又再版数次。明斯特以芬兰语作为说明文字，恰好表明对于这一遥远的地方普遍的忽视和混淆。用其英文译者乔治·诺斯的话来说：“芬兰地方居民操两种混杂的语言。从维堡到波尔沃，大部分有斯拉夫口音，但在近海岸地区他们操瑞典语，在该国中部地区他们讲本地语。”

基督教的纪念物或防御地点的缺少表明，芬兰的宗教仪式必定与其他
北欧国家有所区别，而当芬兰人仍处于不开化状态时，瑞典人早已拥有 6
了适合自己的最高权威。处在一个更加强烈的民族主义时代的历史学
家们倾向于看到瑞典对芬兰统治的建立——正如 M. G. 许贝里森
(M. G. Schybergson)在其 1903 年所著《芬兰史》所描述的——以及西
方基督教价值的灌输。最近学者注意到这样的事实，这个瑞典邦自身
处在创建的初期阶段，而且大多数发生在芬兰这一边的事情同样发生
在西方那一边。尽管一般而言十字军的强烈动机是把十字架及其福音
传递给那些不信教者和异教徒，但并没有造成公共政治机构建立过程
减缓的重大影响。100 年后的 13 世纪 70 年代初次对第一次十字军东
征的日期和性质的描述，有许多不确定之处。由英国人亨利控制的皈
依工作据估计发生在短命的埃里克王朝(1155 或 1156 至 1160 年)期
间。由于这两人不久都被谋杀并被抬高为广为传颂的圣徒，我们有理
由对于民间传说的虚饰保持一分审慎。拉里(Lalli)关于亨利被谋杀的
故事和随后发生的一些神奇事件，相对出现较晚。同时，埃里克的神圣
品德被其子加以夸大，以炫示其家族的荣耀和声名。短暂的入侵可能
对于瑞典王国同诺夫戈罗德公国之间冲突的增加不无影响，后者一直寻
求在奥涅加和拉多加湖西部增加领土。侵掠和反侵掠并不是有计划的
持续运动，而是常态，埃里克绝无实力和意愿帮助十字军使芬兰人皈依。

尽管有了某些布道活动，然而 1171 年格雷维斯(Gravis)教皇致乌
普萨拉大主教和 1172 年教皇亚历山大三世给其下属主教们的敕令要
旨表明，这些活动进展有限。敕令想必是打算敦促瑞典采取行动，或者
它是想通过在丹麦王国的被驱逐的隆德大主教重新确定对新产生的瑞
典主教区的权威。向东波罗的海扩展的贸易，促使德国商人前往哥得
兰岛和诺夫戈罗德，巩固了丹麦在北欧的权利，并且推动了沿波罗的海 7
南岸向东推行强制皈依进程的稳步进展，可能同样唤起了教皇对北欧
新的兴趣。从 1191 到 1202 年，丹麦军队数次入侵芬兰和爱沙尼亚。 8
由里加主教布克斯特胡德(Buxtehude)的阿尔贝特在 1200 年建立的
“圣剑兄弟骑士团”忙于进一步向南扩展，迫使环绕道加瓦河口的利夫

图 2　亨利主教把谋杀他的拉里踩在脚下。

取自 1448 年出版的 *Missale Aboense*。根据从 13 世纪以来最早的传奇作品，亨利是英国人，被选为乌普萨拉的主教，他在 1150 年代同瑞典埃里克国王一起对芬兰进行十字军讨伐。他在一个冰冻的湖上被一个叫做拉里的农民谋杀了，后者受到其怀有怨恨的妻子的挑唆。13 世纪的一部诗作的残篇写道，亨利在死前颁布命令，他的遗体要由两头牛拉的车载运，牛歇息的地方就是他的安葬地。这一幕最后发生在努西埃宁，芬兰第一个主教席位，虽然这一席位最终在 13 世纪转到了图尔库，但努西埃宁在整个中世纪仍然是朝圣的中心。拉里由于自己的亵渎行为而遭到惩罚，当他打算脱下偷来的主教帽子时，却失去了自己的头皮。人们很想看到在这历史上头一遭有记载的芬兰人——“野蛮人”和“文明的”西方人之间宿命般的遭遇中，对于后来芬兰认同的发展一个范例。

人皈依。教皇的信件表明瑞典人同样进行了十字军东侵，不过直到丹麦军队最终把注意力转向芬兰湾南岸，并且在 1219 年征服了爱沙尼亚的林登尼斯要塞——被他们倾覆的城堡基础仍然是现代塔林市的轮廓线——在这之前他们看起来不打算在芬兰建立长期的政治存在。

到 13 世纪中期，在严格意义上的芬兰相对富饶的平原上和分散的奥兰群岛上存在着一个可以辨识的基督教社会。主教教区最终在奥拉河岸建立起来，并且在后来 600 多年里成为芬兰国都的地方教区大教堂开始兴建，该地瑞典语称做“阿波”，或者“河边定居地”；芬兰语称做图尔库,或“交易地”。在托马斯主教强有力的领导下,对异教的海梅人的布道开始了。这个皈依工作不唯天主教垄断,俄罗斯东正教也在海梅人中间积极活动,以向拉多加和奥涅加环湖地区扩展势力。事实上,由教皇格里高利四世在1237年发起的对海梅人的十字军行动,成为由教会和瑞典国王召集的军队同诺夫戈罗德王子亚历山大·涅夫斯基军队之间的剧烈冲突。俄罗斯编年史记载:1240年,瑞典军队在涅瓦河与伊兹哈拉河交汇处遭到沉重打击。但是,根据写于14世纪30年代的史诗《埃瑞克斯卡隆尼堪》(*Erikskrönikan*),瑞典人在9年后由强悍的贵族比格尔·亚尔(Birger Jarl)率领进行了报复,海梅人最终被征服。史诗说:“他们向基督徒献土乞和/我相信他们在那苟延残喘/那块土地转向我们的信仰/这使俄王痛苦不堪。”瑞典和挪威在1249到1250年陷于严重的冲突中,从日期上来说,使得这第二次的十字军行动事实上不大可 9
能,而且有人认为它确实在早此十年前发生,在巨大的灾难,即诺夫戈罗德处于蒙古人的高压之下,袭向亚历山大·涅夫斯基之前。

不管事实真相怎样,图尔库和海梅坚固的堡垒建筑是瑞典皇家权威存在于波的尼亚湾东岸的可见证据。在东部边界的维堡,城堡基础的三分之一到13世纪末被倾覆,瑞典同诺夫戈罗德旷日持久的战争在1323年以签订和平条约正式结束。《奥列沙克和约》(Oreshek, Pähkinäsaari, Näteborg)的确切条款在历史学家当中引起了很多争论。看起来双方确定了对卡累利阿-伊萨摩边界线进行公平细致地描绘,使该处一分为二,但是此后对于该分界线的解释却是开放的。可能出于收税的目的,双方对居住在延伸于从大湖区到北极广大森林和沼泽地区的居民进行界定的兴趣要大于保障边界安全的兴趣。随后,由于内部动荡,蒙古人、立陶宛人和条顿骑士团的威胁,诺夫戈罗德大大削弱,而无力保障这些权力了。但是16世纪第一批在北极沿岸定居的俄国人追溯既往,恢复了对这一地区主权的宣示和征税权。

在芒努斯·拉杜洛斯王朝(1275—1290)和芒努斯·艾里克松(Magnus Eriksson)王朝期间,瑞典贵族议会的建立、行政管理机构和财政组织的出现,以及法典的确立,成为王国巩固的最明显标志,而王国同样沉醉于对北欧地区的领土野心和王朝冒险。芬兰地区实质上被并入瑞典王国，由国王的代表芬兰大公监领。瑞典王国认识到领土的扩张已经超过了严格意义上的芬兰，乃于 1340 年任命丹·尼克里松(Dan Niklisson)为“东部领土的统治者”，他的继任者耶哈德·许特(Gerhard Skytte)因袭此名，该称号一直使用到 16 世纪。该统治者也是图尔库城堡的要塞司令，并且拥有对另外两个采邑的城堡的管辖权，
10 不过作为边地居民的领主，坐落于东部边界上的维堡要塞司令通常保有相对独立的地位。到 14 世纪末，为南海岸“新土地”新置了辖区，此地因其岩礁和海湾在先前的 200 年里吸引了来自瑞典的定居者，也为西南部的萨达昆达地区设置了新行政辖区。这项政区重组工作主要是由铁腕的布·荣松·格里普(Bo Jonsson Grip)来做的，作为对帮助梅克伦堡的阿尔布雷克特(Albrecht)取得瑞典王座的奖赏，他获得了芬兰封地。布·荣松还把边界向北推进到奥斯特洛波的尼亚，摧毁了科尔霍姆城堡，并成功地抵制了诺夫戈罗德驱逐其军队的企图。

芬兰地方的行政权交给了贵族成员，不过尽管在 15 世纪早期诸如布·荣松·格里普和卡尔·克努特松(Karl Knutsson)这些令人恐惧的人物有能力在地方上打下自己的权利根基，但这些地方的确没有脱离同王国其他地区的联系。用埃里克·克里斯琴森(Eric Christiansen)的话来说，就是“这支难以约束的势力的影响不是把该省从瑞典分离出去，而是刺激瑞典权力机构的发展能够作为使地方利益得到保护的方式”。法律得到贯彻，争端解决了，捕鱼和狩猎权力通过在百户邑举行的各种法律会议得到解决。这些法庭的法官们从地方农民中挑选出来，不过百户邑的负责人恒定由地方乡绅担任。从 1435 年开始，该地分为两个巡回审判区，诺尔芬内(Norrfinne)和瑟德芬内(Söderfinne)，在圣亨利圣宴日的前一周，一年一度的高级法庭在图尔库开庭。国王芒努斯·艾里克松的土地法，加上 1442 年修订的以国王克里斯托费尔名字命名的法律汇编在实行中有一些不同版本，直到 1608 年在芬兰才有了确定的土地法印刷本。

芒努斯·艾里克松的长期统治在骚乱中结束。他的外甥梅克伦堡的阿尔布雷克特最终继承了其王座，但以向由布·荣松·格里普领导的

权贵们作出重大让步为代价。接下来轮到阿尔布雷克特被伟大的丹麦
王瓦尔德马·阿特达(Valdemar Atterdag,1340—1375)的女儿、芒努斯·
艾里克松的儿子挪威国王哈康(Håkon,1339—1380)的妻子马格丽塔 11
(Margareta)所算计。通过迫使丹麦贵族在1375年接受其幼子奥拉夫
(Olav)为瓦尔德马·阿特达的继位者,马格丽塔成功地使奥拉夫在十年后成为挪威国王,到1387年17岁的奥拉夫驾崩时,她正一直试图迫使瑞典人支持奥拉夫成为瑞典国王。出于对梅克伦堡家族重新执政的担心,丹麦和挪威的贵族们选择马格丽塔作为两国的摄政。瑞典在一年后如法炮制,也授权马格丽塔提名未来的国王。驱逐最后一批海盗与冒险家花费了10年时间,这些人在阿尔布雷克特暴政期间企图在哥得兰岛建立自己的统治。但是在1397年,马格丽塔指定的接班人波美拉尼亚的埃里克(Erik)作为三个王国的统治者在瑞典的卡耳马城加冕。卡耳马联盟拟定的文书无论就文件的形式还是内容而言,一直以来都是具有很大矛盾的主题。就形式而言,文件写在纸上,由来自三个王国的七名高级议员签署,但随后他们都没有如曾经承诺的那样在上面盖章。该文件承认埃里克在其有生之年为选王,并且在国王出现合法继承人问题时,三个王国的代表将选举国王的某个儿子为继承人。联盟文书明令指出每一国家将由它自己的法律和当地贵族阶层人士管辖,但是它力图堵上违法者在联合体的其他国家避难的漏洞。文书还是一个共同防御和援助协定,并且国王有在来自三国的议员参与的情况下主持外交谈判的权力。

很大程度上由于受到先前共同经历几十年暴政和动乱的不幸经验的促动,卡耳马联盟是一个在规模上过于野心勃勃的方案,很快就遇到了麻烦。直到1412年去世,马格丽塔一直有效地统治着三个王国,并有足够的权威推行自己的意志。譬如在芬兰,她可以把采邑直接置于国王控制之下,而不是出租给贵族们。她还试图逐渐恢复对已经转入贵族之手的土地征税,后者处于上层社会享受免税的待遇,作为回报,
他们向君主提供军事效劳。埃里克八世(1397—1439)恪守马格丽塔相 12
当自治的政策,但不久,由于任命外族人掌管最重要的采邑而疏远了瑞典贵族。埃里克耗资很大的战争增加了税收负担,这导致动荡和农民起

义在 1434 年迅猛爆发，瑞典和挪威交界处的达拉纳山区农民在地方小贵族恩格尔布雷克特·恩格尔布雷克松(Englebrekt Englebrektsson)的带领下举行起义。尽管恩格尔布雷克特本人在 1436 年被谋杀了，埃里克却再也没有恢复对瑞典的控制，而且同样失去了丹麦贵族的信任。联盟再也没有一个国王能够有效地建立对所有三国的控制。事实证明，恢复对瑞典的控制尤为困难。一个组织严密的权贵小集团施展阴谋诡计使联盟管辖失效，并且使瑞典陷入贵族独裁体制；通过政治阶层和地方会议，以及从 15 世纪中叶开始的国民会议的演化，王国议会的一致原则不仅延续下来而且有了重大扩展。[①]

联盟国王同瑞典权贵之间这些迁延日久、令人厌倦的争夺对芬兰产生了怎样的影响呢？“东方人”在恩格尔布雷克特大起义中作用甚微，而年迈的图尔库主教芒努斯·奥洛夫松·塔瓦斯特(Magnus Olovsson Tavast)则例外，他是 1434 年 11 月被挑选出来调解国王同其瑞典臣民之间关系的高层人物之一。1362 年，执法官会同陪审团牧师及 12 个农民被邀请到莫拉和乌普萨拉参加传统的国王推举仪式，如同王国其他七个法定选区一样，“东方人”根据同样的权力也参加了国王的推举。考虑到从芬兰远道而来的诸多困难，特别时逢严冬，敕令指出如果东方人代表未能如期而至，仪式应予延期，且规定执法官一旦先于国王按时到位，即刻履责。1457 年晚冬，王国议会试图迫使奥尔登堡
13 的克里斯蒂安同意，一旦芬兰代表不能按时出席庆典，他须在正式接受欢呼之前，同摄政达成协议。克里斯蒂安对此以下令在图尔库举行庆典而予以反击。1457 年 6 月 24 日，克里斯蒂安加冕为瑞典国王的庆典适时在那里举行，王国议员、执法官、图尔库天主教全体教士、小贵族、芬兰农民和图尔库市民的代表出席了庆典。

图尔库的国王推选以及联盟的正式恢复首先乃是由一系列复杂的权力斗争所主导。以相似的方式，占有芬兰采邑同样加强了相互竞争

① 尽管不同团体，如军官们，都宣布作为王国的一个等级代表的权利，但是到 17 世纪中期，得到认可的是这四个等级：教士、贵族、市民和农民。

的权贵阶级固有成员们的政治地位和收入，譬如像卡尔·昆特松·邦德(Karl Knutsson Bonde)以及国王克里斯蒂安一世属下的阿克塞尔松·托特(Axelsson Tott)家族。莫斯科公国在15世纪最后几十年迅速扩张，在15世纪70年代吞并了诺夫戈罗德公国，而同时卡耳马联盟则政治纷扰，这再次导致东部边界的冲突。只要阿克塞尔松家族控制着芬兰的主要采邑和城堡，他们就准备为保卫自己的所有而倾力抵御卡累利阿的入侵者。但是，由于伤亡，阿克塞尔松家族被削弱了，当选为瑞典摄政的斯滕·斯图雷(Sten Sture)接管了他们大部分芬兰采邑。斯滕出于对丹麦和内部的瑞典人的恐惧，倾向于从芬兰榨取资源。从1495年开始，卡累利阿和俄国对海梅和波的尼亚的深度入侵导致巨大毁坏，而且维持军备的巨大开销严重地减少了斯滕·斯图雷在芬兰采邑的收入。他为减轻保卫芬兰抵御俄国进攻的压力不得已而采取的强制，把部队推到反叛的边缘，从而导致王国议会解除其摄政职务。联盟选举汉斯为国王，实现了更新，不过斯滕·斯图雷仍然保留了相当大的权力，包括芬兰的采邑。新当选的国王重获对这些采邑控制权的努力不过导致了他的失败和赫尔·斯滕(Heer Sten)于1501年重新摄政。

控制边界这些庞大的采邑是14至15世纪政治斗争的一个重要方
面。权贵们企图尽可能地从他们那里获取岁贡，但是封建奴役的枷锁 14
却从来没有如同南部和东部那样突然降临到瑞典和芬兰农民的脖子上。举个理由来说，国王从没有放弃自己的权力。尽管这些采邑经常长期租借出去，但这是在规定的时间里，通常是在所有者有生之年。进一步说，所有者一般须被迫就领地总体的收益签署临时条款。例如，1485年尼尔斯·艾里克松·于伦谢纳(Nils Eriksson Gyllenstjerna)在接受位于奥兰群岛的卡斯特霍尔姆采邑时，就“作为收取税收、封地和钱款的回报，忠实地修建和改善了上述卡斯特霍尔姆城堡的城墙和建筑，这对于上述的城堡而言是需要的，对于瑞典王权的行使和王国利益的实现也是需要的”。事实上，采邑的所有者局限于有权势的贵族小圈子，他们还控制着国王的议会；这些采邑不再分散给小贵族。

与闻和参与御审过程从没有被瑞典王国封建领地法庭的法律和习

俗所取代。同王国其他部分相比较，封建领地制度作为一个整体在芬兰的发展很不充分，不过在富饶的西南部情况大不一样。那些通过提供人力和马匹为国王的征战出谋划策或施以奥援的人以贵族(瑞典语frälse，芬兰语为rälssi)之称而闻名，他们的领地因此得以免除向王家纳税。使人拥有如此的权利可能遭到挑战——比如马格丽塔及其子修订了阿尔布雷克特王统治时期给予的权力——并且随着时间的推移贵族的成分有了很大变化。有可能那些可以被考虑予以免税的位于芬兰的土地的数目大于瑞典经济学史家伊莱·赫克赫尔(Eli Hecksher)所计算的数字，但是超越于争论之上的是在芬兰压倒一切的农民的农场，到中世纪末期，那里纳税的农民拥有全部可耕地的95%。16世纪早期所记载的250个或更多的贵族领地，多数位于芬兰和更近一些时候在沿南部海岸河流谷地定居地，只有七个年收入超过100马克。由于不
15 能离开自己的庄园，小贵族不得不确保得到公职，比如乡长、管事，特别
是郡长和地区法官。这样一来，就确立了为王国服务的传统，直到20
16 世纪，这个传统一直是芬兰贵族的标志性特征。

为驱逐强势的斯图雷部落和恢复对瑞典的控制，丹麦王考虑同莫斯科结盟，但这一政策的确没有赢得在芬兰拥有领地和岁入的人们的支持。图尔库主教是发动对东正教的俄罗斯十字军行动的热情支持者，他比斯滕·斯图雷摄政更倾向于对莫斯科采取富于侵略性的政策，而且参加了试图打造一个和利沃尼亚的托伊托尼科·奥德(Teutonic Order)的首领联合阵线的积极外交活动。在这样做的时候，他巧妙地得到了乌普塞拉大主教的支持，后者在罗马游说，劝说教皇亚历山大六世在1496年6月签署了组织反击天主教敌人的十字军的诏书。该敌有6万之众，已然“严重摧毁了绝大部分隶属瑞典王国的图尔库教区，他们焚毁教堂，亵渎基督及其信徒，屠杀、抢劫、侮辱并强暴当地人的妻女，屠杀男人，把上千名基督徒卖为奴隶”。[①] 一旦1497年停战协定在1503年失效，还存在着俄国再次攻击的威胁，不过最终维堡要塞司令

① 由于条顿骑士团受到攻击，在16世纪的出版物中，俄罗斯人残酷野蛮的形象被广泛宣扬。

图 3　东部边界上的维堡要塞。

这是从 20 世纪 30 年代拍摄的照片看上去的圣奥拉夫塔，该塔始建于 13 世纪，并在 16 世纪彻底重建。环绕该塔坚固的防御工事建立起来，保卫着 1403 年获得自治特许状的维堡。该城和城堡经受了数次围攻。1495 年，随着冬季的来临，俄国人突然放弃了围攻，当时他们可能面对坚固的防守束手无策。他们的撤退促使芒努斯·施蒂恩考斯(Magnus Stiernkors)主教宣称圣安德鲁的十字出现在天际，它吓退了攻击者(决定性的攻击发生在 9 月 30 日，这一天是圣安德鲁诞生日)。另一个传说把神奇的力量归于要塞司令昆特·波斯(Knut Posse)，据说他引爆了填满爆炸物和蟾蜍与蛇等混合物的大锅，使围攻者惊慌逃窜。该城与城堡在 1710 年落入俄国人之手，然后又易手，直到亚历山大一世恢复了俄国的征服地，或曰"老"芬兰在 1812 年转向新承认的大公。正如本图意欲说明的那样，在芬兰独立的早期，维堡的城堡在抵御东方侵略方面具有象征性价值。维堡和卡累利阿伊萨摩在 1940 年割让给了苏联。现在，它们对于芬兰的访问者来说，是过去年代的相当悲哀和辛酸的提示物。

埃里克·蒂勒松·比耶尔克(Eric Turesson Bielke)同诺夫戈罗德的统治者伊凡三世谈判成功，达成了 20 年的停战。1510 年，这一停战协定变成了 60 年的和平，不过莫斯科公国一手操控，坚持举行会谈以按照 1323 年条约划定边界线。对立陶宛战争的败退迫使瓦西里三世(1505—1533)于 1513 年同意将会谈推迟 5 年。俄国人坚持再次造访根据瑞典和诺夫戈罗德之间 1323 年条约划定的边界地区，此举乃是他们认为瑞典在萨沃和波的尼亚沿岸有侵犯行为，故作出回应，但这又是一次臆测，一如瓦西里下令在极北部的萨米征税并行使司法权。殖民者和卡累利阿人之间的紧张关系经常突然爆发。卡累利阿人被指责偷窃位于波的尼亚湾顶端的托尼奥教堂的财物，以及经常袭击卡累利阿地峡地区。瓦西里保证要吊死那些为非作歹者，但抱怨说他的地盘不
17 断地遭到“瑞典人”侵袭，同时诺夫戈罗德的统治者提供了来自边界另一端的定居者建立村庄的证据。

除不得不应付俄国人再次侵袭的威胁外，王国的东半部地区同样也易于受到来自海上的进攻。由瑟伦·努尔比(Sören Norby)指挥的强大舰队在1507年占领了奥兰群岛，而且在随后两年又进一步入侵到波尔沃和图尔库。新当选的摄政王小斯滕·斯图雷很快就确定了对芬兰采邑的所有权，确保了西部芬兰农民和贵族的效忠，并且策划通过与势力强大的维堡要塞司令遗孀的交易，包抄其敌手尼尔斯·博森·格里普(Nils Bosson Grip)，取得那个重要的堡垒以遂所愿。即使自己的首领在1520年反对丹麦国王克里斯蒂安二世的战斗中被杀死后，芬兰要塞和当地贵族仍然忠于斯滕的事业，但是来自克里斯蒂安的盟友莫斯科公国进攻的威胁意味着他们不能给予被包围的摄政王遗孀多少帮助。1520年9月，斯德哥尔摩最终向丹麦国王投降。也许是为了确保芬兰要塞和平移交给他委派的人，在最初向斯滕方面的追随者提供宽宏的特赦条款后，克里斯蒂安迫使瑞典议会和权贵们承认他为合法的世袭君主，并且使绝大多数斯图雷方面的头面人物在著名的“斯德哥尔摩大屠杀”中被干掉。国王的代理人罗尔夫·麦德森(Rolef Madsen)在芬兰也实施了大屠杀。

克里斯蒂安的辉煌昙花一现。1521年，斯图雷部族的亲属年轻的古斯塔夫·埃里克松·瓦萨(Gustav Eriksson Vasa)在达拉纳举起了造反大旗，逼近首都，于4月占领韦斯特罗斯，9月再占乌普萨拉。1521年8月，瑞典议会宣布古斯塔夫·瓦萨为摄政王，不过在丹麦的瑟伦·努尔比元帅有能力摧毁其大部舰队后，他的事业蒙受沉重打击，由此迟滞了造反者封锁斯德哥尔摩迫其投降的企图。克里斯蒂安得以利用其与哈布斯堡王朝的联系，劝说查尔斯五世(Charles V)下达了禁
18 止同瑞典进行贸易的帝国禁令。对于古斯塔夫来说，德意志北部各港口，尤其是丹麦的宿敌吕贝克的财政支持和物质援助是必不可少的。

尽管古斯塔夫能够确保作为个体的商人们的支持，但是最终直到1522年，吕贝克的议员们才答应帮助起义事业，于是年秋派出舰队向古斯塔夫伸出援手。1522年秋，这支舰队连同其瑞典盟军，在瓦克斯霍尔姆附近海域给予瑟伦·努尔比沉重打击，由此严重削弱了芬兰省份同斯德哥尔摩被围困的堡垒之间的联系。

1523年夏，在议会宣布古斯塔夫为瑞典国王后不久，斯德哥尔摩即向古斯塔夫投降了。克里斯蒂安则早已被反叛的丹麦贵族废黜，逃往荷兰，留下其指挥官瑟伦·努尔比继续其北方的战争。努尔比拒绝了古斯塔夫·瓦萨的仁慈，但是一场秋季攻势迫使其芬兰的军队放弃了要塞并撤离。通过其在哥得兰岛的基地，努尔比继续对新秩序构成威胁，同时被驱逐的克里斯蒂安二世不懈地努力寻求其事业的支持者。然而努尔比在1526年被赶跑，克里斯蒂安本人被其叔叔和即位丹麦王的弗里德里克一世(Fredrik Ⅰ，1523—1533)囚禁。

联盟的解体凸显了东方领土在战略上的重要性，但是同样显示出权力的中心越过水域转到瑞典。大多数内陆区域虽然逐渐被并入王国的波的尼亚湾和芬兰湾沿岸地区，但是仍然处于相当边缘化的位置，乌普兰北部地区尤为如此。越过芬兰西南平原，那里占全芬兰三分之一的农场保留着16世纪的征税记录，森林和湖泊几乎覆盖大地。定居在诸如马斯库和图尔库北部地区稠密的人口是偏远的东部塔文萨尔米定居人口的数百倍。80座奇异的石头教堂大多数坐落于严格意义上的芬兰、萨达昆达和海梅。6座中世纪城市中的4座，包括图尔库，以及6个教派中的4个教派的定居者，包括柯卡岛的佛朗西斯科，都在这
里。[①] 西南芬兰实际上位于越过从西哥特兰到乌普兰的瑞典中央平原 19
延展开来的、长期以来建立起来的永久定居带的东部边缘，它同中心地 20
区的经济与文化联系要大大超过向北方和东方延伸的内陆地区。

不过，整个中世纪永久定居点的边界都在不断地扩张。在定居点

---

① 边境城镇一般围以坚固的堡垒，但维堡是个例外。圣芳济会和多明我会的修士都有房子在这里修建。

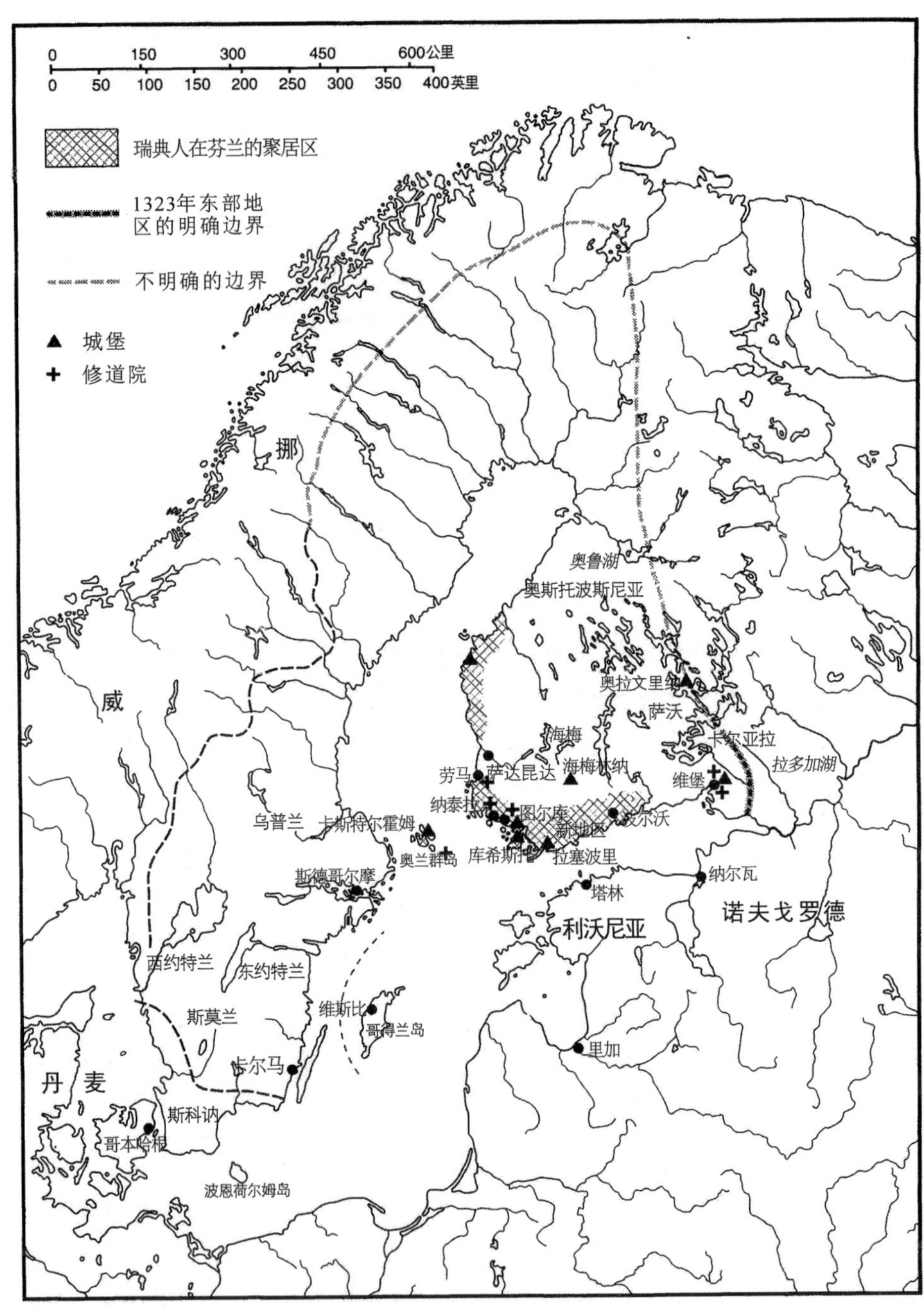

地图 1　中世纪晚期的瑞典王国

的中心地区，新的小村庄和村落诞生了。来自瑞典的殖民者在南部沿海的岩岛和海湾定居下来，在那里留下了延续至今的讲瑞典语的居民。东波罗的海沿岸吸引了来自远方，特别是德意志地区的定居者。他们中很多人为国王效劳，但也有相当数量的人从事贸易和经商。王国主要贸易城市都有颇具意义的源自德意志的自由人少数派。在1400至1471年间，图尔库14个市长中的9个，36个市议员中的20个来自德意志；在14世纪该市自由民名单上，德意志人的比例就更大。

殖民受到国王的积极鼓励，以便增加税收。防御新建定居区是一笔大的开支，如15世纪70年代在位于东部边界的萨沃湖区建立的奥拉文里纳要塞花费甚巨，然而，在驱使定居者深入到森林地区寻找远离税收官的土地方面确有成效。萨沃定居点格外精力充沛，其扩张大大超越萨沃本身，在16世纪到达了波的尼亚沿岸和萨达昆达极北端的荒野之处，在17世纪更是越过波的尼亚湾到达维姆兰森林。萨沃的殖民活动侵犯了卡累利阿的领土，由此开启了令人痛苦的长期边界冲突。

到中世纪末，在瑞典王国东半部有4个主要的定居经济区和土地使用方式。在南部海岸的从卡累利阿伊萨摩沿岸到奥兰群岛的数百个岩石岛屿上，捕鱼是主要的谋生手段，同时以夏季的放牧、捕鸟和收集鸟蛋作为补充。在波的尼亚北部的荒野，定居者牧牛、捕鱼并打猎；这里土地狭小，种植谷物的收获微不足道。从卡累利阿地峡横贯萨沃地区直到奥鲁湖，穿越海梅北部地区荒原的弧形地带上，绵延开来的是一 21
个以烧荒耕种农业占据主要地位的区域。这里分布着三个主要的次区域种植区，其中最古老的种植区域位于芬兰本土：萨达昆达省的南部教区和奥兰群岛的那些较大教区。之后的农业区域，向东延伸到卡累利亚地峡及深入海梅内部与萨达昆达的北部教区。第三个区域在波的尼亚地区的中南部，狩猎、捕鱼和养牛业（特别是在波的尼亚地区）在此定居经济中扮演着中心角色。此外还有一个区域，跨越了定居者的边界并且从大西洋延续到白海，这里由冰河时代后最早移民浪潮的后裔——众多游牧民族居住，他们捕鱼，狩猎及蓄养驯鹿。由地名可知这一区域曾经十分广阔，验证了这里曾是邻近那些民族有效的收入来源。

他们频繁地索贡巡行进入那些“分散居住的人民”的土地(可能是对“Lapp”一词的一种解释)。因此皮毛采办直到16世纪始终是北部边疆的重要经济因素。对于那些在南部永久定居地区的农业家庭来说,春天与夏天进入荒原捕鱼也是补充食物供给与收入的一个重要手段。尤其狗鱼是一种价值高昂的鱼类,16世纪的教士与历史学家,奥劳斯·芒努斯就称其“不仅为北方四大王国的人民提供了充足的口粮,而且还可以在腌制并晒干后,通过航运出口到更远的地方,在整个德意志

22

图4 烧荒耕作。

出于农耕目的的砍伐并点燃指定地点林地的烧荒农业,在芬兰被使用了数个世纪。按照林地多为落叶林或针叶林的类型,烧荒的技术也存在着多样性。针对针叶林的清理技术对森林具有极大的破坏性,因为这种手段只会使得谷物种植品种单一化。17世纪在瑞典维姆兰高原的芬兰东部居民,带着他们引以为自豪的土地证明,来到瑞典高地地区的农场,并很快与官方发生了冲突,官方焦急地为冶铁工业保存的非常珍贵的木材,被居民们全部砍掉,换成了特拉华的银行的存款,来显示他们在满是森林的新世界的生存技能。烧荒技术比其他需要费力挖出树根、移除石块、排干泥塘的常见土地整理方式具有巨大的优势,烧荒方式只需要相对费较少力量即可生产谷物。在落叶林地耕种的总产量虽可能比翻耕土地少,但是通过从砍伐到种植四年时间整理针叶林地的技术,只要一季就可获得巨大的回报。正是如此,烧荒技术证明了其对芬兰东部居民的巨大吸引力,而且这些居民还可以利用渔猎补充他们的食品储备。正如这张由人种学者J. K. 因哈1893年在埃瑙教区所摄的照片所示,直到20世纪,烧荒耕作仍然在芬兰东部被人们所采用。

堆积如山地出售”。

芬兰语称做“erämaa”的荒原地区，并不曾远离任何有人居住的地方。即使在最早开垦的地区，荒原也会分布在山地的边缘地带。荒野在一块贫瘠的土地上是一种富有价值的资源，任何人都可以自由进入、标出界线并将其中一块宣布为自己狩猎与捕鱼的领地。这些荒野通常与居住地区有相当远的距离，例如，萨达昆达荒原到海岸的距离可以达到 200 甚至 300 公里。自 16 世纪，随着宫廷为了鼓励定居生活而宣布 23
拥有荒原的所有权，进入荒原的狩猎探险开始走向衰落，有证据表明，出于未来可能的殖民目的，贵族索取荒地的所有权。但狩猎与捕鱼从来没有成为王室或贵族的专有特权。至今，自由进入荒原仍被作为一种宝贵的权利而得到保持。

最终，荒原可能被定居及垦殖，由为猎户与渔民储存工具、提供基本食宿的木棚扩大成为一个房屋乃至农场。通常的整理荒地的方式是砍伐与点燃林木及树丛；这样也可以在清理出来的地点上利用灰烬施肥，种植谷物。这种农业模式，被称为临时性农田或者烧荒耕作，在北欧被认为是芬兰人的特色。很有可能某种形式的以烧荒来清理出土地的技术也在中世纪早期的芬兰西部实施，这种方式也为日后新的种植准备一些可燃物，但这仅仅是一个短暂的措施，并没有如同烧荒在芬兰东部一般成为农业的基本方式。荒原能够容纳并供养 16、17 世纪活跃的殖民活动。但是在 18 世纪，由于芬兰的乡村经历了一次快速的人口增长，适合烧荒的土地量在当时迅速萎缩。在情况最好的时候，从大自然榨取的产量往往也是微薄的。由于对土地压力的上升，歉收可能会并确实给成千上万的人带来了灾难。

为了在荒原谋取生计，无论是捕鱼、狩猎，或种植与谷物收获，相互协作与团队合作成了必然之路。作为惯例，男性打猎、开垦、播种、使用大镰刀进行收割，但也存在女性从事这一工作的例子。妇女普遍从事家务劳动与乳品工作。即使在芬兰东部，男性也参加酿酒及埋锅造饭的工作。男女共同参与农耕工作，并在田地劳作。成群的农民一同参与猎取海豹、建造船只、在湖泊中捕鱼、整理土地等工作。在海梅地区与芬兰西部，公社所有的磨坊并不普遍，在 18 世纪，只有通过将住房、草场、干草、燃料与谷物的配额支付给磨坊主，才能使其为农民使用。
24 在很多农业社中，季节性的工作，比如收获，都是通过集体劳作完成的。这些有着悠久传统的集体劳动方式，很好地加固了生产者之间的合作关系。它们在 20 世纪初形成，并对 19 世纪联盟运动热潮兴起的原因提供了一个自然的理解基础——这个热潮包括了信仰复兴运动、禁酒运动、歌咏团、志愿者消防队、青年运动。

这样的公社活动在人口稠密的芬兰西部更为常见，那里村庄所起的作用更像是一个机构性组织(尽管还远不及瑞典的情况)。在芬兰远东地区，对劳动力的需求很大，家庭有了成为公社活动基础单位的趋势。正是在这里，这种扩大了的、或是被称做“大家庭”的组织方式随处可见，特别是在生活在拉多加湖周围的卡累利阿人中。这些组织是由两个或两个以上核心家庭组成的混合体，再加上他们的仆人、房客一同劳作、共同生活。大家庭通常是由一个家族的兄弟组成，在组织结构上是父权制社会制度。瑞典习惯上的继承人通常是家族中长子，他同意提供房子、燃料、实物工资给这个家庭的首领和他的妻子，作为他以后全权接管这个家庭的前提。这种做法在中世纪末期的时候已经广泛地应用于芬兰西部，却没有在东部地区成为明确的规定。在继承权问题上同样存在差异：在采用烧荒备耕的芬兰东部，土地通常依据男人们在劳作中给家庭带来的贡献多少传递下去。这意味着，女婿或者是养子同样可以并且确实有继承权。一般来讲，妇女没有继承土地的权利，但在出嫁的时候可以得到一些实物形式的嫁妆。相反的情况是，在芬兰西部，家庭中所有孩子都有继承权——依据来自中世纪的土地法令：姐妹们每继承一份，兄弟们可以继承两份。另外，法律中还允许家庭成员对一份本不属于他们自己的遗产所有权提出要求。

总体上讲，中世纪的芬兰看起来很少像欧洲其他地区那样，受到巨大的人口和农业危机的影响。几乎可以肯定地说，同其近邻挪威相比，这个国家大体上躲避了黑死病的侵袭，也没有出现农庄荒废的痕迹。
25 芬兰有广阔茂密的森林，甚至在西南部有固定的聚居地区，人口也十分稀疏。她一直处于大陆欧洲世界的视野之外，即使在芒努斯兄弟的新书发行、约翰内斯(Johannes)的《哥特人和斯维人帝王全史》(*The history of all the kings of the Goths and Svea*)在 1544 年出版以及一年之后由奥劳斯(Olaus)撰写的广为人知的《北方民族史》(*The history of the northern peoples*)问世之后情况也是如此。但是，芬兰人并非有意将自己完全孤立或是从欧洲的其他部分分离出来。有大量证据可以证明，积极主动的贸易活动贯穿了波罗的海东部和南部沿岸各地，并且像一个重要的过滤器和传播者一样将欧洲大陆的思想和发明创造传到了北部地区。芬兰人同样也出国求学。早在 1313 年，两个来自图尔库教区的学生已经在巴黎大学注册了学籍。在那之后，为人所知的还有 44 人也在这里学习过，这其中包括 3 个日后成为在哲学方面颇有造诣的神学院院长的人。15 世纪德国的大学对芬兰学生有着很大吸引力，而一些甘于冒险的人则走到更远的意大利求学。与欧洲其他地方的人一样，芬兰人也要去朝圣。圣比吉塔(Saint Birgitta)与一个从图尔库教区来的男人在罗马偶遇，这个男人既不知道瑞典语如何讲，更没办法在圣城找到一个可以听懂他语言的忏悔神父。这样的事使人联想到，在国外，即使是最谦卑的农民也能找得到他们的身影。教会可以在当地人口中招募新成员，同时也可以为他们在图尔库教区教会提供一个受教育的机会；在维堡、劳马和波尔沃也同样如此。但是由于几乎没有皇家和贵族的恩惠，在诗歌和编年史等文学作品的产量方面，芬兰的周边地区是不能与富裕的欧洲地区竞争的，甚至及不上瑞典的中心区域，在那里使用本国语言的文学作品已经被创造出来。埃里克·克里斯蒂安森(Eric Christiansen)曾经概括道："无论是在教育、书籍、教堂、城镇、艺术，还是学校方面，瑞典穷，芬兰就更穷。"这种悬殊状况令人讨厌，但却真实反映了这个王国中两部分的关系，也遗留了复杂的遗产：一面是优势一方傲慢的优越感，另一面是劣势民族的愤恨。

教会是芬兰教育和艺术最伟大的领路者。而其中的佼佼者，图尔库教区的主教则是一个不可忽视的权威形象。几乎所有最近的天主教 26
主教都出自芬兰的显赫世家。芒努斯·奥洛夫松·塔瓦斯特(主教，

1412—1450)在一个很长的时期内相继以这样的身份出现:在布拉格大学做学生;在去往耶路撒冷的路上做一个朝圣者;甚至有一段时间,做了埃里克十三世(Eric XIII)国王的首席法官;在卡耳马联盟政策方面起到积极作用;最重要的是,在他的主管教区为修缮和完善教区总教堂和教会礼拜堂做了大量的工作。他的门徒也是继任者奥劳斯·芒努斯(1420—1460),在1437年回到芬兰之前,曾在巴黎大学拥有一份极好的职业。康拉德·毕兹(Konrad Bidz,1460—1489)是一个活跃的基督教会的代管教区牧师,并策划使用芬兰籍教士印刷了吕贝克的弥撒书。芒努斯·施蒂恩考斯(1489—1500)和阿尔维德·库科(Arvid Kurck,1510—1522)在联盟冲突的最后阶段都深深地卷入政治操纵和外交密谋之中。

在已有定居点的范围之外,教会还要对那些散落在广阔、空旷的边界地带居民的精神需求进行管理,这无疑给教会造成了很多问题。内陆移民实际上没有生活来源;就像劳伦丘斯·苏尔佩(Laurentius Suurpää,1500—1506)抱怨的:萨沃岛农民生活的地方离最近的教会也要走15芬兰里(1芬兰里相当于6公里)或者更远,这就意味着他们很少能够、或者从不参加教会服务,结果就是生活得像持有原始宗教信仰的拉普人或者异教徒一样。"错误的神明被尊崇的情况在这里随处可见",图尔库教区主教米卡埃尔·阿格里科拉(Mikael Agricola),也是著名的改革者,他在诗篇的芬兰语译本前言中,详细地列出了卡累利阿以及海梅居民们所信仰的神灵。阿格里科拉和跟随他的改革者们在政府帮助下,承担了培养人们以极端的渴望和热忱靠近上帝的任务;但旧的信仰被证明是很难根除掉的。进入现代社会后,教区牧师仍然要和异教残余不断地斗争。直到19世纪20年代,在圣母访问日的活动中,教士们仍会被询问的问题之一就是异教徒在教区的活动问题。

由于新的瑞典国王努力建立自己的权威,其王国中被古斯塔夫·瓦萨在他长长的书信中反复提到的"thetta landsände"的那部分居于什么位置呢?在16世纪50年代这个国家的末期,大约有34 000个农
27 场,两三百个领地庄园以及少数人口加起来可能不超过7 000人的城

镇，或者相当于中世纪晚期斯德哥尔摩的人口。在中世纪，充满活力的殖民化无疑增加了陆地的人口和资源，大约有超过 25 万的居民生活在芬兰，整体上占王国人口的四分之一。芬兰妇女多产的假设引起了同时代人的评论。奥劳斯·芒努斯将此归因于芬兰啤酒的质量，并且他不以为然地指出，每年有一批剩余的强壮年轻妇女离开芬兰的海岸前往德国，在那里作为仆人工作，此时她们获得的利润可能被瑞典国王用来建立新的省份。

这个土地上的自由农民，粗鲁，胸无点墨，但绝不是没有进取心。沿岸的农民建造和航行船只，船只装载着黄油、毛皮、干鱼和牲畜，与斯德哥尔摩、塔林的商人做贸易，甚至到达更远的地区；即使狩猎和捕捞经济的重要性已经开始减弱，但仍然存在着从俄罗斯北部到波的尼亚海岸的繁盛的裘皮贸易。森林为建筑、家庭用具和农具提供了材料。少数石头建筑物仅仅是屋顶陡峭的教区教堂、极少数的城堡和修道院以及偶尔的庄园。少数人，如图尔库大教堂的院长帕维尔·谢尔(Påvel Scheel)，可能从他们的经济活动中积累了适量的财富，但绝没有大肆挥霍，没有投入生产的艺术作品，没有购置贵重珠宝，没有慈善遗产的承购。中世纪晚期的许多装饰芬兰古老教堂墙壁的绘画仍然反映了一个简单、恭顺、虔诚的世界，这样的诗句收集在 1582 年首次出版的《老主教的虔诚的教会和学校歌曲》(*piae cantiones*, *Devout ecclesiastical and school songs of the old bishops*)中。有人认为，在许多可以追溯到中世纪的民间诗歌里所揭示的，以及在 19 世纪仍然有非常明显证据的对于财富根深蒂固的怀疑和对善良的贫困的尊重，有可能是由行乞的多明我会修道士引入的。如果是这样，它只不过反映了在现实中可耕地边缘地带日常生活的艰难。

这些诗有时揭示了瑞典明显是一个分离的实体的看法。来自西部 28
和中部芬兰的诗，如《寡妇》(*The Widow*)，把瑞典看成一个富裕得多的地域。在海梅收集的《从良的妓女》(*Magdalene*)这首诗留下了瑞典压迫的痛苦痕迹——芬兰奴隶靠瑞典人的残羹剩饭苟活——但这是一个孤立的例子。而且，在爱沙尼亚的民间诗歌中，几乎就没有证据显示对波罗的海日耳曼封建领主的那种民族仇恨。宗教分歧和累世的边界袭击把萨沃和海梅的芬兰人从卡累利阿分离出来,对他们来说,所有瑞典王国内的人都是纯正信仰的敌人。

16 世纪卡耳马联盟最后的崩溃和瓦萨王朝成为瑞典王国的主宰,开启了宗教、社会和经济变革的重要时代。第一位瓦萨国王古斯塔夫在其长期统治中,进行了一系列行政和财政改革,这有利于更好地利用资源丰富而人口稀少的土地。他还成功地冲破了教会力量,后者曾经利用经济力量和精神权威,压制古斯塔夫来自斯图尔部族的前任的权利。丹麦贵族之清除克里斯蒂安二世,促使古斯塔夫·瓦萨和弗雷德里克一世建立了基于相互利益的联合,弗雷德里克的继任者、新的丹麦国王克里斯蒂安三世(1534—1559)直到统治的最后日子里,还能够保持东部边境的和平。

尽管有一些叛乱,其中一个甚至威胁到推翻王朝,古斯塔夫还是成功地把一个独立的王国传给他雄心勃勃的儿子,这个王国的继承原则在 1544 年得到了各等级的认可。尽管在接下来 50 年里,发生了宗教和政治动乱——埃里克十四世(1560—1569)被废黜,约翰三世(Johan Ⅲ,1569—1592)挑起宗教争议,他的天主教儿子西吉斯蒙德(Sigismund)请求其叔叔卡尔九世(Karl Ⅸ,从 1594 年开始作为摄政,1604—1611 年担任国王)的支持遭到拒绝——瓦萨王朝继续掌权。尽管由于为支付似乎无止境的军事行动而强加给农民沉重的税务负担,干涉教会事务激怒了神职人员和疏远了贵族,当局的权威受到严重挑
29 战,但 17 岁的古斯塔夫·阿道夫二世(Gustav Adolf Ⅱ,1611—1632)的即位却标志着统治者和各等级之间显著的伙伴关系的开始,这有助于维持在 17 世纪前半期把瑞典推到欧洲列强前列的巨大的战争努力。然而,瑞典上升为欧洲舞台上的列强之一,对于王国东半部产生了深远影响。芬兰的边界也被推向东移,但是这种扩张的总体影响是把芬兰本土旧的中心推离了王国权利的中心斯德哥尔摩,并最终暴露了其在资源和人力方面的边缘贫困状态,引来上升中的强国俄罗斯帝国的攻击。

第二章　瑞典的遗产

在埃里克十四世1560年即位到卡尔十世(1654—1660)晏驾之间， 30
瑞典只有不到一年的时间内没有陷入战争。在这百年时间里，瑞典进
行了5次重要的反对丹麦的战争，并渐居上风，获得了南方和西方的土
地，这些土地今日仍在瑞典之手。在东方，瑞典于1561年成功地在爱
沙尼亚北部夺取了一个桥头堡，并于1629年把爱沙尼亚和利沃尼亚的
大部纳入囊中。1605年，莫斯科公国垮台后，鲍里斯·戈杜诺夫(Boris
Godunov)紧接着去世，这使得瑞典得以将芬兰的边界推后到拉多加湖
畔，并通过获得英格利亚而在爱沙尼亚边界建立了陆桥。1629年瑞典
参加三十年战争，令人惊讶的胜利使古斯塔夫·阿道夫二世和他的军
队深入到德意志天主教中心地带，这是一个新时期的标志。瑞典可通
过驱使大量的法国附庸，或通过从索贡到直接勒索等各种各样的方法
进行“自给自足”的战争。为瑞典从事战争的人是操多国语言的；在同
德意志的战争中，从本国招募的人只构成瑞典军队极小一部分。通过
1648年和平条约，瑞典获得了德意志北部沿岸的很多地方。在七年的
时间里，瑞典再一次深陷战争，伴随着一系列令人眼花缭乱的进军和战
斗，其军队深入波兰，并两次挫败宿敌丹麦。1660年以后的和平时期
显示出瑞典已扩张过度。卡尔十一世(1660—1697)统治时期对王国政 31
府资源的精心管理以及一系列的军事改革，使瑞典得以在卡尔十二世

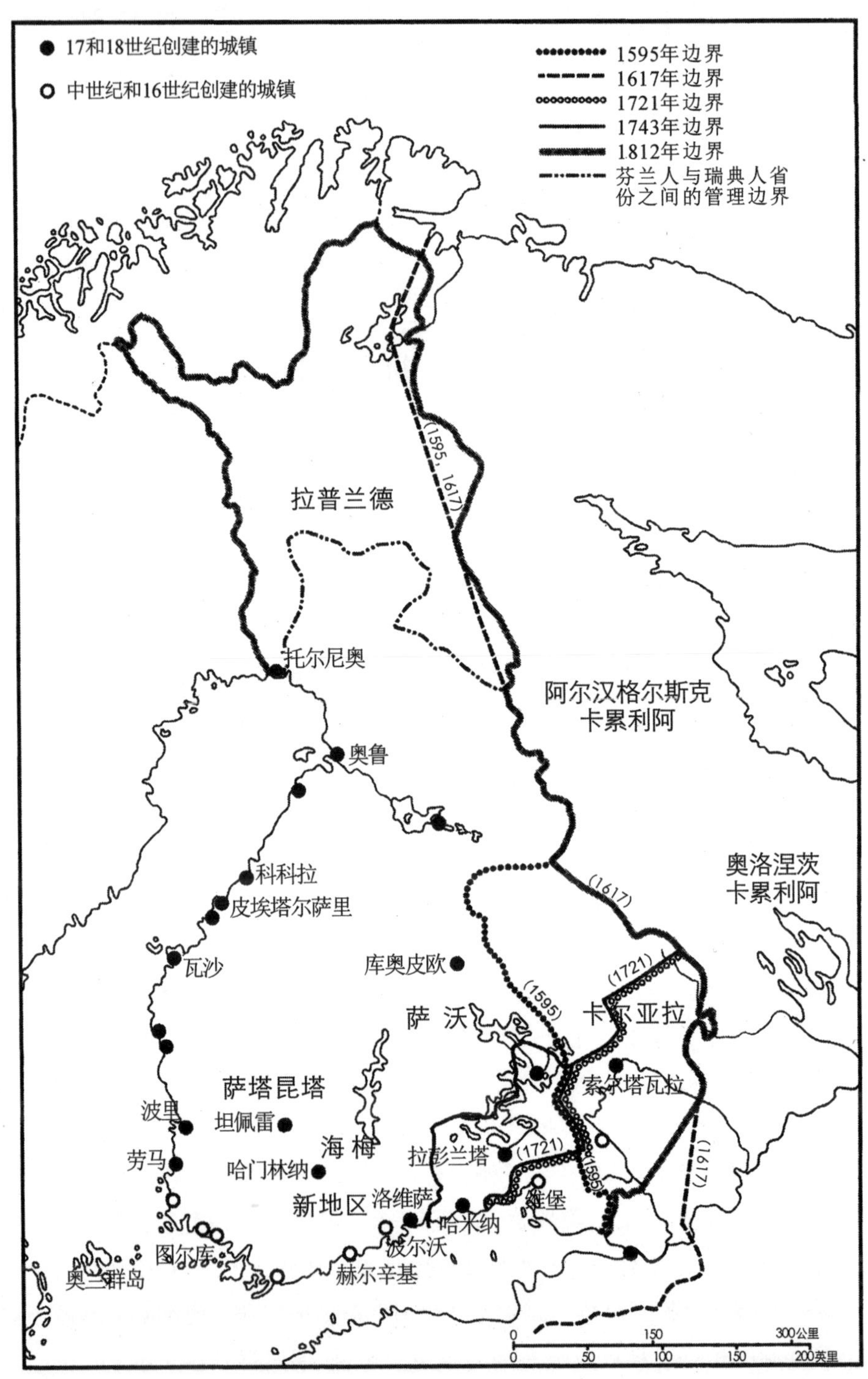

地图 2 1592—1812 年芬兰的边界

1712 年突然去世之前支撑针对一个广泛联盟的战争 20 多年,最终国力的衰竭导致军事强权时代终结。

装饰着瑞典博物馆和高大建筑的褪色军旗和军号成为瑞典军队横行欧洲大陆那段威名远扬的光荣历史的回忆。然而,瑞典的扩张代价昂贵。缔造一只既能决胜于疆场又能守住所征服地区的军队,给一个贫穷的王国加上了沉重的负担,这个王国在 17 世纪初人口勉强超过 100 万。芬兰所分摊的负担看起来高得不合比例。例如,在 1626 至 1630 年的 5 年里,在被征召加入瑞典军队的 51 367 人中,有三分之一(15 281 人)来自芬兰。这些人中很少有人在战场上恪尽职守而得以全身而退(尽管很多人在军营中死亡,但却是由于疾病而不是在战场负伤导致)。维持从王国兵员中进行招募的条文在 17 世纪 80 年代有稳固的制度基础。这种制度业经证明比既耗资又常常薪资无法保障的雇佣兵更加灵活而稳定,它在瑞典和芬兰的乡村扎下深深的根基。在这些乡村里,农场和村舍分配给军官和士兵们。此种制度就其本身而言延至今日仍清晰可辨。富裕农民可以通过向骑士提供装备马匹和骑师的服务而免于照章服役。17 世纪末招募方式的改革确保了农民上层的出现,他们装备一名骑手,并为其提供村舍和一小块土地,由此得到减税的回报。如同士兵的居所,分散在整个西南和中部芬兰各省的农场乃是由瑞典统治者在 16 和 17 世纪创立军事州的结果。

富裕农民打算向骑士提供骑手毫无疑问受到国王欢迎,因为贵族对此项义务之履行在 16 世纪被严重破坏了。但是正如罗伯特·弗罗
斯特(Robert Frost)注意到的,如果贵族不愿提供义务以外的效劳,他 33
们将更乐意提供有报酬的服务。大多数贵族都很穷。王国政府以土地收入作为对他们充当官员的回报,而作为改革的结果之一,大多数报酬均在皇家的控制下支付。在 16 世纪后半期到 17 世纪早期的长期战争中,芬兰贵族从此项改革中获益尤厚。然而王国政府寻求减少瑞典本土的采邑,它更乐意在芬兰增加采邑数量作为支付给贵族们的报酬,后者把自己归类于国王的公务部门,但王国政府不愿接受这些采邑所有者增加特权的要求。

图 5　尤瓦一个中士的居所。

瑞典全盛期的募兵制度根据军阶给予服役者土地和住房。普通士兵可以获得一般的房子；那些还承担行政事务的军官通常得到两层住房外加土地。图片上的住房可能是 18 世纪晚期拍摄，可能配给没有行政职责的军官，这幢大屋子用火炉取暖，全家人在里面用餐、工作、就寝，并且其中一个或两个房间的使用更加私密化。

34 到 1600 年，芬兰控制在贵族手中的农场数量由较适度的几百个骤然上升到超过两千个。同时，农场的总数却在持续下降，这意味着税收的负担落在了更少的人身上。贵族热衷于保护其免税权，而且他们的佃户也不履行服役或者向军队提供马匹的义务。其他提供诸如保卫边界一类有益军事服务的人，亦得免交土地税。在设法向那些王国政府的农民或终身保有土地的农民收税和征发劳役时，官员们残忍与傲慢的举止引起了愤怒和憎恶。这些对土地有终身保有权的农民无法获得免税权。1589 年，300 个芬兰农民代表前往斯德哥尔摩向国王递交请愿书，诉说他们的委屈。他们抱怨说自己遭到了富裕农场主的蔑视，后者以欺骗、贿赂和违法等方式夺走了他们的土地，并且他们还受到官员的欺骗，这些官员生活奢华，而王国的土地却被剥夺殆尽。这些傲慢的乡长和书记员们自己选拔随员，这些随员同样偷窃、奸污和洗劫农民。在请愿者眼中，官吏是一个企图欺骗国王和勒索农民的腐败的阴谋团伙：

> 他们沆瀣一气与农民作对，并以礼物和贿赂更得富农之助。一些乡官的下属同富农的女儿结婚并免除其岳父大人们提供交通及其他劳役的义务，因此更大的负担落到穷人头上。芬兰的官老爷们就是这等折磨穷苦农民，他们还动辄由五六十人相随横行乡里，炫耀权势恐吓农民，故而穷乡亲们对其骄横之恐惧竟甚于对国王陛下的敬畏。

尽管王室努力缓解这种状况，但对官吏们强取豪夺的抱怨仍不绝于耳，而且官僚集团和农民之间的冲突时有发生。1596 年 11 月底，在波的尼亚南部发生了严重的暴动。那些为人所深恶痛绝的官吏们的宅院被洗劫和焚毁，驻军遭到攻击并被驱逐。这次暴动在新年遭到血腥镇压，在海梅和萨沃起义的农民受到武力镇压的威胁而四散逃命。1597 年 2 月，在波的尼亚北部发生了第二次起义。尽管这次起义的装 35
备要优于先前，但还是于 1597 年 2 月 24 日在桑塔沃里战役中被击溃。

这些在芬兰历史上以“棍棒战争”(Club War)而闻名的起义乃是因紧张的政治形势而起的。1592 年，于 1587 年当选波兰国王的西吉斯蒙德到达瑞典，宣布为其亡父约翰三世加冕；直到 1593 年 9 月底他去世前，他才发觉拆散其叔父卡尔公爵和王国议会的联盟是不可能的。作为一个甘愿奉献的天主教徒，西吉斯蒙德被迫接受了在由卡尔公爵于乌普萨拉匆忙召集的宗教会议上对路德宗的肯定，并在其缺位时把王国政府交给公爵和议会。作为一个残忍且野心勃勃的人，卡尔在 1594 年上下其手，胁迫议会接受其为摄政，尽管随后召开的议会坚持他必须接受议会的建议并经议会同意而进行统治，但同试图限制自己的贵族立宪主义者们比较，公爵更胜一筹。

拒绝向他的意志低头的著名人物之一是西吉斯蒙德的芬兰司令官、王国元帅和海军总司令克拉斯·弗莱明(Klas Fleming)。为摆脱弗莱明，卡尔公爵施展所长，诡计用遍。他故作同情倾听农民的不满，签署保护信并保证终止驻扎在他们农场的军队的不端行为。芬兰农民在 1596 至 1597 年冬季的起义促使弗莱明完全占领了那里，此时正当公爵、议会和西吉斯蒙德国王争夺权力的斗争势均力敌。弗莱明在1597年4月的去世的确没有使形势有重大改观。继任为王国司令的阿尔维德·斯托拉尔姆(Arvid Stålarm)在9月被迫把图尔库丢给卡尔公爵的入侵军,不过他在公爵返回斯德哥尔摩后又轻易地夺回对该堡垒的控制权。主力从南面的入侵没有实现,而国王军队在1598年9月迟缓的入侵亦遭失败,这明显是对西吉斯蒙德事业的致命打击,至此斯
36 托拉姆9月对瑞典的入侵不得不中途而废。在短暂的1599年夏季攻势之后,芬兰主要的城堡向卡尔公爵投降。随即,卡尔作为国王受到王国显贵的欢呼,他对教士严加限制,放纵其军队抢劫不在其保护下的农场,并且经过一次忽略了所有法律细节的审判后,在图尔库把那些他所痛恨和惧怕的人处死。

对芬兰造反农民的残酷镇压让人触目惊心。在波的尼亚长大的芬兰历史学家于尔约·库斯吉宁(Yrjö Koskinen)在其发表于1857—1859年期间研究"棍棒战争"的开拓性成果中,经常引用暴动以后那些仍然使人如身临其境、毛骨悚然的民间传说。在以后100年里,瑞典王国各地没有再发生大规模起义,尽管如此,压在农民身上的财政和其他负担绝没有消除。就此而言,王国北部没有农民暴动这一现象,同使法国痛苦不堪的那些暴动以及其他发生在17世纪欧洲的大规模战争形成鲜明对照。为何如此?最明显的一个不同就是在人烟稀少的地区征集足够数量的不满者以构成起义的核心难度极大。那些感觉受到压迫的人同样有其他选择。他们可以并且的确诉诸法庭,并且,正如我们观察到的,转向国王递交请愿书。有证据表明,国王或摄政重视他们的不满,不过他们的保护信或敕令有多大效果是需质疑的。在最坏的情况下,贫穷农民和其家庭可能背井离乡去别处碰碰运气,或径直被纳入无地阶层。国王显示出有征募芬兰人作为所征服的爱沙尼亚边境地区荒芜的农庄定居者的意愿,并且王国内部开始向萨米边界和瑞典-挪威森林地区深处的殖民被继续着力推行。人们同样还记得,尽管对多数人来说不断的战争所需给他们的经济带来沉重负担,但也有人从战争中获益,或者能够利用战争的机会而大走其运。

极端的宗教和民族主义者库斯吉宁始终宣称“把教皇职位抛向莱
茵河与多瑙河岸边的血的浪涛，开始时只是波的尼亚沼泽水面上微不 37
足道的涟漪”，或者宣称芬兰文明的形成有赖于这一划时代的时刻——
“当她的儿女们在瑞典的旗帜下血染欧洲疆场时”。这种由战争锻造形
成的认同感在芬兰近代历史编纂学中是一个强有力的一再出现的因
素。甚至在芬兰成为一个独立国家前，在战争中利用虚构的英雄就已
经成为神话传说中民族财富的一部分。但是库斯吉宁还声称卡尔同西
吉斯蒙德之间的冲突减少了芬兰对瑞典较大的依赖，并且在随后瑞典
的辉煌时代芬兰语言和民族特征被进一步压制。后代民族主义史学家
们同样采纳了库斯吉宁的主张，即虽然相当弱小，但民族共同体的意识
在当地领导人中是存在的，并且他们声称在反对俄国人的长期战争中，
贵族们发展了独特而自成一体的“民族”利益。为古斯塔夫·瓦萨的第
二个儿子约翰设立芬兰大公名号，以及在约翰大公被其充满病态嫉妒
心理的兄弟埃里克十四世囚禁之前，为满足其野心于 16 世纪 60 年代
早期在图尔库建立与王子地位相称的法庭、芬兰军队数量的急剧增加、
独特的纹章设计以及诸如带有盾形纹章的芬兰狮徽章，都为这些主张
提供了佐证。但是，尽管东部战争确实为芬兰地区领头的贵族家族成
员提供了确保其在军队中高级别的机会，以及为其服务提供的可观报
酬，但在约翰三世统治时期他们追逐利益如此之热切更切合他们的身
份而不是牧首区分裂和独特的象征。

作为卡尔公爵报复性和分裂性的政策的结果，芬兰贵族的团结无
疑遭受了严重挫折；但是瑞典贵族遭到同样打击，来自王国两面的贵族
家族成员被放逐到西吉斯蒙德统治的地方。在 1611 年阿道夫·古斯
塔夫二世被接受为国王和 1721 年奈斯泰德和约期间，瑞典王国贵族的
构成和特点经历了相当大的变化。不断的战争和国王乐意奖励那些提 38
供有益服务的人使得贵族等级的大门对新来者是敞开的，这些新来者
很多是从外邦人中选拔的。贵族之家的数量在克里斯蒂娜女王统治时
期(1632—1654)翻了 3 番多。这一时期，转入贵族手里的纳税地也有
了巨大增长，导致大多数王国的权势家族积累了巨量地产。这些 17 世

纪晚期被称做“reduktion”的年收入转让的恢复，使国王得以恢复财政上的独立，并且给刚刚被封为贵族的人带来痛苦，因为他们一直在很大程度上依赖国王的慷慨，不过贵族依旧保留自己的地产。这些在芬兰的地产很少够支撑贵族所希望的生活标准。为国王服务至关重要，并且在为名望地位和等级而进行的竞争中，芬兰拥有土地的绅士们在好多年里比他们瑞典的同辈们进展更小。

作为古斯塔夫・阿道夫重建王国政府的一部分，芬兰总督官署于1623年建立。这被证明不是永久性官署，官署的长官具有不同的属性。在芬兰历史上留下持久记忆的是佩尔・布拉厄(Per Brahe)，他分别在1637—1640年间和1648—1654年间担任总督。瑞典连年征战使王国东半部精疲力竭，消耗殆尽，精力充沛的布拉厄也穷于应付。为改善政府机构和司法结构，他奉献了大量时间和精力，但是他也设法发展经济、建立新的城镇，并试图阻止管理上的漏洞，以保证贸易掌握在市民阶层手里。在布拉厄第一次任期内，邮政系统向芬兰的延长是一个重要的具有象征意义的环节，尽管路况糟糕，但意味着连接海边和首都的道路使沿着波的尼亚海岸的贸易交通更加迅捷、可靠。

佩尔・布拉厄同样也是1640年在图尔库创办大学或学院的积极
39 推动者。这一点连同1623年在图尔库建立最高法院，毫无疑问加强了芬兰本土的独特性。但另一方面，芬兰本土不再如中世纪时那样是王国的核心区域。图尔库仍然是一个外省小城；同时期建立的斯德哥尔摩，成长为发号施令和有影响的中心。除了在波罗的海南岸获得新的土地外，瑞典王国的本土也扩张了，在1645年以后，将哥得兰岛和靠近挪威的耶姆特兰省和哈耶达林省以及西海岸的哈兰省；在1660年以后把西海岸的布胡斯省以及斯科讷和布莱金厄南部富庶的农场纳入版图。所有这一切意味着，芬兰本土这个曾经在卡耳马联盟时期的政治中具有重要的战略和财政价值的地区，不仅越来越边缘化于王国中心，而且刻下在自己所处的东方也边缘化了。总体而言，芬兰本地贵族和教士的孩子们缺乏在东部荒野创业的激情，而宁愿在王国中心附近闲荡以期博得晋升。行政系统向心化的增长无疑加强了瑞典语作为交往语言的重要性(尽管拉丁语长时间里仍被受过教育和有文化的人使用)。1632年在伦敦出版的瑞典王国的一个未具名的便览清楚地表明作者是讲芬兰语的人,因为这一便览引用不好发音的拉丁词汇如 gratus (ratus)、Dominus(tominus)和 spes(pes)作为“为什么贵族、商人和其他有能力的人,把其子弟送去受瑞典语教育,这样做意味着他们适宜学习任何其他的东西”的充足理由,这一揭示表明较高社会秩序的瑞典化已经在芬兰展开。政府就其本身来说意识到了需要任命具备有关芬兰的知识的称职官员。但是农民的请愿书抱怨地方官和法官不能理解农民而且他们缺乏有关当地习俗或环境的知识,而且,1653到1680年期间在芬兰任命的超过半数的地区法官都是瑞典人或来自国外,这又当别论。

牧师在普通民众和君权之间构成了第二层沟通渠道,他们大多从本地人中征招。很多教士是西南部芬兰用心建立起来的教士家庭的子 40
弟,不过这里的教堂也吸引了来自农民阶级的聪明孩子。在东部芬兰,教士大多从维堡的教士家庭和富农家庭招募而来。维堡在1554年已经成为芬兰第二大主教区。一些教区,特别是在图尔库附近的教区,提供了较舒适的生活,但大多数充其量仅能提供微薄的生活,为此,教区牧师常常不得不作些填补。新任牧师可能发现自己不得不维持前任的家庭,以此作为履职的条件;同其寡妇或其某一适宜婚配的女儿结婚,并非鲜见。作为保障手段,很多教士让自己的儿子进行从事牧师职业的训练以备继承乃父之职,在西部芬兰和波的尼亚许多有薪俸的教职被同一家庭的几代人把持。

新教领导人建立了高标准的礼拜仪式和修道要求,并时常表达他们对教徒远远达不到这些标准的沮丧和不满。在1627至1652年之际,图尔库大主教伊萨克·罗托维乌斯(Isak Rothovius)付出巨大努力,促使教徒苦练修行和严格尊奉真正的基督教义,而且确实大大改善了牧师们的质量和对他们的培训。通过不断地用心背诵和学习,甚至必要时的体罚,教徒理解路德宗基本教义的能力得到加强。宗教改革者米卡埃尔·阿格里科拉(Mikael Agricola)在其1543年的初级读本(ABC-kiria)中敦促能讲芬兰语的年轻和年老的读者领悟上帝的旨意,并提醒他们说，按照路德宗教义，法律可能震慑人的心灵，但基督慰藉人的心灵。100 多年后，在大约翰 · 格泽柳斯(Johan Gezelius the Elder，1664—1690)主教赞助下，以芬兰语和瑞典语出版的结合读者和教理问答的出版物，加上由格泽柳斯创立的用于指导儿童阅读和写作的方法，虽然缓慢但终于结出硕果。可见的记录表明，即使西南芬兰的识字水平也难以令人满意，主讲坚振课程的教士继续靠口读心诵而不是书本来获取相应的知识。缓慢但坚持不懈、并借助于 1686 年宗教
41 法，该法规定坚振课程须在教堂周围适宜的地方定期举行，开始产生效果，因为教堂逐渐解雇不识字的神甫并甚至开始建造特别的教室，在这样的教室里神甫教授当地孩子们基本的读、写。

教会还在向北方扩展定居方面走在前面，他们深入到萨米人居住区。在最北面的高原地区，如海讷桑德地方管理机构在 1686 年观察到的那样，改革只是在最近才开始进入正轨，“那里年老的萨森地方官们靠为神和上帝服务活着”。但是 1748 年送交边界专员的一份报告表明，南部库萨摩教区的萨米人不仅欢迎基督教也欢迎芬兰语。40 多年以后，地方教士埃利亚斯 · 拉古斯(Elias Lagus)注意到萨米语只在教区的最北面与芬兰语同时使用。教会作出某些努力，通过萨米语的媒介灌输基督教，但那不是萨米文化能够容忍的。芬兰定居者们使用的烧荒种植法威胁着脆弱的生态系统，它维系着当地的狩猎经济；萨米人或者不得不接受新来者的经济方式，或者离开。到旅行者在 18 世纪开始向北进发并惊异地了解到更多有关这类奇异的人的情况时，很多萨米文化已经消失或者被毁灭了。[①]

路德宗教堂在尝试把卡基萨米和英格利亚新增领土的东正教居民争取过来方面幸与不幸交织，这两处新增领土得自 1617 年同莫斯科签订的最终和约(但没有并入王国)。尽管有来自萨沃的定居者注入该地以及许多当地居民的逃走，但这里还是留有少数东正教信徒。政府对

① 然而，17 世纪 90 年代，法国剧作家勒尼亚尔打算买一架魔力鼓，尽管，加百利 · 图德鲁斯领导的破坏运动的高峰期几近二十年，但教士还是控制着克米地区。

于这些人众的政策摇摆于放任与不耐烦之间。小约翰·格泽柳斯(Johan Gezelius the Younger)作为纳尔瓦主管，试图通过把沃特斯和英格利亚作为目标，采取更加积极的皈依政策，因为出于语言同芬兰人相似的原因，该两处被认为较易争取过来，但此时他受命克制自己的行为，因为这有导致混乱和俄国人干预的可能。考虑到可能同与俄罗斯帝国签订的和约相抵触，政府还拒绝了支持维堡主教彼得鲁斯·劳勃丘斯(Petrus Laurbecchius，1696—1705)全面禁止东正教信仰的主张。 42

瑞典从17世纪前半叶在中欧达至白热化的大战中兴起，战争是出于不顾一切收复领土和统一的目的。在瑞典再一次卷入战争之前，由卡尔十一世在17世纪最后10年对皇家权威的肯定使国王得以恢复一些被挥霍掉的资源并对征募制度进行修补。北方大战由野心勃勃的俄罗斯帝国统治者彼得一世(1689—1718)率领的反瑞典联盟开启。瑞典年轻而缺乏经验的国王卡尔十二世在1700至1701年的一系列勇敢的进军中成功地粉碎了自己的敌人，但没有成功地结束战争。相反，他的军队深陷波兰和乌克兰，在波尔塔瓦战役(1709年)中败于俄国人之手标志着瑞典命运的转折点。卡尔十二世穿过土耳其边界后退，并在接下来的一年里试图回避奥斯曼帝国的一系列盛情之邀，因为他的残余部队被击退并已越过波罗的海后撤。芬兰在1695到1697年间深受饥荒之苦，有约10万人丧生，它曾一度免于俄国军队的入侵达一个世纪，现在又一次置身前线。维堡于1710年被俄国攻陷，整个芬兰南部在三年后被征服，波的尼亚在1714年被瑞典放弃。战争损失惨重：约5万人由于伤病死亡，数千人被俘或逃亡瑞典。

1721年和约导致瑞典对东波罗的海的统治土崩瓦解，并将芬兰暴露在东方强邻再一次进攻和占领的威胁面前。彼得现在已经自称为全俄罗斯的皇帝，甚至在瑞典割让之前，他已经对维堡、加基萨米、英格利亚和波罗的海各省的行政管理作出安排。巨大的生命损失和被占领的创伤(尽管一般认为关于“大仇恨”的传说夸大了俄国人的暴行)所提出
的问题，明显与知名人士的幻觉或斯德哥尔摩政府保卫芬兰的能力甚 43
至意愿相悖。1709年瑞典出生的图尔库大学修辞学教授伊斯雷尔·

内斯柳斯(Israel Nesselius)曾经对芬兰人的忠诚表示疑问,按照他的观点,芬兰人被迫学习瑞典语已经很长时间了。在恢复和平的两年时间里,芬兰农民代表一直呼吁组成一个公正的委员会调查战争的后果,并且不怕漏出口风说,由于深受税收和其他重负之苦,人们可能试图投降敌人。认识到需要重新赢得当地人的忠诚和信任,两支被任命分别代表芬兰东西部的代表团,继续保持谨慎并作出许多善意的保证。评估损失的规模和准予免税占去了他们大部分时间,不过他们也建议进行诸如修建运河和建立制造业等以改善经济。

1742—1743 年,芬兰不得不再次经历俄国人的占领,这一次是由于掌控瑞典政府的名曰海茨的战争党派发起的组织很糟糕的进攻而导致的结果。这一仗使得彼得大帝的女儿伊丽莎白取得圣彼得堡的权力并接受欢呼成为女皇。俄国人在 1742 年夏季对芬兰进行成功反击前发表了译成芬兰语和瑞典语的宣言,宣称要对所有没有帮助过瑞典军队、并寻求"如亲密的邻居那样与我们和平相处"的芬兰居民提供保护。宣言还暗示芬兰大公可能希望脱离瑞典成为一个独立国家,对此俄国将很乐意提供军事支持。尽管来自芬兰的表达对瑞典统治不满的谣言已经由俄国驻斯德哥尔摩大使搜集并传递给圣彼得堡,没有带结论性的证据表明芬兰独立的思想不是一个策略,一个设计巧妙的推进俄国干涉其邻居事务政策的花招。芬兰在一代人的时间里第二次被占领,不管怎么说暴露了对斯德哥尔摩的不满。一封来自海梅地区塞斯马教区的土地拥有
44 者团体的信件呈送给俄国驻芬兰南部军队司令官,该信欢迎伊丽莎白在战争中提供的保护,而这场战争,据写信者声称芬兰居民没有任何一个人希望看到。1742 年秋,应俄国要求在图尔库召集的芬兰南部贵族大会一致选举赫尔辛基大公卡尔·彼得·乌尔里克(Karl Peter Ulrik)为待宣布的国王,但是当他们试图劝说女皇同意时遭到了挫折。①

海茨由于军队令人遗憾的表现而受到谴责,加之芬兰的被占领和

---

① 伊丽莎白先前已经决定公爵作为她的继承人,但随后又支持霍尔斯坦家族的另一名成员作为瑞典王位的继承人。

1743年图尔库和约中向俄国割让了东部边界更多的领土,这一切使得改善防御和善待芬兰居民的要求陡增。1746—1747年召开的议会同意了在芬兰建造新的防御工事。建筑在一系列岛屿上、用于防御赫尔辛基的斯维堡要塞,也许对于其主要设计师奥古斯丁·埃伦斯韦德(Augustin Ehrensvärd)来说是一个令人印象深刻的纪念物,但花费甚巨。这座被认为坚不可摧的堡垒曾在1808年不光彩地向俄国人投降,在1855年被英法联合舰队轰炸,在1906年被俄国的革命反叛者短暂地占领,现在则成为吸引游客的景点。有争议的更有效的防御方法是建造阻击性的小舰队,控制沿芬兰南部海岸的岩礁,这种方法能够对俄国人施加有力挑战。1746—1747年议会中来自芬兰代表的压力还导致组建了一个代表芬兰的团,芬兰出生的人在其中占多数。代表团提交的报告对政府的政策和疏忽提出批评,并提出了确保芬兰居民未来得到更好的保护、他们的关切有人倾听的方法。报告还确认了先前提出的与普通芬兰人打交道的官员们应该能够这样做而不必求助翻译的要求,报告并且希望高级官职由芬兰出生的人担任。尽管个别芬兰出生的人的确在法庭、政府和教会上升到显著的位置,但和瑞典出生的同僚相比,身居瑞典高层职位者则乏据可证。经常是由于缺少门路或关系以确保这样的工作,他们在自己本土的采邑还面临来自瑞典或国外 45
那些充满挑战渴望的对手的竞争。在1721到1808年之间,芬兰超过一半的县的长官源自芬兰。来自瑞典的人占据着更加显要的位置,而北部和东部那些较差的位置多半由芬兰人担任。图尔库四分之一的主教和大学教授来自芬兰,但瑞典人控制着高级法院和芬兰军队的最高领导权。许多来自国外的受雇者进入了芬兰的社会精英阶层,进而还要加上法院、军队或政府等吸引人的职业。

权贵们抓住成功地挑战幼稚的国王卡尔十二世的机会,推动通过了1719年新宪法,外加1720年的宪法修正。这确保了国王的统治必须经议会的同意并接受议会的建议,并给予议会起草立法、提高税收和向议会建议人选的权力。议会定期召开,并且其上百个自贵族、教士和富农中选拔出的强势的秘密成员被赋予监督王国所有重要事务的权力。尽管议会 1723 年法令试图放弃提名代表的程序，但缺少关于谁拥有选举权的明确定义。但据估计，在 18 世纪中叶，大约三分之一的房产拥有者在议会拥有选举权。尽管数量众多的农民构成了选民的大多数，但贵族，特别是官僚机构的成员们掌控着王国的事务。在决定每一个社会等级和政府构成方面的宪法安排加强了瑞典邦的集团和贵族的基础，这一传统伴随芬兰省份一直到 1809 年其最终转入俄国霸主的统治之下。

所谓“自由时代”(1720—1772)时期的议会化成果在很多方面被党派阴谋和争吵所毁掉，但它确实开辟了一个其范围未知的公开辩论的
46 领域。距离和住留首都的费用是困扰芬兰代表的原因，芬兰的贵族曾试图敦促 1726—1727 年议会允许他们在有国王代表在场的情况下单独举行会议，但未获成功。对于农民来说芬兰只有很少的主教辖区、城镇和选区，与瑞典大陆比起来代表同样严重不足，据披露，秘密委员会的非贵族成员来自芬兰者不足百分之十五。不管怎么说，对于现在以“*rikets förmur*”而闻名的王国外围城郭的居民关注的问题被正式提出来，并且对于芬兰经济的发展给予了特别的关注。但总体来说，是特殊人物的关切，而不是可能被认为的“国家”利益，决定了被送到议会去的代表的态度、构成了他们的诉求。故此，居于统治地位的海茨党提出的强硬贸易保护主义政策和实施防御开支，得到了已发展为军事基地的赫尔辛基的富农和享有贸易特权的图尔库大商人的支持，而小商人和工匠，以及被禁止直接进入国际贸易的波的尼亚的城镇，倾向于支持奉行削减开支和进行改革的凯珀斯党。

在瑞典军队又一次没有活力的表现之后，这一次是反对普鲁士，1765—1766 年的议会被凯珀斯党所主宰，该党在三个非贵族政治阶层中取得压倒胜利，使国家处于财政危机状态。这一届议会大会中的混乱和党派之争在 1771 年有再次爆发的危险，新统治者古斯塔夫三世(1771—1792)巧妙地加以利用，宣布王国处在危险中并在 1772 年进行了不流血的政变。国王权力的恢复得到了各方百姓的欢迎，因为他们担心已经削弱了王国统一的腐败，担心破坏了瑞典以往伟大荣光的无效的外交政策，还担心看起来不能解决国家严重的财政和经济问题的

政府。然而到18世纪80年代,贵族阶层包括许多支持政变的芬兰军官的不满渐息。

在一个试图概述近代早期芬兰对王国贡献的收支均衡单的简要评
论中,经济史家斯文-埃里克·奥斯特伦(Sven-Erik Åström)总结说, 47
从经济上说,同样在某种程度上从政治上来说,芬兰同王国的关系总体
上类似于殖民地。尽管自1720年以后芬兰的确从防御和行政管理方
面获得某些收益,以及能够从用于该地的行政管理和防御的税收中留
取一部分,但就17世纪被征调的人力和物质资源而言,芬兰却付出了巨
大代价。值得注意的一个有趣现象是,18世纪的芬兰比起17世纪时得
到了政府更多的关注,还有就是对于瑞典统治的影响和价值的怀疑浮现
出来,尽管这同样可以被看做是对瑞典地位和各邦关系严格的重新评价
的一部分,以及在瑞典本土产生严重的政治和社会影响的问题。如我们
将看到的,芬兰对某些独特而个别的东西的认识加强了,这将超越地方
的或唯党派论的关切;1743年(那时第一次作出了一系列努力来绘出和
保卫同俄国之间的边界)后在瑞典统治下不同地区或不同政府部门不
管有多少分歧,在聚集起来举国一致方面则完全是另一回事。

随着瑞典长达几世纪的统治接近结束,绝大多数王国东半部的居
民还像他们的祖先那样生存,从土地、森林和水域中获取食物。从分散
的文献来看,芬兰还受到了在17世纪出现的"小冰期"之害。漫长、寒
冷的冬季,洪水泛滥的春季,8月份骤然而降的夜霜意味着歉收和饥
馑。最糟糕的是这些自然灾害发生在17世纪末。在1696—1697的饥
荒之年,芬兰的人口减少了四分之一。如同在这样的自然灾害中经常
发生的那样,死亡更频繁地光顾那些无力保护自己的婴儿和少儿,年老
者和患病者。以纯粹经济学的词汇来表述,恢复之快令人吃惊。记录
显示,在两年内,只有8%的土地仍然撂荒;许多土地占有者死后,其土
地由亲属接管。但由于糟糕的设备和欠肥沃的土壤,再加上变化无常 48
的气候,边界地区的耕种,在最好的情况下也是一种冒险。一个普通的
丰收将产出足够的谷物,加上捕鱼和林区的产品以补充单调的稀粥和
面包,可以满足基本的营养需要;但是正如经济史学家埃伊诺·尤

49

图 6　制作桦树皮面包。

面包部分地、或在最坏的情形下全部地，由白桦树树皮的内层制成，一直到近代，芬兰东部和北部居民都在食用。这种面包的食用如此普遍，以致有建议将其样品作为芬兰的典型产品送往 1851 年王国博览会。不过，收集树皮是个很复杂、季节性很强的过程，这意味着在发生饥馑时制作这种食品作为紧急替代不是件容易事。保健学的观点倾向于认为这种芬兰语称做“pettuleipä”的面包味道不好，营养也不佳。在 1830 和 1867—1868 这几个饥荒之年，当地人曾被劝说用苔藓来做面包，但当地传统认为苔藓有毒。20 世纪 70 年代代表军方进行的研究证明了当地农民的疑虑，研究结论是从苔藓中分离出有毒成分很难，而桦树皮却既无毒也没有营养。图片中塔伊瓦尔克斯基东北教区的一对老夫妻大概已习惯了磨碎桦树皮做面包。这张照片摄于 1917 年，那时谷物短缺，全国大部分地区需求助这种技艺以资生存。

蒂卡拉(Eino Jutikkala)颇感奇怪地观察到，芬兰农民可能不得不依赖其面包，如果他想要啤酒甚或小啤酒，并且储存谷物以免年景不好，这在多数农场简直就是不可能。

芬兰饮食品种的不足常常被旅行者所评述。法国剧作家让·勒尼亚尔(Jean Regnard)17 世纪 90 年代在芬兰北部旅行时观察到，你越是向内地走，越是发现贫穷的加剧；谷物几无人知晓，面包是用碾碎的鱼骨和树皮做成。他的同行者贝尔纳丹·德·圣皮埃尔(Bernardin de St-Pierre)同样注意到面包一般是用白桦树皮的内层和苔藓类植物的根茎混合而做成,“一种用来喂养那些可怜的人们的令人作呕的食物”。另一个法国旅行者惊奇地发现芬兰人是怎样依靠干鱼和一碗奶粥而从事繁重的体力劳动,其同行者则在芬兰北部令一群农民惊愕不已,他们把他喝的葡萄酒误认为是羊血。

大多数人工作极累且回报甚少。18 世纪为对付人口增长的压力开垦新土地,包括清除灌木丛,伐倒树木并掘出树根,搬走数不尽的岩石和卵石,挖灌溉沟渠以及整修土地,所有的收获加起来最多勉强养家糊口并完成赋税。季节性的定居者,如为捕猎海豹,经常是艰苦不堪而所获甚微。例如,1757 年约翰·戴维·克内夫(Johan David Cneiff)给瑞典皇家学院的报告中计算出,在波的尼亚三个月危险的海豹捕猎可能会增加不超过 66 个瑞典铜元,少于用于配备其冒险的开支。换句话说,除非捕获量够多,否则不值得出猎。所有的 8 个人为他们在冰面上
三个月的出行准备了 6 个巨大的发酵燕麦面包,将其烤得坚硬如铁并 50
用麦秸捆绑防止它们发霉。他们饮用微咸的海水并用他们能够捕获的东西来补充食物。

对于绝大多数人口来说支柱性经济的粗陋短缺是个不变的现实;不过当代一项关于 1738—1741 年间芬兰经济情况的研究声称在正常情况下,芬兰各地都有谷物出售。然而,在多数地区谷物的数量极为有
限;唯一补充谷物的贸易是来自萨沃的烧荒地,在每年秋季由农夫和他 51
们瘦小的马匹向西海岸方向开垦。在歉收时,芬兰依赖进口谷物,进口谷物多半来自爱沙尼亚和立沃尼亚。歉收经常刺激鱼、兽皮以及其他动物产品的贸易,这出于一个简单的原因:农民要交税。据估计在 17 世纪 90 年代,波的尼亚农民通过出售柏油、木材、黄油、机油和鱼而所获收入之四分之三需上交收税官,其余大部分用于买盐。这些统计基于官方记录,很有可能许多收入是通过非法贸易获得。

王国限制城镇贸易权的努力很容易被化解。农民商贩不顾城镇市民的反对继续在自己的船上打游击,并同卡累利阿和俄国商人进行愉快的交易,后者购买前者的毛皮、鱼干和木质器皿。大多数这种贸易是地方或地区的;但在 17 世纪芬兰的森林成为有价值的资源,其产

图 7　奥鲁河上的柏油船。

自 17 世纪中叶开始，直到 19 世纪被锯木所取代，柏油一直是芬兰的主要出口商品。培植和砍伐树木，在特制的坑里熬制柏油，将其放入桶内，并顺流将其运至最近的港口，这一切提供了很多工作，也是能带来收入的有用资源。到 18 世纪大多数柏油贸易由波的尼亚湾的港口承担，尽管根据法律他们不得直接同国外商人贸易。经过波的尼亚商人和其支持者在议会和其他场合的激烈斗争，这一禁令最终在 1766 年被推翻。照片上柏油船和船工们经过艰苦的长途航行，在内地通往港口的主要通道奥鲁河畔停下休息。

品——柏油和木材——在全球海洋贸易的扩展中成为重要商品。大多数瑞典销往荷兰与英国市场的柏油来自波的尼亚和塞马-派延奈湖(Saimaa-Päijänne)的内陆地区，农民在那里砍伐松树提取柏油，注入桶内沿水路顺流运下直到海岸。18 世纪上半叶，柏油和沥青的价格下降，加之内地糟糕的运输条件，导致这类来自芬兰南部城镇的商品停止出口。借助于引进的多片锯，其被安装在 1721 年后边界的急流和瀑布附近的水力锯木厂，他们转向出口锯木。尽管俄国人执行同瑞典人一样的限制商业政策，但越过边界建立并运转锯木厂却明显比较容易。例如，没有限制使用荷兰产的多片锯的禁令，而直到 1739 年瑞典都禁止使用。把出口限制在地方层面的瑞典航行法阻碍了来自芬兰南部的
52 锯木贸易的发展，穿越边界到达维堡和哈米纳(1743 年以后)港口的

木材运输明显多起来。此时还有大量得自俄罗斯那边较便宜的盐和烟草的非法贸易。逃避管理的情况是如此普遍,乃至于根据1743年和约作为补偿而建立的洛维萨的被激怒的市民经常抱怨发生在农民、王国官吏和沙皇新的臣民之间的冲突。

尽管自从中世纪时起,芬兰的城镇发展起来,但同作为整体的王国比起来在数量还是较少,并且大多数是小的沿岸定居点,仅比乡村大些。芬兰最大的城市图尔库在18世纪中期有居民6万人,而城区的居民不超过2万人,其中仅有1 774人是商人,4 031人是工匠。这些城镇的市民徒劳地同违反禁令的行为进行斗争,意在把贸易控制在自己手里,而且事实上,许多城市的商人确实纵容了逃避管辖的行为。在这些城镇成功的制造业少得可怜——大多数在芬兰建立起来的工业是地方的煅铁炉和小作坊——18世纪在诸如赫尔辛基和罗维萨这样的城里建立的小堡垒对整个城市经济贡献很少。不过,芬兰沿海城市的确证明了自己显著的适应力并准备抓住到手的任何机会。甚至在1766年最终允许自由贸易之前,波的尼亚的城镇就已经建立起规模可观的造船业。在1765到1804年间,超过300艘大型海船是由奥鲁、科科拉、皮耶塔尔萨里和瓦萨的船厂制造,大大超过了王国其他地区。劳动力大部分是从周围农村招募来的,工作在冬季进行,允许农民造船工回到自己的农场去晒草。这种季节工可以便宜地雇到,而且这使波的尼亚的造船厂具有竞争力。多半以这种方式,所有沿海岸农民贸易者的
小联合体能够造出小船,配上只需少量酬金的船员,然后从事有利可图 53
的航行:向首都供应鱼、奶油和其他在王国东海岸制造、收集并储藏的物品。正如一个当时的法国观察家在1809年芬兰从瑞典转到俄罗斯帝国手中后,很快就注意到,航海经验的获得特别是规模可观的商船队,对于缺少这种资源的国家来说是一笔宝贵的财富。

准备好进入东波罗的海的大市场不仅使沿海地区得以出售他们的烧柴、黄油、鱼、兽皮,甚至像木碗或渔网这些特殊产品,而且把他们引入到全球性贸易扩张中去。到18世纪末,芬兰的船只积极地卷入到地中海运输贸易中去,沿海小城市的商人们急切地关注着价格与保险费

用的行情。贸易带来了些许财富,城市里的人们得以重修他们的教堂并建造了坚固的城墙,捎带也装饰了自家的房屋。他们还购买书籍,其中多数是祈祷书和宗教小册子,不过关于政治、经济、自然法、医药、词典甚至小说和诗歌等主题的书籍在他们的藏书中亦有开列。教士和城市的负责人经常拥有具有一定规模的图书馆:譬如死于 1787 年的小城纳塔利的市长安德斯·戈特利布·赫克帕尤斯(Anders Gottlieb Herkepaeus),他也是该地区长期占据领头地位的芬兰家族成员,拥有包括德文、法文、荷兰文、英文和瑞典文在内的著作。即使极贫穷的家庭也可能有赞美诗或祈祷文一类的书籍。

18 世纪末,在整个国家散布着一些达官贵人,总体上大概是千分之十五这样的比例(其中不到千分之二是贵族家庭),尤其南部与西南部比内陆地区更多一些。这些人都是绅士,他们负责管理、收税、维持公正,为芬兰团配备军官,测量土地,教导年轻人,并设法满足人口的精神需要。为国王效劳是区别和定义绅士的标准。头衔是社会需要,对一个人社会地位的标识在芬兰社会流行至今。尽管获取官职不排除官
54 员们从事其他有利的活动——多数人经营农场,有些人从事贸易——不过做官被认为是更体面的生计。在 18 世纪的芬兰,超过五分之四的达官贵人控制着某些官职,这一比例到 1870 年逐渐减至五分之三。

当时的批评者担忧官职表看上去混乱,于是敦促绅士们回到依赖
55 土地的生活,经营自己的土地,在那里他们更有影响的生活方式将有助于商人、工匠和制造业者。但事实上,政府机构的职位数量已经到了不能跟上人口增长步伐的边缘,在 1749 年到 18 世纪末这段时间,人口翻了一倍。人口空前的增长(增长发生在整个王国,不过芬兰这一边的增长要超过瑞典那一边)显著地有助于“和平,土豆和疫苗接种”。人口统计学家一度对其判断持谨慎态度,不过毫无疑问多数的增长归因于世纪初开始从饥馑、疫病和战争创伤的年代恢复过来。受到 1749 年第一次人口统计的搅扰,政府在随后的年代里试图通过设立基本的医疗服务机构、鼓励接种疫苗以及颁布命令让每个教区都要有自己的助产士。毫无疑问,在目标和执行之间有很大的距离,而官方的敦促和命令不可

图 8　等级与头衔：赫尔辛基希塔涅米公墓。

等级与头衔，经常更多地凭借个人努力获得，已然并将继续在芬兰社会产生大的回响。最高级别的成就是令人垂涎的“议员”，最初限于在政府部门中区分某人自己，但随时间的推移，也赠予工业家、承包商和农场主，大学教育同样也授予身份，或者获得某种等级（常常是硕士或硕士以上），或者授予特别资格（例如，“经济学家”）。正如芬兰社会学家韦利·韦尔科（Veli Verkko）在 1947 年观察到的，头衔及其同由贵族控制的等级社会的强力联系，在芬兰共和国仍然是人们急于追求和垂涎的东西。如同在其他国家那样，芬兰的公墓和墓地为家谱学家和历史学家提供了丰富可见的符号学的材料。头衔绝不仅限于成功者，正如本图所示：农夫，面包师，商人以及店主，甚至表匠的妻子的头衔都会在他们的墓碑上体现出来。

能毫无效果。至于说 19 世纪土豆的种植和消费在国家的大部分地区都是非常有限的；对大多数人来说，大麦、燕麦和黑麦提供了基本的食物支持，但只有少数人能支付得起更丰富的食品。

人口增长是不平衡的，不过乡村的增长远远超过城市、内陆的增长大大超过沿海。很自然，人口增长给有限的土地资源造成巨大压力。政府急于促进农业的改良以求增加国民财富，在 1757 年授权圈地，这个过程直到 20 世纪 50 年代才完成。从 1747 年开始，王国也放宽了对农场分割的管制，从 1757 年开始致力于将从圈地过程中产生的多余土地造成新的农场。在这方面远不如个人成功，后者不懈地努力造就了一些小型租赁农场，或者叫做小圈地。这种小型租赁农场从 18 世纪中

56 期的数千，发展到19世纪初的超过两万多，并继续增加直到19世纪60年代，在这之后，农场主对现代技术和市场的适应促进了从租赁土地中的收益。

瑞典统治的最后几十年最大的变化就是古斯塔夫三世于1789年一并实行了宪法，颁布了联邦法和保险法。这赋予了土地继承者如同贵族或采邑那样完全的所有权，并给予了王国土地上农民继承权。在较早时候占有权的保障处在威胁之下，尤其是战争的混乱之后，许多农场被放弃，农民看起来把1789年法律看成了从王国手里买断土地的信号。到19世纪开始时，大多数大庄园贵族所在的芬兰西半部遗产地自由持有的高水平，同烧荒耕作仍然很盛行、而且圈地也才开始的东半部的差别是令人瞩目的，不过沿海平原同内陆森林地区的差别也令人难忘。

在人口增长的压力导致无地人口数量大增的地方——东部芬兰和南部波的尼亚——杀人事件的比例也高，这一现象引起了近代历史学家的注意。有两种情况，在如波的尼亚地区的婚礼那种社交场合的普遍酗酒，和靠近俄国边界地区某种程度的目无法纪，主要因素是较弱的地方权威和较低的定罪率（法律要求同时要有两个目击者或被控告者自己认罪，而这两项条件都不易获得）。同样的，谋杀的武器多种多样，要看手里拿的什么，不管是大石头还是一块木头。[①] 波的尼亚地区的人口在1749至1805年期间增加了2倍，日益增长的财富与社会地位的不平衡毫无疑问是可能导致犯罪的紧张关系的根源。犯罪还在那些社会控制薄弱和法律执行力遭到破坏的地方，以及随着原始资本主义交换经济的出现，形成了不同以往的强调企业和要求个人证明其能力
57 和力量的价值体系的地方泛滥。赤贫、孤独和冷漠（对斯德哥尔摩的文明社会而言的“瑞典的西伯利亚”），萨沃和卡累利亚的边界地区深受战争离散和违法行为、土匪活动之苦，同样也深受不管何时只要有战争爆发，边民自己便因世仇而相互残杀的嗜好之苦。人口和经济的压力导

① 19世纪早期臭名昭著的奥斯特罗波的尼亚刀客用刀进行恐吓，并把刀作为一种致命的复仇的家伙。

致扩大了的家庭单位的紧张,而且明显地导致家庭内部相互残杀的增加,包括弑兄杀弟比例的开始增加。

尽管从 18 世纪 60 年代开始,一种更开明的方法已经显现出它的作用,但国家对 18 世纪早期由战争和疾病引起的社会失序的反应,以及对人口从 18 世纪 40 年代开始快速增长的反应,常常还是限制和控制。一个更难对付的问题是蒸馏酒精的过量生产和消费。通过限制生产以阻止对宝贵的谷物仓储的浪费性消费,同样地,以便减少社会混乱,这样的尝试在 1756 年谷物严重短缺时,在对蒸馏和销售酒精的临时禁令中达到顶点。农民中的上层由于这些往往对农民有利的活动被禁止而蒙受巨大损失,他们不情愿地接受了禁令,但得以维持对大半由上流社会人士消费的诸如咖啡和茶等奢侈品进口的禁令。对蒸馏酒精的限制在 1760 年结束,但问题依旧,而且古斯塔夫三世通过国王所有的蒸馏酒精生产系统实行国家垄断的努力亦未奏效。农民有力地保卫着蒸馏权,不过他们希望该项权利仅限于他们自己。农民生产的酒精是一种有价值的商品,而且在农场主和农场工人的关系中起着日益重要的作用。在很多地区,蒸馏酒取代了啤酒,它在从宗教到葬礼等所有仪式中都是关键的组成部分。不过正如道德学家和改革者指出的那样,它也导致贫穷和苦难。政府在 18 世纪应对酒精的经济与社会后果的努力预示了晚近尝试过的一系列政策:许多与在芬兰乡村有关联的酗酒态度和习惯一直延续至今。正如历史学家海基·于利堪加斯(Heikki Ylikangas)观察到的: 58
“芬兰人的饮酒习惯是,或曾经是尽快弄到酒尽量都喝掉。死于酗酒或被醉鬼杀死的人数目之大表明芬兰人饮酒之道不仅是一个虚构。”

反对酗酒成为芬兰民族主义者努力提升和“改善”国民素质的一个主题。“改善”仍然是 18 世纪后半叶议事日程之一,不过动机和哲学基础有所不同。希望达到的目的是使民族共同体更加繁荣和具有竞争力。但是能够在不扰乱现存社会秩序的情况下达到目的吗?总体而言,这个问题很少被问及,并且尽管间接放松限制的改革已经进行,其他所采取的措施则被解释成加强限制——例如,立法管制着主人和仆人的关系或控制着劳动力的供应和支配。那些冒险发表极端言论的人会遇到麻烦。例如,1766 年,由于在小册子中公开表达了批评意见,来自波的尼亚的低级牧师安德斯・屈德纽斯(Anders Chydenius)被拖到议会秘密委员会前,并且他最终被逐出当初被选进的高级教士阶层。屈德纽斯曾经被欢呼为早期经济自由主义的倡导者,但是他的主张主要是出于推翻阻碍波的尼亚港口城市商业发展的贸易限制的动机,同时也是受到对那些其利益受到这些严格限制保护的私人商业精英们奢侈浪费深深嫉妒的刺激。尽管屈德纽斯以对农民的困苦的极大同情来写作,也是出版自由的热情支持者,但他是一个社会道德家而不是政治自由者。

屈德纽斯绝不是大自由时代引起导致赋予瑞典公众生活以生机的争论的唯一芬兰人。非贵族社会成员的权力,包括当选被贵族狂热地
59 守护着的高级官职的权力,由芬兰牧师彼得・福斯科尔(Peter Forsskål)在其写于 1759 年的匿名小册子《关于公民自由的思考》(*Tankar om borgerliga friheten*)中加以鼓吹,靠近俄国边界的贫穷小镇洛维萨的镇长亚历山大・开普勒鲁斯(Alexander Kepplerus)在关于提交 1770 年议会讨论的公民权问题的回忆录中亦作此宣扬。

最近的研究探讨了连接政治活动的网状结构,并特别把注意力集中到中学和大学的塑造作用上。边缘化和贫穷的芬兰可能有刚好超过 20 所中学,与瑞典的 100 多所形成对照,但其对可能被称为瑞典启蒙运动的贡献却是重要的。这个名单中应该包括历史学家约翰・阿肯霍尔兹(Johan Arckenholtz,1695—1777),他在 1741 年因为反对对俄国的复仇战争政策而被囚禁,25 年以后他又建议屈德纽斯写作关于出版自由的小册子;亨里克・加布里埃尔・波尔坦(Henrik Gabriel Porthan,1739—1804)对于创造芬兰认同的贡献是开创性的;还有一批自然科学家,其中佩尔・卡尔姆(Pehr Kalm,1716—1779)和佩尔・加德(Pehr Gadd,1727—1797)是杰出的代表,他们激起并引领了图尔库的大学研究热潮。

在 1714 年俄国占领之前,大多数职员和学生逃亡,大学停止了活动,1722 年重开。它从芬兰全国各地召回自己的学生(不过来自西部的比东部更多),同时,一小部分来自瑞典,其中多半来自斯莫兰地区。学

生中有影响的部分(1640—1808 年间平均在 180—200 名左右)是教士的子弟,不过农民的子弟在 18 世纪开始替代贵族后裔的位置,并在来自斯莫兰地区的学生中占到四分之一至三分之一。学生多数在毕业后成为牧师,不过从 1760 年代开始大学毕业生也寻求其他各种职业。

图尔库大学不仅仅培训路德宗教士和瑞典王国的文职人员,它还
是各种思想和主张的汇聚地,是产生新的爱国观念和民族认同感的知 60
识中心。在很大程度上,这种爱国主义被寻求知识的热情所点燃,并且奠定了那一时代幸福的原则,即相信国家的幸福可以通过改善人民的福利而得到保障。因此,18 世纪 40 年代被图尔库大学录取的屈德纽斯兄弟中的老大萨穆埃尔(Samuel)对于讨论改进内陆航运能力的方法,以及如何加强芬兰的边境防御作出了贡献;最小的雅各布(Jacob)著文论述波的尼亚和科科拉的贸易;而安德斯则在其毕业论文中研究了北美土著的桦皮舟(而且还未成功地按照当地的传统把他们造的船

图 9 波尔沃的语法学校。

自 1721 年维堡落入俄国人之手后,天主教修士与语法学校搬到了赫尔辛基东北 55 公里波尔沃小城。它是芬兰唯一的高级中学(瑞典有 11 所,而且事实上比王国东半部的学校得到更多的赠与)。这所 3 层的建筑在 1753 至 1760 年间建成,在 18 世纪的时候提供古典教育,并且还是亚历山大一世在 1809 年召集和结束议会会议的场所。

61 用于芬兰水域)。三人都深受新思潮的影响,受到伟大的植物学家卡尔·林尼厄斯(Carl Linnaeus)的鼓舞,也受到其弟子的熏陶,这些人包括在18世纪40年代于图尔库指导自然科学研究的约翰·布劳瓦留斯(Johan Browallius)和卡尔·弗雷德里克·门纳德(Karl Fredrik Mennander),以及在1747年被任命为图尔库大学第一位经济学教授的皮尔·卡姆。为使自己的发现更易被接受,这些人鼓励自己的学生(这些学生的毕业论文事实上经常是由教授们自己写的)用瑞典文而不是拉丁文出版自己的作品,并研究自然世界的神奇之处以便造福于人类。在1731年矿物学讲座的前言部分的致词诗中,赫尔曼·迪德里克·斯伯苓(Herman Didrich Spöring)敦促学生研究芬兰山脉宝贵的金属矿藏资源,对这些资源的探测和挖掘将使芬兰进入黄金时代。这首诗强调的信息,确实如同其他提升芬兰经济的努力一样,乃是繁荣的增进将强化对国王的忠诚。

因而在一个层面上,从图尔库大学里产生的爱国主义基本上是每个人对自己所属地区的意识和热爱,以及对促进其繁荣和作为整体的王国的福祉的关注。到18世纪末人们自己的兴趣点亦发展起来,他们的习惯、历史和文化,都被日益增长的抢救、修复和在某些情况下发现过去被忽视的古老的欧洲人的热情所激起。亨里克·加布里埃尔·波尔坦,这位不知疲倦、活跃的记者,收集者和藏书家,1777年被选中的图尔库大学的语言学教授,在把这些新潮流引入芬兰方面做了大量工作。在1766到1778年出版的5卷本《芬兰诗歌研究》(*De poesi fennica*)中,他奠定了未来搜集和研究芬兰民间诗作的基础。波尔坦的同龄人和朋友克里斯特弗里德·加南德(Kristfrid Ganander)也取得了同前者大体相当的成就,尽管作为偏远地区的助理牧师,他的条件要差很多,但他依然作出了很多贡献:一本词典,一本芬兰神话学索引,格言,谚语集,故事,诗歌,还有关于治疗人类或兽类疾病的简易指导。另一个乡村教士安德斯·赖兹留斯(Anders Lizelius)出版了发行期很短的芬兰语报纸,该报旨在向农民传递有用的知识,也登载像美国独立战争那样重要的世界大事。

62

图 10　早期芬兰爱国者丹尼尔·贾斯勒纽斯。

24 岁的丹尼尔·贾斯勒纽斯(Daniel Juslenius)为获得图尔库的皇家学院或大学的硕士学位,在 1700 年提交了《图尔库的新与旧》(*Turku Old and New*),以供公开考核。出生在图尔库以北 30 公里米托伊宁教区(Mietoinen)的贾斯勒纽斯在 1703 年继续提交其硕士论文《芬兰的防务》(*Vindiciae Fennorum*),并在 1722 年图尔库大学恢复正常后,成为该校的希腊语和希伯来语教授。《图尔库的新与旧》是在确立起来的地方史传统范围内撰写的,其中约翰尼斯·劳泽留斯(Johannes Rauthelius)的著作是最早的。它勾勒出了较早的历史地理传统,这一传统试图在同样辉煌的遥远过去反映瑞典现时的伟大。贾斯勒纽斯著作的特点是其对芬兰民族正面形象的描述和强烈的认同。他努力地将芬兰民族与瑞典民族区别开来。如他确认古老的"我国人民"拥有自己的文字,但其同样被瑞典征服者摧毁了。当然,作为虔诚的基督徒,他不能但却欢迎"我们的祖先"从偶像崇拜中解脱出来,但是他同样谨慎地指出,没有人民如此原始与未开化以至于不能拥有上帝,并且"我们的祖先"同样有自己的宗教,尽管由于缺少有记载的材料,很难确认这种宗教。贾斯勒纽斯作为瑞典中部斯卡拉(Skara)的主教结束了自己的生涯,这幅画就是在那里画的。

在芬兰对王国安康所作出的贡献中引以为豪者,以及为后世所知 63
晓的确认这一点的强烈决心,或许出自对所谓智者们嘲弄芬兰的落后与野蛮的憎恨。同诸如哥得兰和 17 世纪才置于瑞典统治下的斯科讷等与众不同的地区不一样,构成图尔库主教区的芬兰部分,在 11 世纪以前已经是瑞典中部平原和东波罗的海两个沿海地区成型的王国统一体的组成部分。忠诚是那一历史序列的组成部分；在 18 世纪 80 年代以前，如果王国政府无力保护芬兰免遭引起怀疑和问题的占领的破坏，那种忠诚是不会受到严厉挑战的。

古斯塔夫三世 1772 年不流血的革命事实上在芬兰受到普遍欢迎。这位国王极度依赖青年芬兰军官集团的积极支持。他们相信，党派争吵的结束和瑞典出生的精力旺盛且负有盛名的独裁者将使瑞典国运复兴。这些军官中的一位，戈兰·芒努斯·斯普伦特波滕（Göran Magnus Sprengtporten）在政变一年后出版的系列“写给友人的信”中声称，像瑞典这样各省份分散且广为离心的国家不能由议会制度来统治。作为恢复皇室权威的热心支持者，并作为富有挑战性的战士，斯普伦特波滕受命指挥新成立的东部边界的萨沃旅。在这个职位上，他负责训练部下演练适应森林和岩石地形的战法，他还奠定了芬兰军事学校的基础。怀着一阵突然发作的妒忌的狂怒和深深的自卑感，斯普伦特波滕感到他本人和他的工作被国王忽视，很快便采取了冒犯和野心勃勃的态度，从王朝主义者转向了日益壮大的反对者行列。1786 年，他进入俄国政府机构，在此前几个月，他分别向俄国驻海牙和斯德哥尔摩大使提出在俄国帮助下芬兰从瑞典分离出去的建议。斯普伦特波滕
64 显然希望并确信，他在芬兰军队中的同僚军官和其他有影响的芬兰人将支持独立的主张，不过亨里克·加布里埃尔·波尔坦的结论肯定不错，那就是除少数行动鲁莽的冒险者外，斯普伦特波滕的支持者寥寥无几。

把斯普伦特波滕同其他军官区别开来的是，后者抱怨的是报酬和条件，嘲笑的是国王对奢侈的剧院眼镜的嗜好，或诸如斯维堡要塞的沃尔哈拉·奥德（Walhalla Order）那样在秘密社团中发表反对言论，而斯普伦特波滕所做的是坚定地要确保芬兰从瑞典分离出去以及他随后在俄国政府机构中的积极活动。他活得足够长得以见证其愿望的实现，并的确短暂地担任过芬兰总督的职务。作为 1808 年前往圣彼得堡会见亚历山大一世的芬兰代表团的关键成员，卡尔·埃里克·曼纳海姆极度仇恨瑞典，他认为斯普伦特波滕像一个让人痛苦的老人。斯普伦特波滕本人以前是阿尼亚拉联盟的成员，他以前是现在仍然是自相

矛盾的，对某些人来说他是一个自私的卖国者，对另一些人来说他是早期芬兰独立运动的开拓者。他的目的和目标已被及时加以记载的史学家解释为与芬兰在18世纪晚期的形势非常令人不快的相似。宣称其爱国主义具有“西方的”和议会主义根源的讲瑞典语的芬兰人，同相反被他们认为倾向于向东方寻求灵感和保护的芬兰民族主义者之间有着长时间强烈的宿仇经历。

卡尔·埃里克·曼纳海姆相信斯普伦特波滕应对俄国在1808年进攻瑞典并导致芬兰从瑞典分离出来负有部分责任，而对此论鲜有支持者；他在帝国宫廷圈内的影响从没有他的野心那么大。他的重要性更多地在于这样的事实，他通过敢于宣称从瑞典分离出来而给予民族认同问题一个政治尺度。对瑞典的厌恶及个人对国王的仇恨可能恰好促使斯普伦特波滕考虑一个独立的芬兰的主意，但主导其思想和原则的更多地是其本阶级的利益而非芬兰和芬兰人民的利益，是在图尔库 65
的学者圈中培养起来的某种观念。尽管他清楚地了解世界上代议制和独立潮流中的新观念，但在其作品中很少有证据表明他把这些融合进了自己的计划中。他证明芬兰独立的概念，不是作为主权民族不可让与的权力，而是作为政治需要，即芬兰独立将结束瑞典和俄国之间的争斗。而且，这种独立的实现取决于俄国的积极支持。他为芬兰提出宪法的建议取自荷兰的联邦制方面，但是在所有其他方面是改造议会，使议会的功能更像是秘密委员会。没有任何地方提到人民主权，而且事实上斯普伦特波滕的独立的芬兰将只不过是在俄国保护下的半自治的地区，很像伊丽莎白女皇在1742年声明中所设想的那样。

1721年强国地位的最后丧失，以及与此同时，波罗的海各省份和早在1323年即已确立的卡累利阿边界的丧失，对瑞典王国东西两边的关系产生了严重而持久的影响。同时，权力从绝对专制的君主转向等级阶层暗示着从帝国向狭小的民族国家的转移。各种鼓励瑞典人在芬兰定居、芬兰人在瑞典定居的建议，以及对芬兰农民至少把自己的孩子送到瑞典接受教育的怂恿，都是日益增长的对多样化的语言容纳的征候。作为瑞典的大主教，安德斯·赖泽留斯(Anders Ryzelius)对其同事丹尼尔·尤斯莱纽斯评述道,在作为瑞典的一部分600年后,芬兰人确有责任成为瑞典人。官员的确表明他们自己将对农民提出的,能在芬兰胜任应对农民的事务并能够翻译重要文件的人员的要求负责,而且也要对没有确立起瑞典化的尺度负责(如同他们17世纪中期在丹麦所遭受的那样);但有事实表明大多数在芬兰的人所说的语言受到尊重的程度很低。波尔坦尽管对瑞典极为忠诚并绝没有对把瑞典语作为国
66 家用语和社交用语提出挑战的欲望,但他强烈地感到芬兰语已经被不公正地忽略了。这一点,在1767年提交的一篇用芬兰文写的关于芬兰人与希伯来人(一个17世纪的概念,尽管流于表面,但与《芬兰诗歌研究》的介绍相符)关系的论文中更加直率地表达过。在芬兰语欠发展状态所形成的各种被宣布的原因中,事实上是处于秩序上层的人们很少"对这种语言持人们的尊严所需要的尊敬态度"甚至在芬兰讲芬兰语也被认为是难听的。斯普伦特波滕带着明显的痛苦回忆了他孩童时在斯德哥尔摩军校由于自己的口音和外省人的举止而受到的嘲弄,波尔坦在1798年抱怨道,尽管能力相匹敌的人可以在图尔库找到,但如果不是自负、奉承或自夸的话,芬兰的绅士宁愿从乌普萨拉雇佣家庭教师。波尔坦还注意到,上层阶级在家中使用芬兰语日益减少,而且那些爬上社会阶梯的人,即使是工匠,也认可瑞典语的优越性,不过还有证据表明一些选择在芬兰语地区务农的有能力的人放弃瑞典语,讲芬兰语的农民没有显示学习瑞典语或适应讲瑞典语的邻居生活习惯的欲望,而不管怎么说,他们在一起生活得相当和谐。

语言和文化是独特的,但没有限定同一性的特点。爱国主义在感情强烈的地方扎根,并受到为自己所属地方和全体居民尽心竭力的热情所刺激,这与地位和语言无关。那种强烈的附属感和责任感在亨里克·加布里埃尔·波尔坦和佩尔·加德所作的诗歌中,以及在18世纪70年代汇集到图尔库形成奥若拉社团的学者集团出版的第一期杂志中得到很好地表达。上述的诗歌概述了把芬兰的遗产从漠视的黑暗中拯救出来的任务,但它还强调了发展经济和促进繁荣工作的重要性。抢救芬兰的遗产将是大学里追随波尔坦的被称为"图尔库的罗曼蒂克"

的学者们的目标;推动国家安康的工作由 1797 年建立的皇家芬兰经济 67
社团所承担。其采纳了一些旨在制服蛮荒并加以多样化使用的计划。正是学者的咨询、实用主义者的研究,以及对节俭和勤奋持家的尊重的结合,成为 18 世纪晚期和 19 世纪早期芬兰爱国主义的标志。

第三章　从斯德哥尔摩到圣彼得堡(1780—1860)

68 1788 年夏天,在经历了一场成为宣战借口的边界冲突后,古斯塔夫三世发动了对俄国的进攻。这场冒险成功与否取决于瑞典舰队在圣彼得堡 40 公里范围内登陆一支规模可观的军队的能力。7 月 17 日在芬兰湾苏乌尔萨里岛附近海域的海军行动虽然不是决定性的,但却产生了使那一部分计划无效的结果。不管是陆军主力还是萨沃旅都没有实现各自占领哈米纳和萨沃里纳的要塞城市的目标;到 8 月初,二者退而采取防御态势。军官集团中充斥的对国王的不满和反对情绪爆发了,到阿尼亚拉的军营形成一个联盟时,不满达到了顶点。这个联盟意在迫使国王讲和,并在瑞典建立新的议会制度。8 月 13 日,由芬兰陆军司令卡尔·古斯塔夫·阿姆费尔特(Karl Gustav Armfelt)少将牵头,超过 100 名军官签名的陈述书证实了向叶卡捷琳娜女皇派遣密使的特别行动,密使的任务是借助声明瑞典显系侵略者,其行动违反了需议会同意才能发动战争的制度,而提出和平倡议。

那位密使是大简·安德斯·耶格霍恩(Major Jan Anders Jägerhorn),他携带着在里卡拉村(Liikala)起草并由阿姆费尔特和其他 6 名芬兰陆军高级军官签名的备忘录。据备忘录的某些说法,其目的是提请女皇陛
69 下注意"整个国家,特别是芬兰人内心的感受和基本愿望,那就是保持

两国之间持久和平与边界的和谐，而目前让我们沮丧的是，和平与和谐由于我国某些难以控制的家伙的阴谋而遭到破坏，在他们表面良好的愿望下面隐藏着自私的动机”。在现存备忘录的任何译本中都没有提到芬兰的分离地位问题。阿姆费尔特后来声称他在备忘录上签字的目的是把国王从灾难性的战争中拉出来。在一封标明日期为 1788 年 9 月 1 日致国王的信中，耶格霍恩提出了同样的说辞，且极不坦率地补充说，作为一个公民，他们只能按照自称为自由民中第一公民的国王陛下所认为的那样，把推进共同祖国的利益作为最高荣誉。

根据大家所说，耶格霍恩是里卡拉备忘录背后的推动人物，并且，尽管在备忘录上签名的其他几个人曾经怀疑过信任一个出名的耍阴谋的人和浮华计划的设计者是否明智，但是看起来，耶格霍恩在俄国的关系和同斯普伦特波滕之间的友谊使事情反转过来。受俄国人的关注所刺激，耶格霍恩只好在那用法语解释备忘录的内容和含义，使用这种语言来表达比用其母语瑞典语要更加含混不清，而且看起来他就是用法语谈判的。他的恢复和平的六点计划包括恢复 1772 年前瑞典的宪法，芬兰建立自治政府，俄国为展示仁慈而退还 1743 年瑞典割让的领土。芬兰在俄国保护下独立的主意出自斯普伦特波滕而不是耶格霍恩，前者刻下为俄国服务并应召参加谈判，后者则幻想瑞典与芬兰之间形成类似英格兰和爱尔兰之间那样的关系。

对于倾全力对土耳其作战的俄国人来说，备忘录是一个极受欢迎的削弱对手的机会。女皇未签名的回复要求瑞典撤出所有俄国领土并试图进一步把芬兰军队从瑞典分离出来，但遭到联盟反对。联盟中的 70
大多数现在开始寻求同国王议和。尽管从国王的角度来看形势仍然很危急，任何芬兰独立的计划——它看起来要依赖俄国的支持——已付之东流。这一年底国王下令逮捕共谋的带头者。耶格霍恩和大量其他共谋者越过边界逃亡，并继续他们的阴谋。俄国对萨沃的进攻在 1789 年被击退，并且，1790 年 7 月瑞典在海上的胜利帮助结束了一场很容易为古斯塔夫三世带来灾难的战争。相反，古斯塔夫三世得以获致体面的和平条款，而且他利用反对派贵族的混乱推动通过了新宪法，该宪法虽然看起来肯定了所有公民的宪法和政治权利，但它使国王统治和保护王国的权力大为加强了。

尽管18世纪80年代芬兰确有不满的潜流，部分是不受欢迎的农业政策和严重的歉收所导致，部分是由于芬兰日益增长的被指责为穷亲戚的感受，被斯德哥尔摩的大公忽视和轻蔑，但还远不足以造成爆发美国和荷兰那样的革命的形势。阿尼亚拉联盟的活动在普通民众当中引起了极度轻蔑和愤怒的情绪，这些人用波尔坦的话来说“从心底痛恨俄国人”。斯普伦特波滕以前的一个亲近的熟人在秋天宣布，芬兰上层军官们可卑的行为在所有方面都被谴责为叛国，同时波尔坦对一位同事确认，独立的思想被每一个大学里的成员和全国所厌恶，“也许我们贵族中一些风向标式的人物例外，他们看起来钟情于使我们的人民按照立沃尼亚或科兰迪士(Courlandish)的方式变成奴隶的令人愉快的思想，并对待他们如牛羊”。

普通民众中对“绅士”公开的不信任在1788年夏天以后继续表现出来。对俄国军队在1796年和1803年行动的恐惧促使芬兰军队发起
71 部分动员；在随后的混乱中，谣言开始在进一步反叛的贵族中流传开来。上层阶级的多疑与对君主制的强烈忠诚和普遍的与入侵者战斗的热情相匹敌。但是芬兰农民强烈的好战同许多领导成员听天由命的情绪形成对比。1792年古斯塔夫三世被一个心怀不满的贵族小集团谋杀，以及其继任者阿道夫·古斯塔夫四世摇摆不定的政策，对消除政治紧张毫无裨益。一位受到被谋杀的国王信任的芬兰贵族的领导，古斯塔夫·毛里茨·阿姆费尔特(Gustav Mauritz Armfelt)，被指控策划反对摄政并被迫于1794年逃亡俄国。① 不过阿姆费尔特最后被赦免，并被阿道夫·古斯塔夫四世委以外交和军事责任，在俄国的几年成为使他得以在1811年以后作为芬兰公共生活中无可争议的领导人物的环节。

阿姆费尔特在1803年给一位芬兰朋友颇带讽刺的建议，即在俄国

① G. M.阿姆费尔特是卡尔·古斯塔夫·阿姆费尔特的侄子、芬兰陆军司令及1877年的阿尼亚拉联盟的成员。

进攻的情况下“把白兰地倒进木桶里，再掺上水就是所谓的伏特加，此种饮料乃俄国人最爱”，是典型的充斥于上层社会中的乐观情绪。1808 年 2 月，俄国对芬兰的入侵看起来证明了对瑞典的疏于防备和军事上战斗力欠缺的最糟糕的担忧。在三个月里，南部芬兰被完全控制，斯维堡要塞未经战斗即告投降。退到波的尼亚的军队在春末夏初的一系列战斗中展示出有能力打败追击的俄军，但是无力收复南部领土。潮水般的俄军在秋天占据了上风，根据 11 月 19 日在北波的尼亚的奥尔基焦基(Olkijoki)签订的停战协定的条款，在芬兰的残余军队被迫撤到瑞典。尽管战争到下一年还没有正式结束，芬兰实质上已从瑞典分离出去了，被击败的震撼加速了军事暴动，这导致国王被迫放弃权力以及由等级会议在 1809 年夏天宣布了新宪法。

俄国对瑞典的进攻是对欧洲产生重大影响的一场冲突。1807 年 72
夏天，俄国在普鲁士败于法军之手。失去盟友的亚历山大一世在提尔西特同拿破仑皇帝签订了和平条约，除其他条款外，亚历山大不得不尝试劝说拿破仑最后剩余的敌人接受和平。强烈反对拿破仑的瑞典国王在英国的鼓动下，听从后者的劝说拒绝了所有和平的努力。1807 年底，亚历山大决定展开军事行动解决问题。先前已在俄国军界和外交界服务 20 余年的斯普伦特波滕制定了一个冬季作战计划，该计划将使俄军进展迅速并将阻止强大的瑞典舰队撤离结冻的港口。他还敦促皇帝签署一个宣言，保证芬兰人民的自由和私有财产，并召开等级会议认真考虑芬兰的未来。等级会议的召开，以及芬兰“暂时”在皇帝的保护下维持其现有的自由和财产，的确包括在了俄军司令弗里德里克·威廉·冯·布克斯赫夫登(Friedrich Wilhelm von Buxhoevden)将军在 2 月 18 日签署的对芬兰人的宣言中。但是，正式对瑞典的宣战承诺，如果瑞典加入旨在阻止英国商品进入欧洲的拿破仑的大陆体系，就结束芬兰的运动。这表明亚历山大一世希望在此阶段保持自己选择的自由。芬兰南部的迅速陷落以及国际形势的不确定，促使皇帝在 1808 年春同意把俄瑞边界向托尔尼奥河移动。这在 4 月份致外国军队的备忘录中和亚历山大一世于 6 月 17 日签署的关于芬兰与俄罗斯帝国结成联邦的宣言中表达得很清楚。这一宣言没有提到等级会议的召开或任何关于芬兰特殊地位的问题，而是提到了保留该国古老的法律和私人财产。斯普伦特波滕关于应该包括就芬兰与皇帝的关系作出安排的等级大会的概念，在俄国或芬兰都得到了很少的支持。负责内政和军队指挥的布克斯赫夫登更加关注确保来自居民的忠诚誓言；外交大臣尼
73 古拉·彼得罗维奇·鲁缅采夫(Nikolay Petrovich Rumyantsov)放弃了召开等级会议的想法，并在这样做的时候得到了另一个先前阿尼亚拉的共谋者，目前在俄国效力的卡尔·亨里克·克利克(Karl Henrik Klick)的支持。芬兰的领导人，如图尔库大主教雅各布·滕斯特伦(Jakob Tengström)，声称当战争的影响尚未分晓时召集等级会议乃是一种轻率的行为，有可能激起过分的热情并挑起党派争斗。

尽管在萨沃和波的尼亚有大量积极抵抗俄军的活动，在被占领的芬兰南部地区也有大量的不满，但是大主教滕斯特伦与占领者合作的政策却流行开来。作为得到占领军保护的方式，被占区居民曾经在1742年进行了忠诚宣誓，1808年又重复了这一做法。尽管像滕斯特伦那样的一些人私下认为芬兰的命运大概已经决定了，但是波的尼亚和萨沃的瑞典-芬兰军队在1808年夏天成功的反击加强了不确定和关注的情绪。占领区的芬兰人在6月21日受布克斯赫夫登之命推举代表团成员时有些犹豫，因为他们担心代表会被当做谈判者。卡尔·埃里克·曼纳海姆此时已成为年底在圣彼得堡同皇帝交换意见的代表团的领导人，他起草的备忘录清楚地表示，任何提出的建议必须绝不被看做是国家的解决办法，也不能被用来改变法律或宪法，法律和宪法应该不受触动继续有效，直到令皇帝满意地“根据当地法律程序召集等级会议，就陛下进一步关注他们福祉的事项认真听取他们意见”。亚历山大向代表团再次确认，他承认他们没有如他所期望的那样被授权传达意见，并且他因而决定召集等级会议。

1809年3月，等级会议在芬兰南部的波尔沃小城的召开是重要的一步，并且这一会议以后被提升到芬兰民族国家历史令人骄傲的位置。但是有更多的理由应该看到，由皇帝在1808年12月1日建立了作为

芬兰国家真正基础的政府架构。这也是放逐七八十岁人的最终成功,这些人就芬兰未来的计划喋喋不休地向皇帝及其臣僚发问,尽管斯普 74
伦特波滕提交三人委员会(陆军部长阿拉凯耶夫,未来芬兰武装力量总司令克诺林·冯·诺林,以及斯普伦特波滕本人)仔细审查的芬兰临时政府计划的某些特点没有实现,但他确保芬兰的事务不能落入圣彼得堡部长们掌控得到了部分的认可。在确认委员会12月1日提议时,皇帝下令芬兰事务应直接交给他处理。筹备芬兰事务的任务交托给负责芬兰国务秘书,并且亚历山大提名其有影响的顾问米哈伊尔·斯普兰斯基为这一职务的首位人选,以及主持统治委员会的总督。这一职位的首位人物是斯普伦特波滕自己,不过事实证明其任期很短,皇帝在1809年春以掩饰不住的轻松接受了其辞职。

召集等级会议的主要原因是确保把忠诚誓言同在一系列的事务中,包括税收,芬兰军队的未来以及行政委员会的组成,获得有用的建议联系在一起。毫无疑问,内阁应该拥有决策权,或成为一个永久性机构。然而,当亚历山大一世同其主要的顾问斯普兰斯基非常关注改革帝国行政结构时,芬兰的确提供了一个组织良好的独裁国家的典型。这一点在亚历山大本人同古斯塔夫·毛里茨·阿姆费尔特会谈时得到了承认,当时皇帝声称他对在芬兰的统治和管理工作感觉相当舒服,因为他们向他提供了所需的统治知识;在俄国他被摇摆不定和习惯而不是法律所包围。正是这一管理上的效率是皇帝和斯普兰斯基不仅希望保留和发展,而且希望在俄国的其余部分予以采纳。

就此而言,用斯普兰斯基的话说,芬兰是一个国家,而不仅仅是帝国的一个省。斯普兰斯基相信芬兰有一个古老的宪法,它不具有内阁的功能或主权的庄重,但本质上却是一种合作的团体,与俄罗斯的村社 75
类似,即可以通过代表的方式向统治者强调臣民的状况和要求。这一解释对于芬兰的代言人来说听起来并非不熟悉或不受欢迎,他们倾向于把宪法视作根据臣民的地位和等级保障其权利的法律的框架基础。用这一方面芬兰学术的领军人物奥斯莫·尤西拉的话来说,就是“在瑞典时代传统主义具有宪法思维的突出特点;芬兰的新地位仅仅是增加了这种根深蒂固的保守主义以及使一切如初的需要”。

亚历山大一世在波尔沃议会上确定或是没有确定芬兰的地位成为19世纪末激烈争论的主题,此时芬兰在帝国中的分离地位受到集权化趋势的威胁。法学教授及芬兰参议院成员或政府成员莱奥·梅克林在1886年出版的小册子引起了麻烦。这一旨在向欧洲听众宣示芬兰权力的小册子声称亚历山大已然肯定了芬兰的地位,并且亚历山大已接受欢呼为芬兰大公,等级会议的召开事实上完成了一个条约,这个条约允许俄国沙皇及其继承人在确定的宪法基础上履行芬兰大公的行政权力。因而芬兰是一个宪法独裁体制,一个真正的同俄国的联邦。这立刻在俄国一边引起质疑,K. 奥尔金的两卷本的史书《对芬兰的征服》(*Pokorenie Finlyandii*)否认由征服芬兰的一个帝国独裁统治者在波尔沃达成的庄严协定的全部想法。争论在此后20年左右喋喋不休,如同阿姆费尔特曾经在他满腹狐疑的糟糕时候担忧的风暴云,开始使政治地平线灰暗不清。

争论对于传递和支撑芬兰的祖国信念的作用,胜过它可能在1809年对国王及其顾问的动机和目的的昭示。正如我们将会看到的,这样的信念,即芬兰事实上仅仅纯粹由于帝国专制统治者作出的庄严承诺
76 才作为一个宪法国家与帝国联合在一起,成为20世纪早期国家缔造过程中一个致命的障碍,并且,这一信念直到最近仍然深深地植根于历史地理学中。现代一致的意见是亚历山大主要关心的是确保其新臣民的忠诚,而且他关于尊重和保持芬兰通常的权利和特权的保证在很大程度上和其继任者关于进入俄国西部边界被征服领土而作出的庄严宣告相一致。但是,沙皇的确认为他自己是一个开明的统治者,熟悉许多最新的学说,并且他渴望并乐意实践可能产生更有效管理更完善的国家的改革。应该指出,他同样还是一个精明的政治家,试图通过自己的明智与善意赢得许多芬兰社会的领袖人物。正如他在1810年写给新总督费比恩·施泰因海尔(Faiyan Steinheil)的命令中说的“我的打算是让那个国家的人民成为一种政治存在,以便他们将不再认为是被俄国征服的,而是把自我证明的利益掺杂进去。”

借助于直接投那些在芬兰实际上享有权利和特权的人的幸福本能

之所好,如军官保留他们的薪水和家产,尽管军队已被解散,再如文职官员或渴望在司法部门或官僚机构供职的人,现在将看到不仅在大公自治下——而且如果他们选择——在广大的俄罗斯帝国范围内都有发展自己事业的机会,亚历山大一世牢牢抓住人心。在芬兰精英中间有一种被瑞典辜负了的深切感受。许多人被瑞典革命后的事件所扰乱,被沙皇执行保持看起来瑞典人要毁灭的现存秩序的政策所安抚。在帝国的鹰徽下,对芬兰的未来有大量的谬见,以及对先前的祖国有很多影响,但是也有抓住亚历山大一世所提供机遇的明确决定。从很早的时期起,芬兰人就认识到在圣彼得堡游说的重要性,而且没有多少疑问,观察沙皇的接受力和意向然后行动,与被逐渐边缘化并且看起来被忽略的处 77
在衰退阶段的国家的一个省份的希望破灭形成明显对照。这恰恰是在1810年从四分五裂的瑞典来到俄国、并希望向亚历山大表达他可能通过公正地对待芬兰人而带给他的国家幸福的古斯塔夫·毛里茨·阿姆费尔特的经历。尽管他没有躲开嫉妒的陷阱(而且他自己绝非那种艺术的实践家),他被沙皇迷住了,并且作为其顾问被允许就未来芬兰的治理提供一系列广泛的建议。阿姆费尔特对俄国生活的粗糙和压抑性质少有幻想,恰在他离开瑞典之前写给同事的信中,也表达了芬兰将面临被蹂躏和被奴役的命运的担忧。但是沙皇的善意使他有足够的信心相信,沙皇没有强加俄国统治的企图。“沙皇仍将视我们为芬兰人”,他在1811年给同事的信中写道,“让我们以上帝的名义履行我们的使命”。

沙皇陛下没有预见到或没有理解的是,在其于波尔沃召开的议会闭幕式上的讲话中,给予芬兰人一个“政治存在”并公开宣布芬兰已经“从此刻起被置于国家行列中”,他更可能是鼓励进一步的渴望而不仅仅是劝说自己的新臣民“对过去的统治忘得一干二净”。好的保证是一回事,但对于习惯于自己的权利和特权的人们来说写在纸上的详细说明是不够的。

芬兰精英们持久的担忧是,亚历山大一世在其绝不违背并尽全力保持“基督徒的信仰和基本的法律,以及每一个等级特别是上述的大公,总之所有的居民,不论高低,从此都享有依据宪法的自由和权利”的宪章中的庄严承诺将不会得到其继任者的尊重，或被俄罗斯帝国内对芬兰的特殊地位抱有敌意的人以某些方式破坏。1809 年 9 月在哈米纳签署的和平条约解除了瑞典国王对保障其前臣民利益的任何责任，
78 因为亚历山大已经“自愿地”保证他们的宗教自由，财产权和各种特权。没有涉及的部分由芬兰政治等级所担责，更不用说芬兰的瑞典国王只不过放弃了“与从今以后列举的省份有关的所有特权和头衔，这些是最近沙皇陛下的军队从瑞典国王那里征服来的。”对于沙皇可能忽视当地基本的法律而下达违反这些法律的命令或指示有很多的关注。基于这一简明的原因，芬兰人反对总督和 1811 年任命的芬兰政府大法官行使行政权，并成功地劝说沙皇作出必要的变化。同一年，由罗伯特·雷宾德(Robert Rehbinder)取代斯普兰斯基作为主管芬兰事物的国务秘书，以及作为国务秘书顾问的芬兰事务委员会的重建是使芬兰人得以直接而经常地接近沙皇的关键突破。极不稳定的国际形势大概帮了芬兰人的忙，因为直到其 1812 年同拿破仑的前元帅、瑞典王位的继承人(以及从 1808 到 1844 年国王约翰·卡尔十四世)简-巴普蒂斯特·贝尔纳多特(Jean-Baptiste Bernadotte)结成稳固的同盟，亚历山大一直面对着得到法国支持的来自瑞典的复仇战争的现实可能性。他是如此明智地留意芬兰的愿望，以至于其按照芬兰模式缔造一个立陶宛大公国的计划将表明，至少在斯普兰斯基 1812 年失宠之前，他在俄国限制外进行改革的热情没有消失。

缺少任何得到承认的有效宪法显然使芬兰忧虑。卡尔·埃里克·曼纳海姆在 1819 年宣称，没有有效的宪法，芬兰只是一个建立在沙堆上的国家，将在下一场暴风雨中倒塌。1815 年波兰王国之被赐予宪法加强了沙皇也会对芬兰作同样事情的希望，而且可能鼓励芬兰事务委员会向亚历山大请求签署宪法，其中将包括等级会议经常化的条文。尽管亚历山大在 1819 年访问芬兰新首都赫尔辛基期间宣布他将很快
79 召集等级会议，但看起来他适度地控制着局面。对于德国革命动荡的担心，加上实施改革热情的下降，可能导致沙皇产生了第二种想法。议会没有召开，也没有任何生效的宪法仁慈地赐予芬兰臣民。

当然,俄国在较早的两个场合已经承认了东部芬兰的边界。这块成立于1744年的作为维堡的一个省的、19世纪以"老芬兰"而更著名的领土,包括三块不同的部分。于1721年割让的维堡的要塞城市及其周边地区,于1743年割让的包括哈米纳、拉彭兰塔和萨沃里纳等要点在内的一直向西延伸的地区,自中世纪以降就是瑞典王国的一部分,但是位于拉多加湖东北岸的卡基萨米地区是在1617年被瑞典获得,并且从没有与王国合为一体。尽管实际上这些地区居民的特权和权利有效地保持着,但是没有像彼得大帝和其爱沙尼亚和立沃尼亚新臣民达成的那种正式的协定。从行政上说,他们被置于由彼得大帝缔造的帝国参议院管辖的两个政府机构之下:针对立沃尼亚和爱沙尼亚(1762年以后包括芬兰)事务的法学院,以及负责立沃尼亚和爱沙尼亚经济的财政署。这些机构大多由波罗的海日耳曼人配备人员,而且他们最大限度地保留波罗的海省份自治的愿望同样动摇了维堡省,使之远离与俄罗斯的一体化。由叶卡捷琳娜女皇在1783到1784年倡导的广泛改革,威胁要打破那一障碍并将女王陈述的目标同使这些省份成为俄国人并停止对他们先前忠诚的热切期望连在一起。这些改革被其继任者保罗一世一扫而光,但是某些特点,如在维堡建立的省政府被保留了下来。

伴随其宪法、诉讼程序甚至法典(如1734年瑞典法典曾经在1743年割让的地区实行过)的奇怪混合,以及受到一项以王国所有的土地——所谓"捐赠的土地"奖赏给官员、士兵和得宠的人的帝国政策后果的折磨,奴役这个刺耳的词影响到三分之一的农业人口,俄国的芬兰 80
给那些来自"另一边"的人留下了不好的印象,这些人在瑞典的芬兰在帝国王冠下转手后立即访问了它。用1811年底老芬兰和新芬兰重新合并后被任命为维堡总督的卡尔·谢恩瓦尔(Carl Stjernwall)的话说"俄国人已经损坏了这里人们的简朴习惯,造成亚洲佬式的无节制和伴随着赤贫、压迫及悲惨的奢侈"。从1811至1841年担任芬兰国务秘书的罗伯特·雷宾德发现,在他1808年秋天作为访问圣彼得堡的代表团成员住留维普里期间,那里是一个陌生而充满敌意的地方,并且,他反对重新合并,主张维堡省应该是芬兰自治的基石。雷宾德甚至在1824

年提出土地占有者不可胜数的老芬兰的最东边应该从公国分离出去回归俄国的统治。

雷宾德和其他反对重新合并的人理应受到关注,因为它导致俄国国内怨恨的迅速增长,在那里人们广泛地感觉到,芬兰刚刚被俄国征服,现在看来已接受成为俄国的一部分。皇帝被劝说签署那个命令,这多半归于古斯塔夫·毛里茨·阿姆费尔特,他热情地争辩说,重新合并是一项光明的、正义的事业,它将加强皇帝和其新臣民之间忠诚的纽带。但是,像其主要顾问斯普兰斯基一样,亚历山大一世很希望结束维堡行政和法律的混乱,允许瑞典的芬兰贵族带来秩序和正义。

1811 年后老芬兰行政架构的重构的确把大多数地方官员换成了被新芬兰人称做“来自另一边的无赖”。到 19 世纪 40 年代,求知若渴的年轻人追逐的是帝国的亚历山大大学(建立于 17 世纪,在 1828 年从图尔库迁到赫尔辛基后重新命名),而不是塔图或圣彼得堡。老芬兰从没有在扩大的公国内保持独特性。其 20 万居民具有生活在俄罗斯帝国内的传
82 统经验,并且由于邻近帝国的首都圣彼得堡,在一个多世纪里获得了更多的工作和事业方面的机会。不少聪明的年轻人,如在叶卡捷琳娜女皇及其继任者麾下任大使的阿洛佩乌斯(Alopaeus)兄弟,在为帝国效力的时候书写了个人的辉煌。尽管重新合并后,来自新芬兰的“该死的瑞典人”的流入明显减少了在地方各部门工作的机会,来自老芬兰的人借助他们在圣彼得堡的关系和对俄国丰富的知识,经常能够占据公国和帝国之间交接处的职位——总督的主教法官,或者主管芬兰事务的国务秘书办公室。很多维堡的讲德语的商家之子,由于所受的商业方面教育在首都能找到诸如抄写员和教士的职务,同时,不断扩张的中心城市一直需要建筑工人、家政人员、食品和燃料外卖员,甚至乳母,更不用说妓女了。圣彼得堡在 19 世纪是一个强有力的磁石。那儿的市区在 1840 年有超过 1 万芬兰人,远远超过同时期大多数芬兰城市的人口,而且,这个数字在接下来的 40 年里几乎翻了一倍,在 1881 年达到顶峰的 24 374 人。

公国的边界不仅由于老芬兰的回归而向东延展,而且,哈米纳和约同样产生了同瑞典的新边界,把托尔尼奥河东部和凯米河北部迄今被

81

图 11　帝国的赫尔辛基:参议院广场。

赫尔辛基市由于瑞典的古斯塔夫·瓦萨一世和俄国的亚历山大一世两个统治者的意愿而出现。古斯塔夫下令新首都设在万塔河畔,以作为其在王国内增加贸易和财富的一部分。那一定都方案没有成功,而是进一步向海边推移,直到一个由一串防御海上威胁的岛屿拱卫的海岬,18 世纪中期在那上面建筑了斯维堡要塞。芬兰最大的城市是拥有教堂、学校和高等法院的图尔库。然而,从俄国的观点看来,它太靠近斯德哥尔摩,于是在 1812 年赫尔辛基被指令为公国新的行政首都。在 19 世纪最初 10 年,作为没有令人印象深刻的公共建筑的中等规模城市,赫尔辛基将其中心区域完全重新设计并重建。这项工作由一位贵族,约翰·阿尔布雷克特·埃伦斯特伦(Johan Albrecht Ehrenström)设计并监造,德国建筑师卡尔·路德维格·恩格尔(Carl Ludvig Engel)负责设计新古典建筑,它们至今仍然构成该城市行政和学术中心的核心部分。令人印象深刻的参议院广场的北部由尼古拉教堂主导,而广场的东部和西部边缘由参议院大楼和大学的主要建筑占据。广场中心亚历山大二世的雕像建立于 19 世纪 80 年代;在 20 世纪早期芬苏关系的风暴时期,它成为表达意愿和抗议的焦点。

视为瑞典一部分的大片土地置于芬兰民事和教会管辖之下。对边界的描绘极为细心;那些有岗位的或由瑞典渡海来到芬兰的人很快就在被风乱吹的奥兰群岛面对一种令人印象深刻的习俗和得到许可的新古典主义帝国风格的邮政局,一个毫不含糊的提示:他们现在进入帝国了。 83

对于芬兰作为一个公国的公开强调以及在新首都赫尔辛基建立的优美的公共建筑,是现在保护着这块土地的帝国权力的显著提示物。皇帝和新臣民之间忠诚的纽带被精心地呵护着。亚历山大一世在1819年在芬兰进行了广泛的巡视,有意识地把南波的尼亚包括在内,因该地仍然对1808年夏天俄国军队带来的战争和破坏留有痛苦记忆。他受到欢迎并留下好印象,这在民间记忆中流传下来(不过他没能召集等级会议难以舒缓精英们阴郁的情绪)。在这场战争中俄国人学会了利用教士作为与广大居民之间的媒介,并且这一政策被亚历山大一世努力地继续,他发现了这一点,即他的胜利得到庆贺,同时他的行动通过由教区牧师向集会的人群宣读官方文件而得到解释。除这个传统的统治者和臣民交流的渠道外,芬兰的官方报纸同样被用来把俄国和瑞典描述为反拿破仑的同盟。拿破仑远不会将芬兰还给瑞典,而是欲将法国的独裁统治(同亚历山大一世温和与仁慈的统治形成微妙的对比)强加给芬兰人民。芬兰的教会首脑雅各布·滕斯特伦深深卷入了当时的政治中去,并在安定和顺从以适应帝国统治的政策中发挥了关键作用。皇帝从他那一方面来说赞赏教会在传播和维持忠诚方面的价值,并且从他个人的角度出发保证路德宗信仰将不受侵犯。但是,通过签署在新芬兰的领土内调整教会组织的命令以及在1817年设置大主教,亚历山大不仅在芬兰和瑞典教会之间划出了明确界限,而且强化了国家在指导和控制教会及牧师方面的权力。

为了管辖其新大公国的内政,亚历山大一世建立了统治委员会。
84 它包括两个分支,一个负责法律,另一个负责指导国家经济,共有14名成员。由皇帝在1809年8月18日签署的建立这一委员会的敕令刻意保留帝国的特权并明确禁止委员会征收新的赋税,或起草新法律。正如马尔科·蒂尼莱(Markku Tyynilä)在其对此一机构的官方研究中观察到的:“统治委员会建立的初衷不是为芬兰人建立一个政府,而是作为一个地方高级法院和管理局,并且其任务是关照司法和行政方面的例行事务。”对于亚历山大一世大多数统治机构来说,负责芬兰事务的机构在委员会中占据着附属的地位,它直通皇帝。委员会在其早期由忠于古斯塔夫三世的人掌控，并且有两次——1812 年和 1819 年——建议按照古斯塔夫式的政府模式所提示的路线重建芬兰的行政和司法机构。尽管亚历山大并非不恰当地使他们产生了这种意愿，但这些建议没有实现。尽管有些高官显贵如阿姆费尔特，对此加以嘲讽，他们认为委员会的成员是没有竞争力的，不重要的，而且事实是，委员会被排除在讨论关于改革和甚至商议把政府从图尔库迁到赫尔辛基，或其于 1816 年被重新命名作为芬兰的帝国参议院等事项之外，但是统治委员会而非芬兰事务委员会提供了芬兰政府发展的基础。这很大程度上归功于最初的两位总督的积极贡献，他们依靠自己的总督府主持议会。通过允许两个分委员会参加全体大会，总督米哈伊尔·巴克利·德·托利(Mikhail Barclay de Tolly，1809—1810)鼓励了一种集体责任感的增长。很大程度上，负责确保司法程序之正确执行的代理职务的产生也归因于他。其继任者，费比恩·施泰因海尔(Fabian Steinheil，1810—1823)证明了自己是一个善于协调和起帮助作用的议会主持者。正是他在 1820 到 1822 年提议增加经济部门和将其再分为两个部分以促进商务，以及同意为两个分支部门分别提名副主席的奏请，而不是芬兰委员会削减参议院的作用并由等级会议监视其行动的计划获得了沙皇的批准。

议会还敢于为自己说话，成功地挑战在 1811 年提出的程序管理办 85
法。1825 年，由于负责芬兰事务的委员会大体处于消极状态，参议院绕开它向新任总督阿尔谢尼·扎克列夫斯基(Arseny Zakrevsky，1823—1831)的意图挑战。挑战是不成功的，但参议院的确获得了就广泛的问题作出决定的权力，而在此之前，这些权力是由国王保持的。1826 年芬兰委员会的废除，其在圣彼得堡被一个关于芬兰事务的非顾问性质的国务委员会所取代，使天平决定性地转向赫尔辛基的参议院。扎克列夫斯基可能赢得了就芬兰事务直接上奏沙皇的权力，但他同样获得了缺席议会大会的允可(在这一点上与会多种语言的施泰因海尔不同，没有翻译的帮助他是徒唤奈何)，同时作为从 1828 年以来的内政部长，他主要是在圣彼得堡工作。他的继任者亚历山大·缅什科夫王子(Alexander Menshikov,1831—1855)同样在帝国担任要职,同样留在圣彼得堡而非赫尔辛基。他们坚持直接把芬兰事务上奏沙皇,损害了负责芬兰事务的国务秘书的地位,尽管该职位上的人可以作为芬兰参议院在帝国的耳目,但是不久在一天天地同赫尔辛基的参议院接触中,扎克列夫斯基和缅什科夫严重依赖其主教法庭的头面人物,后者向他们提供情报和建议——而且这些人是芬兰统治精英中秘密小圈子的成员。

亲属关系和联系事实上在芬兰充斥于公共服务的所有层面。尽管如此,进入政府机构是以获得赫尔辛基的亚历山大大学必要的证书为条件的,若没有恰当的婚姻或家庭纽带,进一步的发展是困难的。贵族的上层类似家族大树的分支,通过等级系统的间架结构交织在一起。正因如此,如卡齐米尔·冯·科滕(Casimir von Kothen),其父从 1820 到 1851 年去世,一直是参议院成员,他本人在帝俄军队服役若干年后,于 1840 年被任命为总督大法官法庭的首席法官。冯·科滕在 1853 年成为参议院成员,与其堂兄、另一位前参议院成员的儿子拉尔斯·加布
86 里埃尔·冯·哈尔特曼(Lars Gabriel von Haartman)成为同僚,而且,借助接连同卡尔·埃里克·曼纳海姆的两个女儿结婚而两次成为其女婿。

背负着勋章和荣誉,定期"满意地"从沙皇那儿获得对于忠诚、虔敬和强烈顺从的奖赏,这个小集团的人——在 19 世纪大多数时间里少于 2 000 人——为广大人民执行公正并管理其事务,这些人口再加上新领土的人,从 18 世纪末期的 75 万猛增到 1850 年的 150 万。很多人从事按照现代的标准看极为低下的工作。各县的年度报告充满了控制,而很少强调深层的问题;调停请愿和请命于总督,以及执行来自上峰的指令,构成了他们每周的例行公事。参议院的权利被严重限制了,不过不得不采取行动的绝对需要实际上意味着,其下属委员会在没有征求统治者意见的情况下也作出过决定。例如,亚历山大一世在 1809 年签署的条例指定由总督大法官法庭控制学校,但是到 19 世纪 30 年代,参议院经济委员会教会部曾经有效地把教育置于其管辖之下。1841 年,参议院经济委员会被授予单独行动的权力。财政部在前一年被授予此种

权利，同时可招募本部的雇员并直接上奏沙皇。尽管这是例外，是为了满足财政改革的需要并且在1842年就停止了，但它标志着在通往某种更近乎内阁式政府的道路上迈出了重要一步。

芬兰从没有停留在顽固保守的官僚主义，而是试图造成与故步自封相反的经常性变化。由于教会担心其角色会被抹杀而加以反对，以及议会不愿支持学校委员会1826年提出的建议，改革学校制度的努力失败了。由于代理人和大主教埃里克·加布里埃尔·梅拉尔廷(Erik Gabriel Melartin)的行为，压力后来落到了国务大臣亚历山大·阿姆费尔特和沙皇自己身上，但是尼古拉一世1841年的决定仅仅是立下了一般原则，并让议会通过立法使之付诸实践。改革可以通过一个起决 87
定作用的内部人，如1853年主持教会部门的卡齐米尔·冯·科滕来推动实现，但是总体而言，议会顽固地反对向学校投资，或者认可任何看起来将背离他们关于教育无非是向沙皇年轻的臣民灌输忠诚和服从的基本信念。由乌诺·胥格奈乌斯(Uno Cygnaeus)设计的初级教育计划受到保守派的反对，后者不肯超越学校由教会管辖、入学自愿的理念，并对胥格奈乌斯的整体学校体系的观点表示怀疑。但是，在宗教部部长的支持下，胥格奈乌斯的计划在1866年成为法律。

然而，议会直到1863年才召开，并且芬兰事务被一个保守贵族的小集团有效地控制着，还有对表达个人观点的严格控制，这一切并不意味着对芬兰与俄罗斯帝国以及君主关系的思考凝固不动了。通过在1819年宣布，在芬兰同外国的关系方面，芬兰将被视为与俄罗斯帝国一体，并服从之，但是其在内部治理上有特别的政治安排，芬兰事务委员会成员显然对那些寻求将帝国作为一个整体进行改革的鼓吹者不能苟同，对这些人来说，直到目前芬兰的独特性在于它为俄罗斯帝国其余部分提供了一个有效善治的样板。一旦其他省份被提升到这种标准，芬兰的那种独特性就该消失了。在寻求进一步限定和确立那一内部分离的现状在接下来的40年里将继续保留时，构成芬兰贵族的退休军人和律师可能出于保守自私的动机而不把芬兰看成一个宪政的独裁体；但是到19世纪60年代，他们的思想更加自由的后代可以完全严肃地宣布事实就是那个样子。

承载着律师们平淡无奇的说辞和在赢得沙皇同意的幕后不断操控的备忘录，在塑造芬兰国家方面是关键的因素。然而，把其官僚政治的
88 努力置于同那些其言行足以使其置身于先贤祠的个人的努力相同水平的国家是很少的。1860 年以后，在民族主义运动以及持有自由观点的主要领导人事实上被吸收到官僚国家机器中去(并且迅速适应了参议院的方式和思维)这一方面，芬兰有些非同寻常；但是的确，在以沙皇的名义承担管理这块土地的责任的人和那些看起来赋予亚历山大一世曾经在波尔沃讲的政治存在以意义的人之间，没有任何严重的冲突。和波兰人不同，芬兰人没有起义，而且年轻芬兰学生的反抗精神从没有超过取笑当权者们粗鲁的歌曲和游戏的水平。尽管一些大学教师在 19 世纪 20 年代被迫辞职，而另外一些处于当局的监视之下，但类似 1834 年莫斯科大学的亚历山大·赫尔岑和其学生追随者以假定的阴谋罪被囚禁和流放的情况，简直就没在芬兰存在过。

对芬兰的地位和状况更具批评的声音起于瑞典，尤其是自由派对保持与俄国友好关系的官方政策的反对。曾经于 19 世纪 20 年代在图尔库大学主持医学部的瑞典人伊斯雷尔·瓦瑟(Israel Hwasser)在 1838 年宣称，芬兰在波尔沃已经单独同皇帝达成了和约，作为其结果已经停止作为瑞典的一个省，并成为一个有自己的宪法和议会的国家。这一声明可能受到作者同自己的老朋友卡尔·约翰十四世的对话的刺激，在这次谈话中，国王说自己的愿望是一个心满意足的芬兰。瓦瑟的小册子在自由派的瑞典报纸上激起了批判，后者关注这样的观点，即芬兰正在俄国奴役压迫下呻吟，渴望获得解放。一个署着笔名的回答引起了对芬兰更多的关注，因为通过宣布芬兰已经被俄国征服，并且在波尔沃没有达成协定或条约，显示出有要破坏任何宣示其特殊地位的企图。另一个推动争论的作者试图调和不同的观点，得出结论说，借助胜利时沙皇赞赏地肯定了芬兰古代的基本法律，条约确实在波尔沃达成
89 了。被描述为该条约还被认为不仅对亚历山大一世，而且对其继任者也是一个约束。

上述两种情况下的笔名作者很可能是阿道夫·伊沃·阿尔维德松(Adolf Iwar Arwidsson),1821 年,在被查出他是发表在斯德哥尔摩一家报纸上批评芬兰条件的文章的匿名作者后,他被迫离开了在图尔库大学的教职。他第二次卷入争论主要是赫尔辛基亚历山大大学的 J. J. 努德斯特伦(J. J. Nordström)教授的建议。受到起源于德国的关于国家是作为一个功能性和目的性实体的新思潮影响,努德斯特伦假定,芬兰被俄罗斯帝国借助 1808 年的军事征服而并入,是作为沙皇在 1809 年作出"芬兰必须是一个在俄国最高领主保护下,拥有自己宪法的国家"的保证和行动的结果。

努德斯特伦在 1836 年开始讲授公共法,用他自己的话说,是受到了这样的激励,即意识到一个成长的民族意识需要关于该国的法律知识。相当于瑞典语"stat"的芬兰语"Valtio"一词从 19 世纪 40 年代中期开始出现,被用来称呼从 1863 年以降定期召开的芬兰语的议会。① 议会及其推论是芬兰政治思想的中心概念,并且的确是权威和立法的绝对基础。该国的中心化和其在芬兰公共生活的宪法更多地归于长期的官僚政府的经验,而不是努德斯特伦的讲座或甚至约翰·威廉·斯内尔曼(Johan Vilhelm Snellman)在 1842 年出版的博士学位论文《论国家主义》(*Om statsläran*)。但是斯内尔曼的信念——即以赫耶里安(Hegelian)的词汇看来,国家作为一个组织化的、积极的力量,是用以征服和确保人民愿望实现的强权工具——将成为芬兰国家主义思想的主要成分。同时,如我们将看到的,领导和指导人民面对自己的宿命,被证明是极难处理的问题,这反过来使一个建立在宪法基础上的强力国家的思想产生更多的吸引力,这一点与来自普遍的主权观念的渴望不甚相关,加强了统治者的权威。

"当下谁是我们的祖国,瑞典还是芬兰?"这个在 1810 年的某个时 90
候由马约尔·贝恩特·阿米诺夫(Major Berndt Aminoff)冥思苦想后

① *valtiopäivät*:不过,用瑞典表示是古老的词汇 *lantdag*——一种地方的或乡下的食品,如同来自王国的特色食品或 *riksdag*——被保留下来。

提出来的问题，在最初从瑞典分离出来后，困扰着很多其他的人。芬兰还保留着许多同瑞典的紧密联系，而且尽管亚历山大一世巧妙行事以安抚那些担忧自己的工作和津贴的人，但是数世纪的遗产不是那么容易被忘掉的。对于人民的冷漠和消极感到忧虑的精英们自己，如阿姆费尔特在1812年底给卡尔·谢恩瓦尔(Carl Stjernwall)的信中表达的那样，对于共同的好处无所作为，而把社会和政府创造看做自己的私利。1813年，在回答芬兰是否存在民族主义精神时，芬兰事务委员会的一个成员卡尔·约翰·瓦伦(Carl Johan Walleen)下结论道，没文化的大众仍然保守消极，而同时有思想的少数人甚至够不上被称为民族，因为“他们没有属于自己的东西，没有使他们区别于他人的有特色的东西，并且总体而言，他们所拥有的同其祖国，同其语言和政府真正相关的东西微乎其微，如果这一点不能被其他的情况所预先阻止，他们确实在很短的时间里就将彻底消失并被征服者所同化”。

被大公授予事务权的人事实上明白，需要造成强行把芬兰人从对瑞典残存的效忠拉开的民族精神，但是同样需要使芬兰人在政治上同俄罗斯帝国其他居民区别开来。在1811年7月致雷宾德的信中，阿姆费尔特观察到“我们的和平与幸福有赖于我们成为芬兰人，因为正如现在对于我们来说不可能被允许，用政治词汇来说，尝试瑞典的思想那样，对我们来说成为俄国人也不可能”。故此，没有民族偏见的贵族阿姆费尔特非常接近于用公式表达了应归功于被驱逐的教师A. I. 阿尔维德松被当众称赞的三段论：我们不再是瑞典人，成为俄国人亦不可能，所以让我们成为芬兰人吧。但最终，对于那些沉浸于启蒙运动晚期幸福学精神的人——包括如阿姆费尔特和J. A. 埃伦斯特伦(J. A. Ehrenström)这些“古斯塔夫分子”，他们选择在1809年后回到芬兰，以
91 及和他们一样多的“反古斯塔夫分子”如斯普伦特波滕和耶格霍恩，他们在1808年同俄国军队一起回到芬兰——来说，作为芬兰人是政治上自我利益、对新统治者效忠和顺应旧的革命前社会秩序的混合物。超越了对于民族特点的模糊综合，他们对于芬兰作为一种文化概念既不能理解也不能同情。

92

图 12　韦伊内默宁在弹奏其里拉琴。

由芬兰出生的雕刻家埃里克·凯恩博格(Erik Cainberg)在 1814 年左右为图尔库大学的庆典大厅创作的 6 个古典主义石膏浮雕之一,这是一个对《英雄的国土》的核心人物韦伊内默宁(Väinämäinen)的较早描述,反映了在日耳曼思想家约翰·戈特弗里德·赫德(Johann Gottfried Herder,1744—1803)和亨里克·加布里埃尔·波尔坦(1739—1804)教授的影响下,在一代知识分子中对于芬兰人民的习俗和文化日益增长的兴趣。波尔坦作为 18 世纪最后几十年图尔库大学圈中的领袖人物,在其未成型的著作《芬兰诗歌研究》(*De poesi fennica*)中奠定了搜集和研究芬兰民间诗歌的基础。但是,是该校一小帮被称做"图尔库的罗曼蒂克者"的大学生们,在 19 世纪下半期把波尔坦和他的弟子开始的创作向前推进了,他们穿过卡累利阿的森林长途跋涉,或者在瑞典-挪威边界的森林中定居的芬兰人中搜集诗歌,并积极寻求推动他们著作的出版。1831 年,芬兰文学会的创建是一个决定性的里程碑,如同采用其康特勒琴图章,传统的有弦装置配以民间史诗的演唱。它实际上是康特勒琴而不是里拉琴,古典装扮的维那莫伊宁正在凯恩博格的浮雕中演奏。那只作出各种表演形式的熊,不管是活的还是剥皮的,是芬兰代表性艺术的一个有趣的主题,值得更多地关注。

大学在图尔库的最后几年期间,正是在一个教师的小圈子中相当不同的关于芬兰的概念出现了。对于芬兰人民过去的兴趣在那儿被唤醒了,并从普遍的搜集和出版民间诗歌和书写欧洲人民的历史的热情中得到支撑而持续下去。在 1809 年产生影响的变化给这种学术兴趣一种新的、政治的尺度,这一尺度出现于知识丰富的关于社会和出版的讨论中,多数显著地出现在阿尔维德松的短命的报纸中和芬兰语报纸中。语言的发展被看做是决定因素。哲学家、大主教的外甥 J. J. 滕斯特伦声称，除非精英同样学习和使用语言，否则芬兰语永远不会成功。更极端的思想由 E. G. 埃伦斯特伦提出，他希望芬兰语最终全部取代瑞典语成为芬兰的国语。

这些大胆的想法最终构成了芬兰民族主义政治计划的基础，但是在帝国统治的最初 30 年左右，表明了芬兰人民过去利益的芬兰人化——一个看起来 1810 年在瑞典杜撰的词汇——可能并且的确被许多在芬兰和芬兰国外的人所分享，他们不必要地设想将那些人转变成政治上觉悟的民族以完成自己的使命。帝国的官方某种程度上乐意支持甚至鼓励这件事情，因为一个忠诚的芬兰认同的加强只会使芬兰人作为整体脱离同瑞典的联系。已经升为圣彼得堡科学院人类学博物馆馆长的乡村修鞋匠的儿子、得到俄国贵族高层成员的支持和资助的安德斯·约翰·舍格伦(Anders Johan Sjögren)，其事业由于多数研究在
93 俄国内陆的文化之根的芬兰人宁愿使自己的事业置于更温和的国内阶段而显得与众不同；但它是对于在 19 世纪上半期遍布帝国境内的奋斗总的积极态度的很好的揭示。

舍格伦在其著作《论芬兰的语言和文学》(1821 年)的引言中切中肯綮，他宣称芬俄合作研究过去只会对共同祖国有利。舍格伦不是在卡累利阿进行范围广阔的探索旅行、受过学院训练的芬兰学者第一人，因为图尔库大学佩尔·卡尔姆(Pehr Kalm)从前的学生、后来成为圣彼得堡科学院院士的埃里克·拉克斯曼(Erik Laxman)已在 1769 年出版了一部有关奥洛奈茨地区农业的调查报告，不过他是第一个进行严肃的人类学调查的学者。卡累利阿吸引了俄国学者和作家的注意——一些人，如由于其政治活动而被判处内地流放而到达该地的诗人费奥多尔·格林卡(Fyodor Glinka)——以及泛斯拉夫主义者，如列夫·波洛夫斯基，不仅关注卡累利阿而且也包括在沙皇行将统治的大斯拉夫帝国范围内的芬兰；但是，不管怎么说它留在俄罗斯民族意识非常边缘的位置。不过，对芬兰人来说，卡累利阿承载着作为芬兰民族摇篮的重大意义，古老的诗歌和祖先的传统已经在某种程度上由民间传说神奇地保存下来。当然，卡累利阿位于东部跨界地方是一种幸运，其居民是东正

教徒,而且,作为沙皇数百年来的顺民,自然而然地把“瑞典人”(实际上常常是指他们的边界地区的路德宗芬兰邻居)看做是天然敌人。这一点特别符合“官方民族”主义,由尼古拉一世王朝期间的教育大臣谢尔盖·乌瓦洛夫(Sergey Uvarov)宣布的一种东正教、自治和人民的混合物。只要芬兰在卡累利阿的利益不构成对此种主义的挑战,而仅仅是服务于把芬兰从对瑞典的依附中和泛斯堪的纳维亚(他们一度还幻想把卡累利阿作为北欧超国家的一部分)的引诱中分离出来,帝俄准备从中获益。

“穿越几个世纪的黑夜,这些诗歌对我们讲述父辈的信仰,他们的 94
智慧和力量”,这是人种学者马提亚斯·卡斯特伦(Mattias Castrén)在1841年关于《英雄的国土》(*Kalevala*)的系列讲座中的开场白;这些诗歌的创作者可以和荷马、莪相(古爱尔兰说唱诗人)和埃德(冰岛古代史诗人)相媲美。创作一部能够称得上古代史诗的著作是《英雄的国土》的汇编者埃利亚斯·伦罗特(Elias Lönnrot)宣布的目标,为此他于1828至1834年,在卡累利阿进行了5次搜集之旅。以“来自古代芬兰人的古老的卡累利阿诗作”为副标题的《英雄的国土》,于1835年由刚成立的芬兰文学社(SKS)出版。它并未立刻取得成功,销售不多,而且即使最热心的读者也承认他们无法理解其中多数的语言。阿尔维德松指责伦罗特虚构了称做《英雄的国土》的民族史诗的整个概念,同时该作品也遭到卡尔·阿克塞尔·戈特兰德(Carl Axel Gottlund)的猛烈批评,他曾经花了好多年在17世纪时定居在瑞典山地森林的、操芬兰语的人的后裔中搜集民间诗作。戈特兰德早在1818年就出版了其第一部民间诗作集,并于1828年在斯德哥尔摩积极创立了一个芬兰协会。他在1834年带着一串印着他的名字的作品回到芬兰;但是被芬兰文学社有效地避开,且被伦罗特忽视。嫉妒和个人情感可能起了部分作用,但是戈特兰德长时间地同瑞典人交往,并且他的研究是在那里进行的,而不是跨越东部边界,这一事实易于使其受到孤立。他推动萨沃方言作为人民可靠的语言的行动同样粉碎了年轻一代关于芬兰语不可能建立在任何一个方言上的信念。

在其作为芬兰文学社成员时期,埃尔玛·苏尔库宁(Irma

Sulkunen)花了很大气力强调伦罗特有生之年由于《英雄的国土》而被
抬到了相当高的地位,就如同《圣经》所拥有的崇高地位那样。她曾试
图证明,当由马提亚斯·卡斯特伦带头的新一代接过领导权后,大学芬
兰语讲师、在其家举行的成立会议上被选为芬兰文学社主席的卡尔·
尼克拉斯·凯克曼(Carl Niklas Keckman)的开拓性作品是怎样在他
95 死后被彻底埋葬的,以及那些似乎要挑战伦罗特权威的人是怎样被排
斥的。她写的历史同样导致在表层下面流动的许多紧张关系的爆发,
这种紧张关系随后隐藏在民族主义编年史中,这种历史仅仅看到了同
实现民族天定命运的共同目标连在一起的伟大的人物。

在许多方面,芬兰文学社的历史反映了许多19世纪芬兰没有解决的观点和思想冲突。它的建立正值当局特别注意任何可能被解释为不忠诚的行为之时,并且建立者很快就向赞助者提出安全保证。在第一次会议的一周内,他们已经作出保证,大学校长及大学评议会将好好地对待他们的努力;为使后者确定,他们还得到了捐助者的保证和大学评议会副主席的保护,知情人最好是总督。在1811年被委以把老芬兰的学校制度并入大公国其余部分之任的前维堡语法学校校长埃里克·加布里埃尔·梅拉尔廷,于1831年5月被任命为协会的主席,这不仅满足了年长者和等级的规则要求,而且是芬兰文学社由精英里忠诚可信之人领导的进一步保证。他在1833年继雅各布·滕斯特伦为大主教。

芬兰学者还把将芬兰文学社看成首先是通过翻译的媒介推动芬兰
文化在西欧发展的工具的“图尔库的罗曼蒂克者”更具学者风范的传
统,同主要来自东部芬兰的更极端和平民化的趋势进行了比较。在这
一方面,把在首都的芬兰文学社同1845年在维堡建立的文学协会进行
比较是有益的。维堡的文学协会是由相当不同的各色人等的集合体建
立的,包括当地的地主、政府职员和语法学校的教师。它宣布向所有男
人和女人开放,不考虑社会背景。尽管它后来吸收了头面商人和城镇
贵族家庭的成员,它同样积极吸引农民,在1845至1850年之间,超过
100名的农民被邀请参加了该协会。形成对照的是,芬兰文学社征收
96 高额会费,在1843年前只计划吸收两名农民,到1850年也少于20名。

芬兰文学社很快就放弃了用芬兰语记录,直到1861年都没有用芬兰语取代瑞典语。积极推动普通教育是维堡学会的主要目标,它公开宣布其在下层社会与上层社会之间架设桥梁的愿望。而芬兰文学社选择为大众消费翻译海因里希·乔克(Heinrich Zschokke)的作品,因为他强调对上级的忠诚和服从。维堡学会的第一个出版物是一部廉价的初级读本,这个本子再版16次,并计划在接下来的半个世纪里使销售量达到50万本。在其存在的前15年里,芬兰文学社宁愿致力于出版民间诗歌和其他追忆芬兰过去的作品。其领导人在讲瑞典语的社会环境生活并工作(首都赫尔辛基有很大的瑞典语中心),多半不得不获取芬兰语的知识,在芬兰语适当地精炼并得到文化尊重之前,极不愿推广它。这对于维堡学会来说远不是个问题,对于日常使用的语言他们得心应手。他们同样对于多数乡村居民的贫穷和受压迫状况洞若观火。这些乡村居民屈从于地主强加给他们的恶劣条件,而这些地主常常是俄国人。这赋予他们的行动以社会改革家的特点。

芬兰人化在19世纪40年代进入了一个重要的时期。在整个欧洲,对于民族主义大胆的诉求从青年意大利到泛斯拉夫此呼彼应,芬兰民族概念的命名正如所期。广而言之,它包括4个主要成分:对于国家历史的发现和描述;地理和自然的历史;民族原型的创造;芬兰语的推广和发展;以及芬兰宪法地位的确定。尽管最后一个命名的关于芬兰协会或学会的内容很少,而且的确大多是由管理这个国家的法学家们和官僚们所追求的,但就帮助奠定一个民族国家的基础而言,它可以说是最重要的。其他三个因素在建立一个独特的民族认同的过程中是关
键的因素。在18世纪,大量地方性研究成果涌现出来,但是多数需要 97
全面和权威的引导国家的信息一直是缺乏的。例如,直到19世纪40年代,作为第一批与瑞典人形成对照的引导国家的一批独特的芬兰人才出现。表面上历史的缺乏同样受到关切。罗伯特·滕斯特伦在1845年悲叹道:"正如德国人和法国人一样,瑞典人完全知道他们为人类做了什么——那是民族感情的基础。但是谁从芬兰的角度来写芬兰的历史呢?"他得出结论:"那么让我们首先来寻找民族成分和民族记

忆,不管怎么说它们是能够被发现的,让我们把它们弄成一个拼图,以便人民可以直面相视!”约翰·威廉·斯内尔曼发表在 J. F. 卡亚尼(J. F. Kajaani)主编的《芬兰历史》上的评论《中世纪芬兰史》的文章,对芬兰的历史没有在学校讲授发出悲叹。他继续评论道,其主要的原因是对于什么是芬兰历史没有清楚的认识;最近,历史学家宣布芬兰在1809 年以前没有历史。

把芬兰同它与瑞典的过去分离开来是个长期而复杂的过程,而且应该注意到,对于两面的读者大众来说,在瑞典和芬兰出版的瑞典语文学作品一般被认为是共同遗产的一部分。萨克里斯·托普柳斯(Zachris Topelius)的故事对于儿童来说是那种共同遗产的一个好例子。他在 19 世纪 40 年代概述了芬兰应该如何尝试定义自己——作为一个年轻的民族,它的独立历史仅仅在 1809 年才开始,这将只不过是通过转向荒野摆脱外国的影响以便发现真正的自我。作为诗人、历史学家(他就是宣布在瑞典统治下芬兰没有自己的历史的历史学家之一)、小说家和旅行家,托普柳斯也许在塑造芬兰形象方面比起同代人做得更多。他的许多诗作和小说都发表在他在 1841 至 1860 年编辑的报纸上。他在 1845 至 1852 年创立了一个野心勃勃的地形学便览,由国家的领军画家绘画。托普柳斯和约翰·路德维格·鲁内贝里一起把芬兰描绘成一个贫穷的地方,富于自然
98 美;不过路德维格在内地的湖泊地区寻找灵感,而托普柳斯则更是一个海岸和海洋诗人,正如他不断地提醒其读者,芬兰仍然在从大海中上升。

两人都用瑞典语写作,因 19 世纪受过教育的阶层继续用这种语言进行交流。不过农民诗人和一些受过教育的阶层的成员,如约翰·埃梅莱乌斯(Johan Aejmelaeus),用芬兰语写作。这些诗人中最有趣的和最早的一个是亚科·尤泰尼(Jaako Juteini)。1781 年出生在中部芬兰并在图尔库大学受过教育的尤泰尼在 1808 年战争爆发时,是老芬兰地区的一个家庭教师,后来作为牧师在维堡为地方行政长官工作。由于居住在位于芬兰湾沿岸的首都,尤泰尼为俄国的胜利欢呼,他认为俄国的统治比瑞典更加“芬兰式”。在瑞典统治下,芬兰语被忽视了,被从学院和学校排除出去;在一个引人注目的措词中,有这样的一段话:“聋

子被弄成法官,哑巴被任命为牧师。”现在,在“芬兰出生的”统治者统治下,芬兰人有了新的机会。尤泰尼敦促精英们采纳和发展这种语言并迫切要求在法庭、中学和大学使用之。在把瑞典语描绘成外国的和压迫的语言时,尤泰尼走得更远,他也不像图尔库等人那样,对低微的农民避之不及且缺乏创作热情。尤泰尼和农民诗人还避开由“图尔库的浪漫主义者”创造的英雄神话。他们诗作中的芬兰农民工作勤劳、顽强,深知自己的贫穷和苦难,敬畏上帝并遵从权威,并具有一种对圣安德烈十字架的崇拜和比鲁内贝里最著名的抒情诗中相当圣洁的邦登·帕沃(Bonden Paavo,农民帕沃)更务实的特点。

农民的这一形象同报道中和文章中他们的愚蠢、鲁莽和醉醺醺的形象形成强烈对比。伦罗特特别在训斥芬兰北部卡亚尼地区贫穷而多病的农民方面不落人后,他在该地区曾作过一段区医药官员。如此贫穷却没有耻辱:“正直的贫穷”被路德维格几乎提到了民族美德的高度。那些有人试图提升而被人民反对的经常是有关农民懒惰,缺乏耐心和 99
节制的观念。这在很大程度上是芬兰化运动领导人物奥古斯特·阿尔奎斯特(August Ahlqvist)对亚历克西斯·基维(Alexis Kivi)的小说《七兄弟》(*Seitsemän veljestä*,1870 年第一次出版,被公认为是用芬兰语写成的第一部伟大作品)发起凶猛进攻的理由。在阿尔奎斯特眼中,基维在其对粗鲁、野蛮的蛮荒之地的人的描绘中恶意诋毁芬兰老百姓。作为继伦罗特之后芬兰语和文学教授的阿尔奎斯特是如此有力量,以至于基维的支持者很少有人敢于公开反对他,而且同意出版该书的芬兰文学社立刻停止其分发,仅仅允许在 1873 年以前出售。

总体而言,芬兰农民形象的塑造者对影响北欧多数地区的宗教复兴运动横扫一切的巨大浪潮很少注意,并有些敌意。这些经常由世俗人士,如萨沃的农夫帕沃·罗察莱宁(Paavo Ruotsalainen)发起并领导的运动与遵从国教的严格法律相冲突,并且 1838 年和 1844 年在波的尼亚有一些起诉以一系列的群体审判而告终结。人民的经常移动引起了当局的疑虑;帕沃·罗察莱宁毫无疑问由于云游四方布道而被审判。但是“觉醒者”极为保守。“我们对共和国,对自治,对立宪制度或任何诸如此类的事情不感兴趣没有兴趣”，1848 年一位“觉醒的”教士宣布道，“我们把这些东西扔给愿意把时间花在这些事情上的世界。就我们而言，我们热忱期待上帝的王国，不是因为政治而是因为宗教情感。”拥护教士们这些运动的人保证他们留在教会里，不过他们保留自己的行事风格甚至衣着特点，因为如伦罗特在 19 世纪 30 年代所观察到的，这使他们同其他的民族分离开来。为了获得与他们的创造者强烈的个人或情感上的关系，以及为了自别于或超越农民共同体的习惯和习俗，“觉醒者”发展了一种新的身份集团。[①] 出于对邪恶世界深深地不信任，“觉醒者”同样对来收集民间诗歌的绅士们持怀疑态度。伦罗特在
100 1828 年报道说，他们认为唱世俗的歌曲是极大的罪过，并认为他们由于忘掉了孩童时代听到的歌曲与诗歌而获得了伟大的虔诚。A. W. 英曼(A. W. Ingman)由于对萨沃的农民唱了一些《英雄的国土》中的诗篇而被称做异教徒；这样的歌曲曾被他们异教徒的祖先演唱过，但是再也不能被基督徒所接受。两个人在试图接近那里的人的时候都遇到了困难。英曼承认当地人很难理解他讲的芬兰语，而乡村裁缝的儿子、芬兰语讲得流利的伦罗特即使是在卡累利阿的边远地区，也不能回避被归类于绅士阶层。

到 19 世纪 40 年代末，由于芬兰语报纸的增加和普通读物的出版传播，精英和民众之间的鸿沟有些缩小了。在推动大众教育方面最有力的途径主要是新一代的大学生，他们很多人家境贫寒，来自单纯讲芬兰语的内地。他们在 1847 年建立的芬兰学会成为激进的芬兰化的中心，同时他们主办的报纸成为其喉舌。这些学生中许多人处在哲学家和为芬兰的事业不知疲倦的积极活动家约翰·威廉·斯内尔曼的影响下，后者从 1843 年开始是东部城市库奥皮奥语法学校的校长。肩负对人民启蒙的事业，斯内尔曼编辑了一份以乡村居民为对象的芬兰语报

① 对 20 世纪早期流行的农民意识形态的发展产生重要影响的作家桑特里·阿尔基奥(Santeri Alkio)宣称是帕沃·罗特萨莱宁而非伟大的民族先贤们，如农民深爱的伦罗特，因为对于农民来说，宗教复兴运动是他们自己的民族主义运动。

纸，并且在其他一些期刊上为自己的事业辩护。

作为一个黑格尔的信徒，斯内尔曼在关于语言问题的争论中谈锋犀利，他公开呼吁结束瑞典语的统治地位。这引起了许多芬兰主义者的警觉，他们质疑当芬兰语仍不适于被采纳为国家的官方语言时，驱除瑞典语是否明智，并且担忧当局让芬兰人学习俄语的企图。1812 年的帝国秩序已然规定 5 年后，所有寻求在芬兰的经济、军事或内政服务岗位得到雇佣的青年人，必须表现出适当的俄语知识。20 年以后，亚历山大·阿姆费尔特抱怨说，没有做什么来推动此事，而且好些建议被搁置了，包括在大学设置一个芬兰语教授职位和逐渐取消瑞典语作为教 101
学语言而代之以俄语或芬兰语。阿姆费尔特希望通过这种方式，消除芬兰与俄国民族融合的障碍。他的希望注定不会实现。在 19 世纪 50 年代关于学校改革的讨论中，俄语被认为无关紧要，仅仅适用于那些打算在俄国谋生的人。这毫无疑问是正确的。很少俄国人移居芬兰，而且那些停留在芬兰的，如赫尔辛基啤酒厂的建造者西涅布留乔夫(Sinebrychoff)，毫无变化地被吸收进芬兰社会。沙皇的代表被芬兰人包围着，他操纵其大法官法庭进而掌管着国家和地方的行政。那些需要掌握俄语以便在帝国谋得职业的人——以及还有来自企业的手工艺人、军人、水手甚至官僚——学的足够了；大多数留在家里的人不需要学习俄语，他们不肯学习的态度使以教授俄语为业的人深感悲哀和沮丧。

出于对欧洲 1848 年革命的火花可能在被一个于 19 世纪 30 年代访问过大公国的法国作家描述为“一个原始的国家，其原始的特征使其曾经在人类的革命中被有效地保护”后爆发的恐惧，俄国当局对学生生活加以严格限制，同时禁止出版芬兰语的关于宗教和农民实践指导的著作。这样的指令被证明对于一个农民群体来说是必要的。然而，总的来说，当局继续保持了对芬兰人的仁慈态度。1841 年的法律规定幼儿学校法定必不可少，1843 年的法律又扩大到所有的小学和中学课程。1851 年语言学家马提亚斯·卡斯特伦被任命为亚历山大大学首位芬兰语教授。总督弗里德里克·威廉·冯·伯格(Friedrich

Wilhelm von Berg,1855—1861)是采纳以芬兰语作为由胥格奈乌斯
(Cygnaeus)在19世纪50年代设计的新小学制度的教学语言的强力支
102 持者,并面对来自参议院经济委员会成员的反对帮助通过了这一改革。
1863年斯内尔曼被参议院的任命,以及在他请求下通过的给予芬兰语
和瑞典语在所有直接关系到芬兰语民众的事务上的同等地位的帝国敕
令,表明一个意义重大的突破,尽管在通过具体细节部分的过程中遭到
许多官方的阻碍。

103

图13　1854年,英法军队攻陷博马尔松德要塞。

1853年土耳其同俄国的战争爆发,英法被卷入,他们的军队同俄国军队在克里米亚半岛最重要的地点作战两年。出于对海上攻击的恐惧,以及担忧瑞典被劝说加入战争以重新夺回芬兰,俄国出动3个海军分舰队和总共70 000人进入芬兰。他们在波的尼亚的出现引起了某些憎恨,因为那里的人们对于俄国军队在1808年造成的破坏刻骨铭心,而整个芬兰商船队的几乎一半被英国人俘获或扣押,使沿海岸各港口罩上了一层悲伤的气氛。1854年夏这些港口中的两个,奥鲁和拉赫的财产被毁灭,引起了反英情绪的高涨,这一点被圣彼得堡政府聪明地加以利用,他们对芬兰在科科拉港口对登陆行动的抵抗进行善意的宣传。战争是对芬兰新的忠诚的考验。由亚历山大二世在19世纪60年代开启的对经济和社会结构进行改革的紧张时期,可以看做是亚历山大一世通过给予该国和居民一种政治实体,使他们会认为是出于自身利益而加入俄国,从而确保忠诚的图谋的继续。不过这些利益可以用它在俄国人中引起警觉的方式来解释。例如,当1863年和1865年俄国同英国的战争前景再一次看起来暗淡的时候,芬兰的自由派报纸开始提出芬兰中立的要求,以便保护芬兰商船不被没收或攻击。

1853年俄国同西方列强英国与法国之间战争的爆发，是对芬兰忠诚的第一次严峻考验。在瑞典，自由的斯堪的纳维亚主义舆论敦促参加到西方大国一方，以收回芬兰。对学生活动的高压控制和受命扫除哪怕一点点颠覆活动痕迹的令人敬畏的军队的集结，在亚历山大大学造成了不满，并且在领头的“芬兰土造的雅各宾分子”(官方对于芬兰化支持者的一种描述)中间造成了阴郁的情绪，更不用说“共产主义者”斯内尔曼(缅什科夫总督这样形容他)了，他在刚刚获得大学的教授职位后，被迫接受去做了神甫。尽管当局包括教会作了大量努力来汇集对战争的支持，仍有大量消极甚至敌意的存在，多数在波的尼亚表现得最为明显，因为俄国军队的驻扎，唤起了人们对于1808年发生在那里的令人痛苦的战争的回忆。

然而，1854年夏天英国舰队对沿波的尼亚湾港口城镇的广泛破坏激起了一股反英的波涛，以及对沙皇效忠情感的勃发。尼古拉一世迅即加以利用，命令为在科卡拉镇领导当地抵抗英军进攻的农民画像，并将其展示于总督的官邸，同时招募新的芬兰步兵连以保卫国家。除说瑞典语的奥兰群岛外——英法军队攻陷并占领了那里的博马松德堡垒，并宣布奥兰群岛为自由岛且处在他们保护下——战争把公众舆论汇集到俄国的事业上来，加强了臣民和统治者之间的忠诚纽带。而在精英中间，尽管也普遍地对英法的进犯表示谴责，但态度是大为不同的。托普柳斯采取了炫耀性的支持战争的立场，而自由派的奥古斯特·绍曼(August Schauman)则在其报纸上争辩说芬兰不应卷入战争，因战争必将破坏芬 104
兰自己的利益。斯内尔曼威胁说要把那些帮芬兰倒忙的人流放，因他们呼吁同瑞典重新合并，斯内尔曼并怂恿其农民同胞放弃对瑞典过去的依恋之情以便实现真正的芬兰身份。绍曼和C. G. 埃斯特兰德(C. G. Estlander)等很少看到来自俄国的好处的自由派强调同瑞典保持紧密联系在文化和政治上的重要性。虽然有严密的检查和监视的禁锢状况，争论明显地很活跃。1854年12月，托普柳斯写信给斯内尔曼表达自己的希望，在芬兰正在经历的这个关键时刻，“我们必须为明天保留今天尚不能做到的东西”。变革的情绪被新沙皇亚历山大二世(Alexander Ⅱ，1855—1881)似乎承诺实现那个希望的改革主张所激起。

第四章　萌芽中的国家（1860—1907）

105 1856年3月，亚历山大二世（1851—1881）造访了芬兰大公国，同时把一份复兴贸易及刺激经济的五点改革计划交付参议院审议。这标志着一个令人兴奋的时代的到来，在这个时代中芬兰的公共生活将会从帝俄统治的第一个50年的狭隘、禁锢的限制中摆脱出来，同时一个现代国家的坚实轮廓开始成型。新沙皇的访问时值一场战争结束之时，这场战争显现出在贯穿于他所掌控的诸多领地中实现现代化的必要性。芬兰大公国由此在穿越变革的纷乱走向现代化之时并不孤单，这种纷扰最终会威胁到致力于统一及中央集权的帝国中各个倾向于自治的区域的持续存在。

在一个已成型的政治与法律体系中进行改革探索，亚历山大二世可能没有50年前与他同名的先人那样的自由度。在第一种情况下，正如沙皇偶尔提醒其芬兰事务顾问的那样，由1861年农奴解放造成的国内骚动及波兰大地上不断增长的造反威胁促使他谨慎行事。他同时不得不考虑在1856年克里米亚战争结束后持续紧张的国际形势，和兴起中的对芬兰地位表示批评立场的俄罗斯民族主义。在瑞典内部，尤其是在青年学生之中，使芬兰回归瑞典始终是一个受欢迎的事业。斯堪
106 的纳维亚主义也感召着赫尔辛基亚历山大大学的学生们，这些学子对

他们小心的前辈多感失望。同时，如果芬兰政府中的领导人物得出的结论有任何真实性的话，即比之19世纪20年代的芬兰，19世纪50年代的芬兰已经很少俄国的属性，它孤立于一种历经数个世纪之久建构起来的文化障碍之后，视俄罗斯为外国，那么对于沙皇而言就更有理由不能通过进一步让步来鼓励芬兰的分离主义。

还有许多人物敦促谨慎对待沙皇，尤其是芬兰自己，其内部统治精英的一部分人惧怕变革会损害他们的地位。那些统治这个国家的小圈子内人士的态度和行为实际上具有决定性意义。正如在媒体中表达的那样，公共意见在亚历山大二世统治时期的芬兰得到了迅速扩展，并且在1863年各个阶层深思熟虑后，公共意见有助于塑造帝国内芬兰的形象及芬兰大公国的地位，但是影响芬兰变革的势力与权力仍然牢牢地掌握在这些人士手中。他们不仅是与皇帝的代表总督相匹敌的力量。一个像弗里德里克·威廉·冯·伯格一般具有活力与激情的人在1855年被任命到总督这个位置，可以致力于执行他自己的计划，不过他也确实使政敌们尽其所能掣肘于他。伯格对于改革的热情使诸多芬兰政府或参议院的人士不胜其扰，这些人士未曾受到伯格的前任缅什科夫对他们处理事务的太多干涉。但是，这些前任也可能比伯格更狡猾。例如，长期任职的芬兰事务国务大臣亚历山大·阿姆费尔特(Alexander Armfelt)就能在伯格听到风声之前说服皇帝，重组在圣彼得堡的芬兰事务委员会。尽管这个委员会被证明作为沟通芬兰与其统治者的渠道比其前身更缺乏效力，但它确实加强了参议院地位，参议院可以提名其四个成员中的两个。

参议院显示出有能力在1863年后议会常规化的会议中，保护自己的地位和权力、抵御等级会议真实或潜在的挑战的能力。自1856年以来，众多芬兰公共生活中的人物，从亚历山大大学的校长到诗人和记者 107
已经半遮半掩地或直截了当地要求召开等级会议。伯格被普遍认为是一个主要的障碍，尽管他实际上倾向于这个意见，并设法在1859年争取沙皇的支持。出于对波兰的担忧，尽管沙皇肯接受参议院财政部门主管费比安·朗根斯舍尔德有关选举并召集一个等级会议委员会的意见,以便对政府提出的准备在未来某一时间召开议会的建议加以深思熟虑,但他还是倾向于推迟这个意见。选举这一委员会的授权于 1861 年 4 月的签署在芬兰引起了一些恐慌,当地人惧怕这个委员会将会取代议会,同时还需要进一步草拟文件能够平息公议,澄清这个委员会的功能。伯格的继任者普拉东·罗卡索夫斯基将军(Platon Rokassovsky, 1861—1866)被沙皇授权声明该委员会一经完成其使命即刻召开议会。当这个委员会在 1862 年 1 月召集并开始运转,有关自由主义人士利用该组织作为合乎宪法抗议的平台的恐慌得以烟消云散。这一工作的成功开展鼓励了沙皇实施他召开等级会议的意愿而无视波兰领土上爆发的反抗。议会于 1863 年 8 月 14 日由沙皇主持,仪式性地召开了。在其演讲中,他评述到许多芬兰大公国基本法律中的条款不仅不再适用而且也需要作大幅度澄清和精确化。为了修正这些,他提议准备一个包括对这些条款的说明及补充的草案。而这一草案将会在下一次议会中提交各等级审查,而亚历山大提议该议会每三年召集一次。

在这种含蓄地对定期召集议会的承认以外,沙皇还向各等级保证赋予他们更多的税收事务和立法动议上的权力。在议会召开时对各等级的演讲中,亚历山大将自己置于“承袭芬兰人民传统的立宪君主制原则之下的地位”,但他没能将这个原则细化。一个其后使皇帝明确地命
108 名现在已经被视为是芬兰宪法基石的古斯塔夫三世统治时期的基本法律的尝试,激起了来自圣彼得堡的强烈反应,总督被指示声明不会赋予芬兰参议院如同瑞典委员会与 1789 年宪法一样的权力。通过在 1869 年对有关议会功能的批准使他自身按照 1772 年与 1789 年对统治者的权力加以限制,亚历山大二世不管怎么说的确朝向承认这些法律为宪法方向前进了几步。无论如何,芬兰权力的真正核心,整个国家的行政结构却仍然是被行政命令所限定及管理,而非受到宪法所规制。

尽管自由派尽其所能,各等级还是没有得到一项控制或监督参议院的手段。是参议院而非其他部门为议会准备议程安排并递交提案;各个等级仅被授予有限的权力,如评论政府的声明与报告,同时还要被责成把所有经过议会接受的请愿与建议递交到参议院,由参议院其后

授予如何推行的意见。1869 年的议会法案没有批准任何对行政部门的监督或控制,尽管这其中包括一些克服四个等级混乱和过时的划分的措施,结论仍然是由单个等级分别达成。一小部分温和的调整如在 1869 年扩大投票权和代表权赋予大学老师和皇家农场的佃农,或 1879 年将这种权力赋予那些支付了地区税款的城镇居民,并不能掩盖这样一个事实,即就其代议机构而言,芬兰仍然稳固地植根于过去。

虽然与丹麦和瑞典的议会改革(1866 年当地四级会议被一个两院立法机制取代)相比具有保守性,但不管怎么说 1869 年的议会法案在帝俄境内却是个相当巨大的成就。这个法案建立了一个永久的原则,在这一原则之下议会每五年就召开一次,同时如果统治者认为必要可召开临时议会,并且这一原则在俄罗斯帝国统治的最后几十年从来没有遇到严重挑战。尽管议会的权力是被限定的,但议会仍积极地从事 109
改革工作,并提供了一个争论并讨论民族问题和民族愿望的论坛。

在许多方面,19 世纪 60 年代与 70 年代改革中争论最小的是使芬兰实现现代化的那些设计,因为正是这一点促使沙皇把开启这一进程放在了首位;但甚至铁路建设和货币改革也被证实是互相矛盾的。1849 年,缅什科夫总督便已经下令"道路与水路运输委员会"调查建设一条连接赫尔辛基到内陆城市海门林纳铁路的可能性,这项措施在 8 年后得到了其继任者和沙皇本人的支持。自由派支持这一构想,把它视为自谨慎的重商主义的拉尔斯・加布里埃尔・冯・哈尔特曼手中解放民族的经济手段,而哈尔特曼自 19 世纪 30 年代以来就作为参议院财政部的主管而有效地主导经济政策。诸如斯内尔曼等民族主义者认为铁路会给芬兰带来文明与进步。但另一方面,哈尔特曼是一个发展芬兰内部水路的热烈支持者。1856 年连接东部芬兰塞马湖系统到维堡港运河的完工很大程度上要归功于他的努力,并被证实是一个明智的投资,12 年内便填补了建设的巨大开支。他是一个忠实的官僚,强烈反对建设联系赫尔辛基到海门林纳的铁路,认为把首都同芬兰内陆连接起来将只会鼓励民族主义者,反之他关于建设一条联系赫尔辛基到圣彼得堡的铁路的动议将会使芬兰与帝国更加紧密地联系起来。这条线路直到19世纪70年代方才完工，此时距赫尔辛基到海门林纳的铁路开通已有8年。芬兰铁路网的逐渐扩张很大程度是工业的需求、城镇地区要求和俄罗斯战略利益妥协的产物。和其他主要的基础事业一样，铁路很大程度是由国家主导和控制的。

在瑞典时代，国家已经在指导民族经济中扮演了一个中心角色，这个传统被那些负责芬兰大公国管理的人所继承。起初，政府倾向于农
110 业而没有支持工业，但在哈尔特曼治下，参议院采取了更加积极的态度。从1840年以来货币的稳定和芬兰银行的加强有助于为经济提供一个稳固的基础，经过逐步缔结有力的贸易和关税协定并在俄罗斯帝国开展新贸易的机会，芬兰经济基础得以摆脱对瑞典市场的严重依赖。1860年皇帝授权芬兰发行流通货币马克，而芬兰马克是和卢布相联系的。这引起了1917年革命的诸多问题，当时卢布市值崩溃，不过这在芬兰是一个迈向羽翼丰满和自主的金融体系的主要一步。

但是经济增长仍然被极端的限制与管理所抑制，直到哈尔特曼于1858年辞职，自由经济才郑重地开始。1859年诸多限制的消除和关税的普遍降低，以及同样的情况在俄罗斯的发生，有助于芬兰出口商品打开俄罗斯市场而不必支付高额的进口关税。对农村贸易的限制得以放松，走私人员不再从事奢侈品贸易而给乡村带来了商铺和小型商业。蒸汽动力的锯木厂自1859年以来被准许开设，并且所有对于砍伐树木的限制得以在两年后被废除。在1860到1877年期间，砍伐树木的数量增长了7倍，其中由蒸汽锯木厂砍伐的份额从微不足道一跃攀升到7成。林木业主要掌握在各大商团手中，这些公司还拥有约1/3的芬兰商船。这些金字招牌的企业精于扩展他们的投资。他们买下了玻璃生产与制造行业，19世纪80年代把手伸向了纸浆与纸张制造行业并发展产自木材加工过程中的附加产品新型产业。他们能够完好地摆脱1873年的经济危机，而这场危机迫使诸多在芬兰的外国企业倒闭或变卖资产，同时他们还把破产竞争者新建立的装备精良的锯木厂拿了过来。

尽管木材加工业的增长——伐木、纸浆、纸张及木材产品——占据

 111

图 14　公司办公室的主要入口,凡尔拉纸浆厂。

这栋建筑物精心装饰的木质外观在 19 世纪末是很典型的,它们大多为这个国家富裕的资产阶级而建的乡村别墅的样式,建筑物外这个巨大的螺旋楼梯为这栋打算作为公司办事处的建筑物又额外增加了一点优雅。现在是一座博物馆的凡尔拉(Verla)纸浆厂是由来自奥鲁的曾于瑞士受训的工程师雨果·纽曼(Hugo Neumann)在 1870 年建立。纽曼介绍了最新的通过机械生产线制造纸浆的技术。在 1881 年,戈特莱布·克里都(Gottlieb Kriedl)收购了凡尔拉纸浆厂,他是一个奥地利裔的主要造纸商。克里都后来又在凡尔拉增加了一个生产纸板的工厂。1922 年,凡尔拉的工厂转到基米(Kymi)纸业公司旗下,并在战后停止了生产。这是一个典型的工厂集合体,建筑物群周围环绕着潺潺流水,并给工人提供了住房和其他设施。虽然在基米山谷工厂社区有了相当大的发展,但在鲁尔或兰开夏郡这样发达的工业城市中,却没有对工人们的如此关注。

了芬兰 1913 年出口总值的 3/4,农业仍被绝大多数评论人士视为在可 112
预见的未来唯一的选择。19 世纪农场进入危机阶段,最为艰难的是在 19 世纪 60 年代灾难性的饥荒岁月。每公顷产量跟不上人口的迅速增长,而人口在这个国家的某些部分于1810年到19世纪60年代中期已经翻了一番;唯一能追上人口增长的方式就是开辟新土地进行耕种。随着适合耕种的树木繁盛的土地供给开始萎缩,烧荒种植业开始萎缩,局势还因为圈地的后果导致在许多区域土地私有化而恶化。不幸的是作为一个主要的烧荒种植业区域的多石的北部萨沃地区出现了人口的巨大增长。更多的北部边缘适合耕种的土地和芬兰中部周期性地受到谷物歉收带来的饥荒的折磨,部分或全部由桦树皮木屑制成的"饥饿面包"是许多地区主要的消费项目。在一个高度宗教化的社会中,这些折磨被视为对罪恶的神圣惩罚;存在着对任何诸如偏离诚实贫穷生活的极度怀疑,例如他们将咖啡视为是一种奢侈的商品。贫苦是农夫的命运,必须报以耐心的坚忍,这一信息最突出地收集在诗人鲁内贝里的"帕沃的贫穷农夫"中。自助和互助成为地方社区对1867年农业歉收的首要应对方式,然而随着危机的深化,受到有关暴力抢劫和暴行事件报道的触动,民众对大量挨门乞讨者由同情转向不信任。流民引起的疾病扩散实际上带来了远比暴力更为严重的威胁;几乎不存在任何有组织的抗议和暴动的例子。

是疾病而非饥饿成为19世纪60年代令人震惊的高死亡率的主要成因。饥荒显现出芬兰内部的对立,包括:南部和贫穷的中部、北部内陆之间,家资殷实者与那些为了获得援助而被迫寻找工作的贫苦人口之间,仓促建立起来的挤满了饥饿与疾病缠身的人们的临时贫民院格
113 外地被人所惧怕和痛恨。尽管1867到1868年那样规模的灾难并没有再次出现,当时饥荒、疾病夺走了超过10万人的生命,不过痛苦的记忆仍旧挥之不去。在1870年后从耕种到乳制品农场的转变使芬兰的农场得以从危机中解脱,但这并不能解决农村贫困的问题。芬兰是一个遍布小型农场的国家:1910年,总数达223 339个农场中只有不到1 000个超过100公顷土地。超过一半的持有小于5公顷土地者被参议院土地所有权委员会认定为生活勉强度日,其中3/4依赖契约租借。租约持有者,即契约农,被当代研究定义为这样的农民"这些农民在确定的阶段内从地主手中租取一块固定的土地,为此他必须准时地,有时

图 15　森林里的奥托·里萨宁肩背桦树皮包，出发去工作。

奥托·里萨宁(Otto Rissanen)，把桦树皮背包背在肩上，向着森林中自己的工作进发。数个世纪以来，森林一直为芬兰人提供工作和维持生计的手段。从 19 世纪 70 年代起，对于木材加工行业的需求越来越高，这创造了季节性工作的机会，即在冬季月份砍伐树木，并在春季通过下行的水道将其运输到工厂。伐木者营地的生活条件往往是极度悲惨的：几十个男工不得不躺在粗糙的双层床上，尽可能地将破烂的衣服弄干，靠着定量的配给维持着生存。20 世纪 20 年代的每年冬季，大量男工会涌入芬兰北部，在战争期间这里大片的森林地带已经被木材公司以很便宜的价格买下。收入微薄，生活在孤立、狭窄的空间下，他们很容易被共产主义事业所吸引，经常在党派活动家和煽动者的劝说下从一个阵营来到另一个阵营。他们通常带着框架锯和斧头，身上的桦树皮背包里装着有限的配给品(盐，咖啡，面粉，烟草)，也许还要腾些地方装衣服。结实的靴子是唯一能够可靠地抵御严寒冬天的装备。从图维兰拉提(Tuovilanlahti)到萨沃北部，由成千上万的贫困小农们组成的人流，在每年的冬天，到森林里寻找工作。

以货币形式,有时以实物形式或劳役形式或多或少地支付年租”,这些农民处在来自土地所有者贪婪地自他们土地上索取最大化收益的日益增长的压力之下。比契约农数量更为庞大的是茅舍农,他们微薄的土地不足以维持家计。对木材需求的日益增长的确为那些依赖微薄土地为生的人们提供了在森林与水路之中的季节性工作,但这样也扩大了那些自木材出售获益的拥有不动产的农场主与乡村穷人之间的差距。缺乏一个规模性的可以吸收一些农村剩余人口的制造部门,并且相对于临近的瑞典与挪威适度的向外移民比例,使得在芬兰乡村保存了大量剩余劳动力,他们依靠季节性工作填补微薄的生活。

19 世纪 60 年代到 70 年代的改革把芬兰经济与社会从早期严格的限制中大大解放出来。商业和技术工业从一系列管制中解脱,而且法规建立了现代经济的基本框架,众多授权银行与有限责任公司得以运作,同时还赋予了公民自由追求从事他们所渴望的贸易,无论是在城镇还是在乡村。1869 年的《教会法令》就是首个对路德宗教会主导性权利的破坏,不过路德宗教会仍然保持着唯一官方宗教的地位,在几十年间维持着对信仰自由(或不信教)的限制。

115 随着 1865 年教区大会被村镇委员会所取代,而且 1869 年又将教会对教育的控制权交付国家机构,教会的世俗功能被削减了,到了 19 世纪 80 年代其剩余权威也备受自由派和异议人士诟病。在受到良好教育的人群之中,一种抛弃宗教的表现自世纪中叶起便明显起来,但农村人口和城市工人阶层大体未受影响,直到 19 世纪末。在乡村前往教堂还是一种社交机遇,使生活在分散农庄的人们得以相聚在一起。联系方法的改善导致农村的开放,例如年轻人俱乐部或禁酒运动,各个小学的扩散,以及村社价值及习俗的褪色趋向于冲击这种稳定性。但,即使教堂不再是从地方事务到个人道德的全能控制者,或是处在社会活动的核心位置,有组织的宗教仍旧在芬兰人生活中占据着一个重要且中心的位置。教会变得日渐关注有关信仰的事务和教义及行为的焦点被神职人员和世俗人员所激烈争论。通过他们在等级会议中所拥有的地位,及使用他们作为在统治者和人民之间持久的中介人的美誉,神职人员始终站在公众生活的前沿,作为权力人物如同过去一般不可挑战。

尽管不能代表在芬兰人运动中的领导地位,但是神职人员还是大 116
体上支持芬兰语事业,这一点主导了亚历山大二世整个统治时期的政治争议。尽管在作为稳定的教学语言媒介的语言发展中获得显著提

图 16 “戒酒之友协会”百年纪念牌。

很多运动有自己的无名英雄,他们作为组织者在幕后进行着不懈努力。阿克塞尔·奥古斯特·格兰费尔特(1846—1919)的头像出现在纪念奖牌上。19 世纪的最后 25 年,他一直处在运动的核心,引领和提升着芬兰文化的品位。作为一位研究宗教和美学的教授之子,他被培训成为一名医生(并在芬兰和爱沙尼亚的民族运动中的医生这个行业里表现突出),但一直没有以此为业。在 1878 年,他被任命为广受欢迎的社会启蒙组织的秘书长,从金融动荡中将该组织拯救出来,并领导它几近 30 年。许多在芬兰引领文学潮流的作家通过这个组织发表了他们的处女作。从 1879 到 1896 年,他同时还是芬兰文学组织的档案保管员。格兰费尔特还从 1883 到 1902 年担任了芬兰国内最主要的禁酒运动“戒酒之友协会”的主席。并在 19 世纪的 80、90 年代,作为众议院的贵族议员出席国会。20 世纪初,他的孩子们采用了库西(Kuusi)作为自己的名字,当时有大批人把自己的瑞典名字改为芬兰的姓氏,尤其是在一些学术上享有杰出声誉的家庭中。

117 高,芬兰语仍然被广泛地视为一种农夫的腔调,并被诸如奥古斯特·索尔曼(August Sohlman)这样的自由主义者认为是对古代芬兰文化的嘲弄。索尔曼是瑞典语的主要报纸《今日新闻》的编辑。在他看来,“如果芬兰的民族元素得以与瑞典的文化联系及影响相分离,届时这个通往野蛮与灭亡的道路将会在几十年内遍及全境,因为瑞典文明在几个世纪内引导着芬兰人民,而芬兰人民正是在这种关照与保护下走向文明、自决及独立”。虽然对这种说教的文化傲慢感到反感,但一连串明显的芬兰人化承认了与瑞典联系的重要性。在对俄罗斯帝国内芬兰-乌尔人进行长时间研究后,奥古斯特·阿尔奎斯特相信创造任何形式的文化亲缘联系都是愚蠢的,并且他在1869年的公共场合中明确指出,由瑞典文化所丰富和指引的芬兰文化与我们不幸的那种不接受外来影响却又留下野蛮无知的俄国亲戚之间存在矛盾。即使作为后来激烈的反对者,于尔约·库西宁(Yrjö Koskinen)也在19世纪50年代希望俄国可能引起欧洲其余部分的反感,同时芬兰最终将被看成是文明的前哨而站出来。

不过到了19世纪60年代,库西宁却发出了不同声音。他追随J. V. 斯内尔曼的观点,主张在实现政治自由和形成国家之前,首先创建并强化民族精神。斯内尔曼在当局的眼中,也经历了一番从1848年被视为危险的共产主义者到1863年被任命为参议员的转变。在他抨击自由派漫不经心地对待进一步实现芬兰特殊地位的主张和他旨在根除瑞典文化影响的芬兰语言计划中,以及他在高层对右翼的攻击中,已经清楚地表达了其对俄罗斯帝国的忠诚。自由派的赫尔辛福斯·达格布拉德(Helsingfors Dagblad)提出的有关要求瑞典国王提议芬兰中立化,并进而要求实现芬兰与俄罗斯势力的完全分离,加上随之而来的俄罗斯从芬兰大公国的撤退,引起了官僚阶层的惊慌与愤怒。大学与市
118 民对于通过发表声明表达在波兰危机中对皇帝的支持的保留态度进一步使芬兰国务大臣亚历山大·阿姆费尔特感到恼火,并且他能够找到与斯内尔曼同样的立场说服沙皇在1863年夏季发出一个有关语言问题的敕令,专门回应大公国中芬兰人的请愿与要求。

语言敕令某种程度上对于芬兰语阵营而言无异于是令人失望的，因为这项敕令特意明确申明瑞典语作为芬兰唯一官方语言，并将芬兰语的使用限定在只有那些芬兰语起主导性作用的乡村之中。对于敕令的执行期限注定会是漫长的，而且有理由怀疑被委托准备必要的立法责任的参议院会寻求阻止和拖延实施。不管怎么说，芬兰语作为一种语言赢得承认并在公共文件和法规中加以使用成为重要一步，尽管这一过程已经在19世纪50年代开始加速推进。

19世纪60年代，自由主义人士在寻求整合低层秩序的进程中起了领导作用；通过成立义务防火队或教育团体，普通民众得以崛起成为民族共同体中有价值的成员。库西宁在1870年成为芬兰民族主义阵营的确切领导，该阵营青睐于倾其精力从事按照库西宁所说的将创造一个不再使人民同他们的语言和思考方式分离开来的统治秩序的奋斗，换句话说就是形成一种新的芬兰语文化。[①] 教育在这一奋斗中处在一种核心地位。在地方层级，芬兰民族意识形态的构建被引入克服农民不愿支持建设及维持小学的斗争中。通过作为标准传播者的小学教师，使民族意识在各个教区牢固树立起来非常重要，但与高层为芬兰语初中的抗争形成强烈的对比，这还是相对低层次的。如果说参议员推进对语言敕令的解释方式激怒了芬兰的民族主义者，而这些民族主义者对官僚正在尽全力回避这一条款的执行的种种说辞感到怀疑，那 119
么将总督卡齐米尔·冯·科滕任命为首个教育委员中诸多长期工作成员的主管就会成为更为严重的打击。曾经在19世纪50年代帮助推进了小学教育体系改革的冯·科滕，以巨大的精力承担起这一任务，试图通过一个以实践科目为主构成课程核心的商业学校和中学体系，来为一个训练有素的工人劳动力与商业中产阶层打下基础。但是，与此同时芬兰语教学在那些提供进入大学先决条件的低级语法学校中地位降低甚至是消失了。而官僚高层被民族主义解释成有意为征召芬兰语背

① 在表达芬兰语 *sivistys* 的完整意思上，“文化”是一个不太恰当的词，这个词实际上含有民族认同建构的全部酝酿过程。

景的、抱负远大的年轻人设置障碍。当发现他们无法通过议会或媒体鼓动来改变这一状况时，民族主义者开始向大众呼吁，筹集资金支持在1873年于赫尔辛基开办一所芬兰语中学。

随后的年份中，更多的私募基金学校得以在19世纪末成立，芬兰语学校更是得以在大多说瑞典语的海岸城镇，如在东波的尼亚的中心科科拉成立，以便适应来自内陆的说芬兰语的儿童。不过只有1/4的初中学生在19世纪70年代末进入芬兰语学校学习，这一比率在世纪末已经上升到超过一半，是时首次大学入学新生的大多数是操芬兰语的。但是，应当指出的是并不是少数的父母选择将他们的孩子送到教授外来语言的学校中学习，即使到了1920年还有10个芬兰主要的城市调查显示几乎1/3的居民认为他们可以操双语会话。语言的冲突也许已经创造出了在杂志和报纸专栏上的激烈摩擦，但这种冲突并没有造成社会分裂或引起在欧洲其他角落里经历过的暴力紧张。正如于尔约·库西宁在1869年指出的，语言问题在芬兰实际是一场社会变革，而非民族主
120 义者之间的争端，相对于统治阶级比其他国家更加的"外来化"，这些民族主义者中绝大多数自定居这个国家以来，就来自芬兰的农庄或仓库。

尽管没有明确定义或可被定义的政党，芬兰民族主义的发展还是形成了一个羽翼丰满的运动，导致在这个阶段的尾声"每个人都曾经或多或少地是热忱的芬兰人"，正如自由主义者奥古斯特·绍曼在1859年所提出的那样。在19世纪80年代早期有关建立一个自由主义政党的尝试被证明是失败的；19世纪80年代末，其领导人大多将其自身与一个松散的名为瑞典人党的组织相联系，这个党的成员强调保卫和坚守芬兰制度及传统的重要性，包括语言与数个世纪之久的瑞典文化遗产的联系。在芬兰民族主义阵营中，公开的分歧浮出水面持续多年。19世纪40年代的阿尔奎斯特一代对文化自由的渴望从19世纪50年代末以来就备受一个更加保守的芬兰人化运动所诟病，这些保守人士包括福斯曼兄弟(Forsman)，亚科(Jaakko)和于尔约(Yrjö，他后来将自己的名字改为更芬兰化的库西宁)。不过阿尔奎斯特和他的支持者在报纸的专栏中也认为，为了维护和保护西方的价值与文化，政治精英

也必须使用芬兰语同时保护芬兰宪政自由。库西宁(他在1862年拥有了自己的媒体，*Helsingin Uutiset*)渴望赢得对官僚的控制来创造一个民族国家。只有当具有芬兰意识和说芬兰语的人们控制了制度和政府领域，才能将真正的启蒙带给人民。库西宁日渐增长的保守性和家长式作风反过来在19世纪80年代受到新一代学生们的挑战，这些学生对他们前辈的小心谨慎感到不耐烦，并在思想上受到了英国自由主义和实用主义作家的影响，开始寻求社会与政治上的改革。

在芬兰大公国内部，公共生活日渐政治理论化得到了统治者及其顾问的默许，尤其是在帝国内部多次危机的情势下更是如此。斯内尔曼被任命进入参议院的1863年正是波兰爆发冲突之时；同为自由党派领导的库西宁和梅克林被任命为参议员的1882年，也就是在对亚历山大暗 121
杀稍晚之后。但是权力的支点却始终掌握在俄罗斯手中，而非在芬兰的首都；在前往圣彼得堡的道路之上，库西宁显得比斯内尔曼更加挥洒自如。他恳切地劝说总督F. L. 海登将军(F. L. Heiden)使沙皇在加冕仪式中声明芬兰语的官方语言地位。蒙特哥马里(Montgomery)很有可能谋求保护芬兰的宪法地位而非否认操芬兰语的人民在法律事务中使用自己语言的权力，尽管自由主义人士坚持首先发展芬兰法定语言在民族主义者看来仅仅是有关对1863年敕令文字实施阻止的进一步尝试。

1883年最终通过的法律赋予了芬兰语在法庭上与瑞典语同等的权力，但高等法院还是被允许决定直接参考哪一种语言。1887年的一项帝国命令申明低级部门与法院日常可以使用当地普遍的语言；然而瑞典语仍然在高层机关与部门中普遍使用，并仍旧在中央当局与各郡长官的联络中使用。芬兰语一般在参议院的各个部门中使用只是特例，并且瑞典语依旧在所有的芬兰主要城镇中进行文字记录，即使是在芬兰人占绝对多数的维堡和图尔库地区也是如此。当1894年高贵的于尔约·库西宁男爵用芬兰语进行表述之时，这一语言才首次得以在贵族等级中加以使用。他引起了一阵骚动；维克托·冯·伯恩(Viktor von Born)认为此举是不体面的并且是对这一等级的侮辱，由此展开了一场长时间的有关芬兰语是否可以被认定为官方语言的争论。

尽管是在政治上令人忧虑的气氛中作出决定,由皇帝在 1902 年颁
122 布的语言敕令却标志着向前迈出了重要一步。这个敕令要求地方政府中使用的语言要与地方绝大多数人所使用的语言相符合,并在双语地区使用可以通用的文字。由此,高级机关与法庭被责成用已经在低级地方层面中加以使用的语言处置事务。说芬兰语的训练有素的毕业生(特别是随着时代环境的变化,更以后的学生)的迅速增加使耗时的翻译工作非常容易地分散开来。在完全使用芬兰语的地区如萨沃,瑞典语很快便中止使用了。芬兰语开始在参议院的笔录和文件汇总出现,从 1905 年开始成为正式会议的唯一记录语言。芬兰语还在 1907 年压倒性地成为四级会议的一院制立法机构的使用语言。

正当芬兰建立自身主体语言领域之时,大公国却面临着一种挑战,这种挑战不仅会带来芬兰宪法自治终结的威胁,还会使俄语也成为官方语言。所有先前在芬兰传播俄罗斯知识的尝试都宣告失败,尽管诸如亚历山大·阿姆费尔德与卡齐米尔·冯·科滕等官僚完全认识到芬兰人了解俄罗斯与熟知俄罗斯知识的重要性,他们也缺乏手段与使之可能的能力来促成或维持有效的政策。当然,芬兰人也被帝国所吸引,不止少数人获得了作为士兵、企业家、熟练匠人等职业的高度成功,而且在芬兰内部,俄国人的存在也远远没有在波罗的海各省显眼。在此地并没有了解俄罗斯的动因也没有在帝国内部其他地区所拥有的生活经历。当地人口作为一个整体绝对忠于他们的统治者。大量统治者的画像装饰着大多数农家的墙壁;革命极端主义与恐怖主义的盲目恐慌从来未波及芬兰。鲁内贝里及托普柳斯的诗歌和故事已经可以使芬兰人积累起一系列能为人所接受的民族形象。同时自由宪政主义媒体的论点也把芬兰看成是一种近乎自愿地与皇帝的联盟。在俄罗斯人惊讶
123 的眼光之下,一个芬兰的官员在 1889 年观察到一个由亚历山大一世缔造的"微缩胚胎国家"在 19 世纪的 3/4 时间里已经成为一个自治国家。一个拥有数千所学校,拥有良好组织和自治的社会之中,帝国的语言并不被教授。这个社会拥有着一部分可以与自己市场竞争的产业,同时还具有令富裕国家所嫉妒的世界上最为稳固的金融信用体系。毋庸置

疑的是,参议院对将芬兰邮政体系交与帝国控制的抵制激怒了亚历山大三世,他在写给芬兰国务大臣的备忘录中问道:“俄罗斯到底是属于芬兰的还是作为芬兰的一部分? 还是芬兰大公国属于俄罗斯帝国?”

俄国的观念通常接受有关对芬兰有利地位的保留,同时也能按照线索得出消极的结论,即芬兰的“宝贵财产”自从古斯塔夫·毛里茨兹·阿姆费尔德以来无法通过与芬兰统治精英的私人联系而得以维持。但是芬兰的政治精英已经成功地摆脱了将芬兰更紧密地与帝国相联系的多次图谋。在获悉参议院认为必须得到各等级的首肯之后,尼古拉一世被说服放弃有关将老芬兰最东部的一个教区归还俄罗斯的想法(国务大臣罗伯特·达最早提出了这一想法,详见第三章)。同样他也未能求得使芬兰的关税设施融入整个帝国。尽管芬兰人的宪法权力并没有得到俄罗斯的承认,1734 年瑞典法规、1772 年与 1789 年的基本法,同时按照爱德华·塔登(Edward Thaden)所言,1809 年亚历山大一世在波尔沃的庄重承诺,构成了一个由众多实际权力牢固支撑的神话,这些权力提供了一个意识形态的理由,在一个未知的未来可能发生的预期中一方面抵制俄罗斯的压力另一方面强化地方自治。

1863 年议会的召开和自由媒体有关建立芬兰咨询委员会,以及在战时保护芬兰商船特殊旗帜等大胆提议激起记者 M. N. 卡特科夫 124
(M. N. Katkov)的严厉回应,不过他在来自俄罗斯当局的压力之下缓和了他对芬兰分离主义的抨击。对芬兰自治的限制在尼古拉·A. 阿德勒伯格(Nikolay. A. Adlerberg,1866—1881)将军治下被进一步放宽,如俄罗斯民族主义历史学家 M. M. 博罗德金(M. M. Borodkin)所说,正是在这个阶段所发生的主要改革使芬兰与帝国更加陌生。这些改革中最为重要的是 1878 年通过的与身为国防大臣的米尔宇亭(D. A. Milyutin)的提议相矛盾的军事设施法案。这个法案成立了一支由芬兰军官指挥的小型征召部队,这支部队将会被投入到本土防御之中。帝国的军队统帅继续负责芬兰的海岸防御,同时主要是步枪营的芬兰部队需要听命于圣彼得堡军区;但是正如米尔宇亭稍后所指出的那样,一支独立部队的创建也提出了一些如何统筹军事防御计划的问题。

在一个遍布全球的帝国对手威胁进入战争和统治秩序的权威日益受到极端主义与革命运动挑战的时代,为相对温和而独特的前现代的统治者与忠诚臣民的关系所预留的空间愈加萎缩,而此种关系曾经在芬兰大公国中大行其道。1871 年后,一个强大的德意志帝国的崛起突出了俄国西线有效防御的迫切性。在 10 年之中,首个全面的作战计划得以完成,在此计划之中西部边境地区在军事思考中扮演着关键的角色。帝国的中央协调与控制不仅是对军事的关注,同时也需求对民事当局集中权力与幅员广阔的帝国政府。在俄国民族主义媒体的专栏中,充斥着对芬兰宪政主义者呼吁的抨击和有关芬兰官僚与来自芬兰本民族知识分子疏远的故事,以及对帝国内部缺乏了解和兴趣,芬兰受教育的人员中少有对帝国语言的热情。1889 年 K. F. 奥尔金(K. F. Ordin)的两部研究著作出版,他直截了当地署名为《芬兰的征服》,开启
125 了一场文字战争。在国际舞台上,芬兰人寻求使他们的地位为他人所了解,莱奥·梅克林有关芬兰宪法与法律地位的阐述,随着 J. R. 丹尼尔松(J. R. Danielson)对奥尔金的反驳文章《芬兰与俄罗斯帝国的结合》(1891 年)的问世,而被翻译成法语、英语、德语。此后 20 年,在欧洲出现了一系列有关芬兰问题的小册子与刊发在主要杂志上的文章。为了强化和保护芬兰利益,官僚们在早期利用他们在帝国首都中的联系。而宪政自由主义者现在则寻求通过欧洲的公共意识来达成此一目的。

不可否认的是在 19 世纪最后 20 年中,与在圣彼得堡的高层人士联系变得更加困难。亚历山大·阿姆费尔德作为一个曾经是两代君主亲信与顾问之人的儿子,在他占据芬兰国务大臣之职的 35 年期间(1841—1876)解决了无数的难题。这个位置转移到那些曾经在俄国服役的老牌芬兰人及其直接继任者,如卡齐米尔·埃恩罗特(Casimir Ehrnrooth)与沃尔德马尔·冯·德恩(Woldemar von Daehn)手中。这两人都被提升到俄罗斯帝国的将军一级。尽管出生于芬兰,但他们对专制主义文化的俄罗斯帝国的了解甚于对大公国及其所拥有的限制性保护法律、制度及习俗的了解。

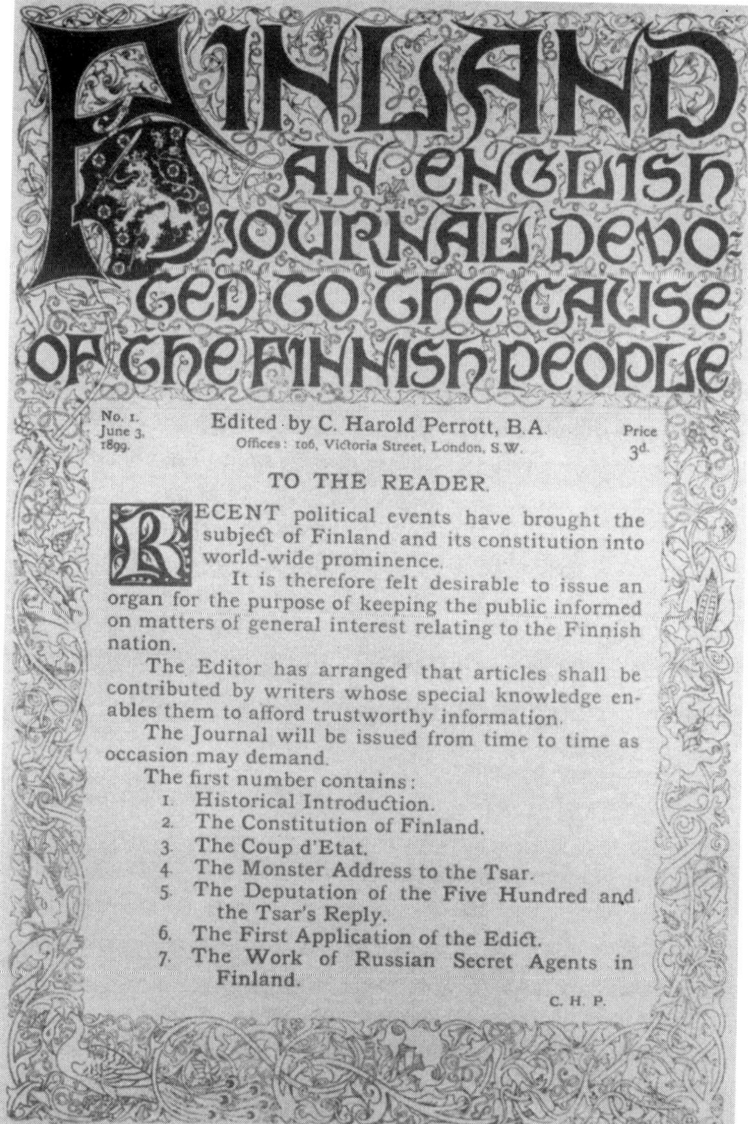
FINLAND
AN ENGLISH JOURNAL DEVOTED TO THE CAUSE OF THE FINNISH PEOPLE

No. 1. June 3. 1899.

Edited by C. Harold Perrott, B.A.
Offices: 106, Victoria Street, London, S.W.

Price 3d.

TO THE READER.

RECENT political events have brought the subject of Finland and its constitution into world-wide prominence.

It is therefore felt desirable to issue an organ for the purpose of keeping the public informed on matters of general interest relating to the Finnish nation.

The Editor has arranged that articles shall be contributed by writers whose special knowledge enables them to afford trustworthy information.

The Journal will be issued from time to time as occasion may demand.

The first number contains:

1. Historical Introduction.
2. The Constitution of Finland.
3. The Coup d'Etat.
4. The Monster Address to the Tsar.
5. The Deputation of the Five Hundred and the Tsar's Reply.
6. The First Application of the Edict.
7. The Work of Russian Secret Agents in Finland.

C. H. P.

图 17 《芬兰》,一本奉献给芬兰人民事业的杂志,1899 年。

芬兰人民已经认识到向海外公布自己的实情的价值,以德语、法语、英语的各种小册子和书籍勾画出了芬兰宪政主义者的争论,并就这一问题撰写文章提供给外国媒体。他们认为 1899 年 2 月由尼古拉斯二世签署的宣言是完全错误的。两个学术界人士被派到了西欧,在那里他们成功地劝说法国报纸《时报》(*Le Temps*)在 3 月 24 日公开发表了一个支持芬兰人的领导人言论,《泰晤士报》也大力支持这种得到了欧洲最顶尖文化名人联名支持的做法,站在芬兰一边。上述刊物是免费发放给有影响的人物和媒体的。这本刊物耗费巨大,并由那些替芬兰人抱打不平的英国人编写,他们或许不了解芬兰的事物。未出一年,杂志就停刊了,并被另一个季刊《芬兰快报》(*Finland Bulletin*)所代替,这本杂志从 1900 年一直出版到 1907 年。芬兰问题得到了大量海外公众的关注。吸引了很多公众人物,比如法国激进派领导人克里孟梭(Clemenceau)和英国记者 W. T. 斯特德(W. T. Stead),这个人与俄内务部长兼芬兰国务秘书 V.K. 普列韦(V.K. Plehve)屡次进行论战。

仁政之下的空气、曾经有利于芬兰与波罗的海诸省政治精英在几十年中或多或少地自行其是的随和的世界大同精神，现在都让路于俄罗斯帝国利益优先的意识。同时边境地区的特权不仅被视为不合时宜，而且还被看成是绝对危险的事物。亚历山大三世的重要顾问及大臣也许会认可辩论家尤里·萨默林(Yuri Samarin)的观点，即俄国人要求在俄国治下就要照俄国的方式干，如同法国人在法国和英国人在英国统治区域内一样。经过1890年的诏书之后，芬兰的邮政体系实际上被融入帝国的邮政体系，这激起了芬兰抗议。在芬兰人眼中，皇帝已经破坏了宪法程序，既没有咨询参议员又没有沟通各阶层。各地风传
127 参议院会拒绝在工作报告中发布这一立法，同时拒绝通过教职人员在宗教集会中宣读新的法律。作为总督的亚历山大·冯·魏森贝里在抗议中辞职，因为他曾经尝试以一种赋予参议院为宪法存在的方式编撰芬兰的公共法条，这引起了圣彼得堡的疑惧。莱奥·梅克林也在总督要求之下离开了参议院，而这很有可能是因为他在海外公开芬兰情况的活动。各等级在1890年底介入冲突，声称他们主要的忧虑在于他们对皇帝在议会召开前演讲的回应。沙皇随即发出敕令，对议会保证他无心践踏统治芬兰的法律；大公国与帝国的紧密联合现在已经成为严密审查的主要目的。芬兰人先前需求通过编撰法条来加强他们宪法的要求，而现在他们抵制俄国将帝国一般性立法框架强加于芬兰大公国的图谋。

亚历山大三世并未如他的前任一般得到在赫尔辛基的最中心地
128 区、参议院广场上树立起高大塑像的荣誉。不过正如罗伯特·施维泽所指出的，尽管亚历山大三世脾气暴躁且对参议院的抗议置若罔闻，他还是所有统治芬兰的帝王中最具有立宪性质的一人。他赋予了参议院一些重要的决策制定权，并与各等级建立了一种工作关系，而他的父亲从未有此种设想。1881年将俄罗斯扭转成为一个警察国家的特例法规，并未适用于芬兰。同时在一个场合中，他还因为俄国警察逮捕一名芬兰臣民而批评总督海登。闻风而动的俄国革命同情者与活动家都在芬兰驻扎。整合帝国西部边疆的进程在波罗的海各省比在芬兰的进程进展更快，芬兰的行政体系、司法制度与行为方式完好无损。芬兰的统

治精英依旧拥有迫使皇帝放弃将芬兰的关税与税务设施纳入帝国控制,以及按照皇帝顾问的建议改变芬兰的犯罪法律计划的能力。总督海登同样致力于挫败国防部长将芬兰部队纳入中央紧密控制的企图,这部分出于保护他作为军区统帅的地位,同样也出于干涉芬兰事务会导致疏远忠诚臣民的顾虑。

然而,这些要求有所变化的压力终归压倒了稳定现状派。1897 年初年迈的海登告老还乡。1898 年 6 月,尼古拉二世批准了由委员会提出的整合芬兰武装力量的提议;推进这一计划同其他为"真正将芬兰统一进帝国"(国防部长库罗帕特金将军所言)设计的措施被委托于一名军人,尼古拉·伊万诺维奇·博布里科夫将军(Nikolay Ivanovich Bobrikov)。1898 年 8 月对博布里科夫总督的任命,成了为确保计划中改革得以推进而精心协调活动的一部分。博布里科夫自从 1884 年以来就担任着总参谋长之职,他对已经制定出来的防御芬兰的计划忧心忡忡,同时他还是强化俄国对其西部边境地区控制的狂热支持者。在他 1898 年起草的有关芬兰计划书的序言中,他公然声称虽然距离芬兰被俄罗斯征服已经 90 年,但其仍然是一个对俄罗斯母国感到陌生的 129
边境地带。他所起草的 10 项措施包括:削弱国务大臣的角色,强化总督的权力;统一各武装部队;消除独立的关税、货币体系;将俄罗斯人引入参议院、民政当局、学校。博布里科夫预料到会遇到反对,并决心绝不如他前人一般后退,如有必要就动用武力加以解决。

那些了解内情的人士,不止一次暗示风传中的变革。沙皇在 1899 年召集的特别议会开幕式中的演讲中,明确宣布芬兰独立的军事机构已经被视为是多余的。同样,军队服役法规也将会与在帝国实施的法规相一致。尽管沙皇对尽量遵循把新的立法提交给各等级详细讨论的固有惯例表现出焦虑,但这是一个明确的表示,即芬兰人现在必须作出调整适应帝国的需求,而不是依据自己独特的环境采纳帝国的要求。曾经伴随海登的、使芬兰大公国的管理服从于帝国一般性法律尝试的那些模糊与推延,将不再会被容忍。俄国态度变得强硬的一个鲜明例子出现在 1898 年圣彼得堡的一次招待会上。当时芬兰国务大臣的首席秘书试图指出,任命博布里科夫为总督是合法的,国务大臣必须在帝国命令上副署。库罗帕特金对此大发雷霆并且喊道“给我听好了:沙皇陛下按照自己作为主宰者的意愿已经降尊创立了新的秩序。”

尽管存在这些的警告,作为在芬兰人眼中皇帝与其顾问对立宪法律决定性的背离和至今仍被视为“压迫时代”的开始,著名的“二月宣言”使这一切都变得公开化。宣言的意义在于它试图一劳永逸地解决
130 复杂的问题,这个复杂的问题就是通过运作从芬兰到俄罗斯制度转换的平衡来在芬兰颁布法令。由于无法明确帝国法律所带有的意义,宣言威胁芬兰将脱离帝国大臣与国务委员会控制,只有参议院与等级会议拥有权力审议有关目标中的立法。但是,正如最近的研究显示,等级会议包括立法程序要求不过是基于过去 36 年的实践经验,而非建立在司法基础之上。正如图奥莫·波尔维宁(Tuomo Polvinen)所说的那样,在赫尔辛基的芬兰人未能领会“体系能起作用,只是由于那些在圣彼得堡关注此事的人士表现出了明智的灵活”。

不过,宣言并不像许多现代人与其后文学所说的那样,是“晴天霹雳”。芬兰媒体发出了低沉的警告,通常使用金发的芬兰女士手持厚重法律书籍反抗盘旋于头顶的双头鹰利爪的形象。西贝柳斯的交响乐诗歌《芬兰颂》有力地再现了冰冷时代与压迫时代的形象,实际上,在每一本芬兰历史书中有关 1899 到 1905 年的条目中,博布里科夫的短暂在职不可否认地成为一个政治分水岭,严重地影响了芬兰人的心态与未来;但是对于那些独立的观察家而言,对比各欧洲帝国其他边疆地区,芬兰大公国与母国别离之前,还在努力维持着与其统治者的一种和睦、互利的关系。

在俄罗斯展开严厉攻势的情况下,尽管芬兰民族主义阵营中的斯内尔曼及其追随者担心他们有关一种语言、一种意志的目的无法实现,但几十年来已经在芬兰政治生活中发展出一种自信与方向感,这种感觉在恶劣的时刻维持着弹性并激发出运筹帷幄式的神奇功效。也许并不像语言极端主义者所希望的那样,芬兰是一个处在联合阵痛中的民族,却是一个蕴含勃勃生机的机体,这种生机就是参加各种组织的市

民。在这一联合及创造并传播一系列民族形象过程之中，将人们联合
在一起的社团活动扮演着一个关键的角色。来自不同背景、宗教的人 131
民走到一起，追求一个特殊的目的——如禁酒、教育、社会改良等活
动——能够成为民族塑造过程中的重要元素。对于与俄国接壤的乡村
居民低下的卫生和居住标准的担忧，这样的低标准可能导致这些边界
地区没有文化和赤贫的居民——特别是妇女——容易转向对“东部邻
居的魅力和诱惑”的祈求，社团背后的核心人物卢西娜·霍格曼
(Lucina Hagman)曾经说道，知识与文化的财富必须直接深入芬兰的
各个家庭之中，首先应该针对家庭的中心——妇女，使她们成长为芬兰
文化坚强的保护者、为国家权力斗争的自信战士。人口更加稠密的南
部与西部地区，由于易于获得联系，一种有活力的快速发展的地方出版
物易于订购；青年俱乐部、工人团体、农民社团、唱诗班以及乐队，提供
了除宗教活动以外可选择的世俗活动，这些团体还吸引了相当多的成
员。例如位于拥有木材加工的凯米河谷的斯波拉教区到了 1915 年已
经拥有了超过 400 人参加玛莎组织，超过 300 名成员参加了一个在
1886 年成立的禁酒团体，此外还有大获支持的青年俱乐部、乡下人团
体、唱诗班与戏剧组织。

对民族事业的推进并没有通过有明确定义的那些文化与社会活动
进行，农场主合作社、储蓄银行、保险公司之中也蕴含着民族观念与意
识，这些组织不仅名称上而且在总部的装饰上也采用了来自《英雄史
诗》中的元素，尽管存在着某一个阶段中对乡村和农村价值的神秘依
恋，和对说瑞典语的那些拥有并运作绝大多数芬兰企业的精英的厌恶，
赋予了芬兰一种特有的反工业化的色彩，经济学家 O. K. 基尔皮(O.
K. Kilpi)甚至认为芬兰的气质并不适合企业化活动，同样受过教育的
阶层也更擅长收集民族诗歌与人文遗产而非精于商业。芬兰并不缺乏 133
燃烧着民族热情和渴望挑战传统芬兰强势的年轻人。教职人士的子民
特别活跃，在 1889 年成立了克隆储蓄银行这个民族银行，及各种建筑
木材加工作坊；木浆加工工厂。大学也不缺乏将会成为商人的人士，有
芬兰意识的教授提供了鼓舞人心的波约拉和索米保险公司，植物学家

图 18 “瑞典人和芬兰人”。

讽刺杂志 *Fyren* 上的一幅漫画，这幅作品用一种痛苦的、甚至是野蛮的风格表现出了在芬兰，讲瑞典语的少数民族突然失去了其地位和政治重要性的一幕。在革命刚刚结束的这个时候，这是一种对于这个国家未来的预测。在黑暗中上升同时身后太阳也在升起的这些人，被讲瑞典语的民族主义者认为是在芬兰文化和启蒙最好的承载者——军官、学生、艺术家和农民聚集在一面旗帜之下，旗上的图案是代表斯堪的纳维亚联盟的三个王冠。在他们下面，在阴暗处，在红色的旗帜之下，是在呼号着的社会主义运动中的鼓动者、恶棍和杀人凶手们。这一幅凄惨的画卷同样密集地出现在讲瑞典语的民族主义者，比如贝特尔·格里彭贝里(Bertel Gripenberg)、阿图尔·埃克兰德(Artur Eklund)和卡尔·罗伯特·维克曼(Karl Robert Wikman)的诗歌和作品中，以及出现在具有独特的和相互分离的极端特征的属性中(同时也暗含着文化的意味)。1906 年的议会改革使得讲瑞典语的精英重新估计了他们的位置和角色，并希望在波的尼亚和南部芬兰海岸线的更广大的农村选区同农民渔民小商贩获得共识。1906 年，瑞典人民党正式成立，这为讲瑞典语的人群提供了一个通道，以保证他们不会被孤立或是避开，这就如同曾发生在欧洲其他国家少数民族身上的那样。

A. 奥斯瓦尔德·凯拉莫作为一位工业领域的成功者及大学者的儿子,是金融业和商业界的弄潮儿。

那些关注保护在芬兰说瑞典语人民地位与权力的组织也在积极筹建各种组织,这些组织也如同他们芬兰语的对方一样,追求以改良与爱国主义为目的,虽然他们越加关注独特的瑞典属性。语言的冲突产生了许多摩擦与分歧。说瑞典语的文化精英中的领导人物 G. G. 埃斯特兰德(G. G. Estlander)在 1880 年引起了一场骚动,当时他似乎暗示说,对于那些认为他们的文化传统受到武断的民族主义者威胁的人来说,现在是考虑抛弃来自遥远的拉雷斯和佩纳泰斯,鲁内贝里和卡雷 134
瓦拉们,以及对列入他们传家宝的大胆寓言的限制的时候了。早在四年前,库西宁就曾经激起一场义愤,当时他有意贬低芬兰对瑞典感激的亏欠,指出芬兰文化更多地需要归功于俄罗斯。库西宁曾经帮助通过了使芬兰语成为波的尼亚学生协会,或“民族”的唯一语言的决定。那些拒绝接受这一点的人最终同协会分道扬镳,建立自己的协会,告别尼兰学生同乡会的好战和他们的杂志《维京人》(*Vikingen*,“Viking”这个词将被芬兰民族主义者用来谩骂他们的反对者)。19 世纪末,分离的瑞典-芬兰民族共同体的主张由受到极端理论影响的那一代人好战地提出,并赋予独特的性质——与那些源于亚洲,沉默寡言,充满幻想的芬兰人相比,瑞典人则成为充满活力,个人主义,热爱自由,定居于海岸为了理想而向西方海洋眺望的形象。语言分歧的双方都采用不同的象征物与颜色。操瑞典语的人青睐松树,因为其高傲地耸立于风雪之中,而芬兰作家,诸如尤哈尼·阿霍(Juhani Aho)与桑特里·阿尔基奥(Santeri Alkio)等发现灌木在压迫下顽强生存的品质,这个品质很符合芬兰人。曾经精确设计出高大的建筑物与林荫大道的阿霍随后承认他内心深深地向往着乡村,虽然他的设计使赫尔辛基成为一个标准的欧陆城市。此外,小说家图沃·帕卡拉(Teuvo Pakkala)也激烈批评首都那些操芬兰语的精英们的矫揉造作与排他的作派。这种来自首都的不安感与陌生感,富裕和奢侈生活的场所,仍旧由说瑞典语的民众主导着,经常出现在从 19 世纪末到芬兰独立最初 10 年之中芬兰语文学作品和政治讨论之中。

135 然而,在受过教育的相对较小的芬兰人圈子中,这些芬兰人自身忙于参加各种团体活动与塑造公众意识,存在的分歧和争吵与他们声称所代言的绝大多数芬兰人民之间的裂痕却正在扩大。这并不是说这些活动家与意见塑造者没有意识到那些社会问题,或对解决问题感到无动于衷。土地问题得到广泛讨论,同时乡村穷困人家的艰难在例如明那・坎特(Minna Canth)与卡尔・塔瓦斯特谢纳(Karl Tavaststjerna)等作家的小说与诗歌中得以展现。俄国新闻界对于芬兰乡村问题的兴趣,以及偶尔流行的沙皇将会介入对贫穷农民的庇护的谣言,产生了一种解决方法或至少缓解了无地农民与缺乏保障权利的佃农问题。19世纪80年代成立的工人团体很大程度上是家具制造商维克托・尤利乌斯・冯・莱特(Viktor Julius von Wright)等中产阶级改革家的成果,莱特则是受到在德国与丹麦推进工人教育的自由主义者努力的启发。富有影响力的社会改革家海基・伦沃尔(Heikki Renvall)与威廉・屈德纽斯(Wilhelm Chydenius)积极宣传工人成立组织与罢工的权力。尽管倾向于作出家长式的安排,政府与雇主还是在工人组织工会的道路上相对并没有设置什么障碍。对于那些绝大多数来自农村人口的劳动力,工厂工作提供了一种更好的生活水平与更多的机遇,特别是对妇女而言更是如此。开明企业家,如在坦佩雷地区拥有纺织工业的诺特贝克(Nottbeck)家族,就提供了从住宿到图书馆等一系列设施。这些雇主还积极参加工人团体的运转工作。亚历山大・柯仑泰(Alexandra Kollontay)在1903年所作的有关工人阶级情况的调查曾经指出,政府、社会、工人自身都愿意一同协作,这是芬兰工人问题比其他国家较少出现的一个原因。

柯仑泰还认为工人们几乎没有受到社会主义者的影响。于尔约・
137 库西宁也曾经在1876年宣称社会主义的“毒草”并没有蔓延到芬兰,并支持通过对民族精神的教育和启蒙来作为克服这种威胁最为有效的手段。这就是19世纪80年代社会自由劳工运动的潜在心理;虽然那些巡游于斯堪的纳维亚与德国打短工的技术工人接受了社会主义理念,

136

图 19　胶合板厂的工人。

在这幅摄于 20 世纪 20 年代的图片中,妇女们正在基米峡谷的维埃拉工厂里进行挑选和分等。在芬兰的工厂中,妇女们一度总是构成劳动力的大多数(见图 4)。19 世纪中叶,曾有一对英国教友会的教徒穿越芬兰乡村,他们确曾注意到妇女们看起来承担了所有繁重的户外劳动,而她们的男人们正躲在家里抽着烟管打发时光。芬兰工业中绝大多数工人都是从乡村招募而来,这就为许多年轻的姑娘提供了逃避农场苦差事的机会,享受到一定程度意想不到的自由和独立。一项对于纺织业城镇坦佩雷工人阶层构成的调查显示出,在工厂里工作的妇女经常享受到一定程度的幸福,并直到她们结婚(有些人没有结婚,甚至买了厂里的股票)。她们也参加社团活动,特别是戒酒运动。一小部分中产阶级妇女在国际舞台上声名卓著,特别是在选举权运动中。同时,她们也在宣传民族问题上表现得很积极,主要是通过像玛莎(Martha)协会那样教农妇们怎样养鸡、做果酱并在家庭晚宴中极力主张民族价值的组织。1906 年的议会改革中,妇女的选举权不是一个严重的议题,在那一年的议会法案中,妇女们被给予了完全和平等的选举权。

他们开始从 19 世纪 90 年代接收工人组织的领导权,不过社会改良主义与民族主义的混合体始终深深地根植于这个运动之中。

可是,所不同的是那些对社会不公正怀有强烈意识的工人,他们掌握了工人团体的领导权并决心自他们所生活的家长式权威秩序中求得解放。工人运动连接了一股在民族层面上对绅士作派的敌视暗流,这种敌视存在于农村贫苦民众与日益成长的工人阶级之中。从资产阶级监护人手中获得解放的决心,使成立于 1899 年的羽翼未丰的工党(1903 年改为社会民主党)与现在在宪政主义者消极抗议俄罗斯化的运动中组织松散的他们往昔的同情者之间走向分歧。主要的劳工报纸《工人报》的编辑号召工人不要在大规模的演讲中签字，而这种演讲就是作为全民抗议《二月文告》的手段，党内领导的强硬派核心人物坚持拒绝参加他们眼中的纯粹资本主义斗争。只要这个运动仍旧在数量上微不足道且在政治上软弱无力，它就会被如同酸葡萄一般抛弃，哪怕如在坦佩雷负有盛名的其他劳工领袖也支持消极抵抗；但是1905年许多戏剧性事件一夜之间改变了局势，推动工人运动走上了芬兰政治的前台。

《二月文告》与随后的措施，包括意图赋予俄语为所有最高当局各级机构中官方语言地位的1900年的语言敕令，终止芬兰军队独立存在的1901年军事服役法，不仅撕裂了小规模的统治阶层，而且从整体上分裂了国家。参议院的基调由怨声载道转变成为公然挑战。参议院投
138 票要求副主席保证文告将会被发表。按照博布里科夫德建议，沙皇拒绝审阅由参议员代表带来的，要求他保证无意限制芬兰宪法权力的请愿书。代表们带来有超过50万芬兰人的签名的公众声明，另外还有超过1 000名支持芬兰事业的外国杰出人士签名的请愿书都遭到拒绝上交沙皇的命运。到了1900年夏天，由于未能说服沙皇收回《语言敕令》，参议院最终解散，其中8名参议员投票反对辞职法的签署。

8月间被任命的新参议院大多由在所谓老芬兰党“屈从”羽翼之下的各个阶层组成，库西宁是其中的领军人物。作为久负盛名的论战者，由于首先发起号召民族一致从事语言奋斗，库西宁甚至与他身边的支持者都产生了隔阂。在出版于1900年12月的老芬兰人的主要报纸上，他表达了对芬兰人党是否有必要继续存在的怀疑，因为这个党既无计划也无政策，为他所提供的是：所有与所谓“瑞典党人”联系的中断，拒绝妥协的芬兰语“维京分子”，支持正在尽其所能保护人民权力的政府，与芬兰语的强化。

库西宁的开除“某种跟在维京人后摇摆的芬兰尾巴”的尖刻通告，被多为年轻芬兰人阵营的人们所反感，这些人选择与瑞典人党从事共同的事业，即抵抗对他们所承担的芬兰宪法地位的攻击。1900年到

1901 年冬天，有组织形式的消极抵抗的领导权却大多掌握在如莱奥·梅克林等说瑞典语的自由宪政主义者手中。政府之中，在民事部门中，同情宪政主义者立场的人员辞职后所空余出来的位置，现在都落在具有芬兰意识的人员手中。经由新任芬兰国务大臣，俄国的高官 V. K. 普莱夫(V. K. Plehve)精心准备的《1902 年语言敕令》，推动库西宁宣布芬兰人民满心欢喜并感恩戴德地迎接那些赋予多数人所用的语言与瑞典语取得同等地位的政策。换一句话说，就是说芬兰人的事业已经 139
取得了显著的进展，尽管作为斯内尔曼之黑格尔决定论的忠实信徒的库西宁，也认为这是在弱小民族为了生存而不得已屈服的环境之下所作出的选择。

然而，正如奥斯莫·尤西拉(Osmo Jussila)所言，芬兰人与瑞典人所竞争的不过是银牌与铜牌，而真正的金牌早已花落他人之家。任何有关服从将会软化博布里科夫政策的希望都被证明是幻想。总督相信取得优势会使芬兰人党中的具体一部分人员屈从于俄国的要求，而且只能通过俄罗斯人大规模移民到边境地区与将这一边疆区域与帝国相捆绑才能够实现这一优势。所以，芬兰的让步不会引起任何来自俄罗斯方面决定性的后退。尽管无力破坏参议院与被任命俄国官员的分离，博布里科夫还是试图将参议院降低成由总督领导并从属于总督的委员会。早在 1901 年，他成功地把一个俄罗斯人任命为新地区的首脑，在 1903 年由于兵役法实施所引起的冲突，引发的辞职浪潮使他可以任命更多的官员。他涉足芬兰的生活领域，而他的前任可能从未有过此等意识。博布里科夫命令所有的政务办公室、学校、法庭、都需摆放沙皇与皇室家庭的肖像，并建立了一个委员会负责检查芬兰的教科书，在接到来自东卡累利阿的商贩抗议有关受到反俄民众情绪影响的芬兰官员刁难后，他进行干涉要求消除对外国商人的限制。总督还积极地致力于赢得穷人的支持，在 1902 年到 1903 年冬天，为城市中失业人员提供免费施舍和对参议院有关处置无地农民问题予以支持；但是他的干预远没有提供真正的或持久的救济，如果有什么区别的话，倾向于激起过高地期待，而最终不可避免地破碎了。正如在俄国一样，作为

一种战胜革命的社会主义者的手段,政府的机构同样积极推进工人福
140 利,这个政策最终在 1905 年产生了意外。

在他短暂的在职期间,博布里科夫毋庸置疑代表着帝国的利益,干涉被他视为一个“被征服省份”的事务,这个“省”某种程度上被准许自行其是,拥有自己民族的国歌及英雄。不过,他的努力不仅遭到他人的反对,甚至还受到与他有共同基本设想的俄国人的掣肘。个人的对抗与反感大多意味着这些建议会被人所转移或者忽视,同时这使得继承了为芬兰利益而运转系统的悠久历史传统的参议院偶尔能使总督的计划受到挫折。博布里科夫还需要处理资源不足的问题,尤其是缺乏了解这个国家且能熟练说俄语的人;他甚至还被迫亲自书写他的书信与命令,因为他没有合适的抄写员或职员。但是或许实现他的计划最为严重的障碍就是俄国日益增长的警告,帝国内部忠诚于和平的一部分现在已经成为一个暴力骚乱的国家。

暴力行为很大程度上是 1901 年新《军队服役法》的采用所引起后果。这项法令解散了除一个龙骑兵团和一个警卫营以外所有的芬兰部队(这个龙骑兵团也很快就被博布里科夫所遣散)。芬兰人实际上必须参加服役的人数本来就是很少的,25 000 名可服兵役人员中只有 500 人服役,而在 1902 年的草案之中,有资格服役的人员则更是缩小,只有 190 人,他们在其后的两年由抓阄的形式参加服役。但是,法律的执行使芬兰人对博布里科夫计划的意义有了充分了解。同时也成为消极抵抗者得以重整爱国主义的反对者的绝好机会。按照博布里科夫的数据显示,1902 年春天,因草案而走上街头的人约一半收到了宣传文件。在赫尔辛基,哥萨克骑兵奉命弹压那些聚集起来的人群,这些人嘲笑服从征召的一小部分青年。挥舞着皮鞭对芬兰公民展开攻势的哥萨克,这种本来在俄罗斯帝国内部任何一个地方都有可能发生的景象,现在成为对政治压迫暴行的一种猛醒。一年以后,博布里科夫更是被授予
141 更为巨大的权力,可以拘留并流放反对派领导人,并可以禁止集会及组织。许多消极抵抗的领导者转移到海外;更多的在公众服务领域的同情者也被解雇。一小部分操芬兰语的学生,转而考虑积极地抵抗并开

始密谋暗杀博布里科夫政权中最为可恨的人物，包括总督本人。实际上，一些尝试已经被加以执行，“服从参议院”的一个代理人被谋杀。不过，最为有名的是对博布里科夫的暗杀，1904 年 6 月，他被一名 29 岁的前参议员之子绍曼所击中，身负致命枪伤。一周后，在俄罗斯的一颗炸弹袭击中，芬兰国务大臣普莱夫也当场丧命。

绍曼自己挺身而出，并随即饮弹自尽。他的行为被消极抵抗人士歌颂为一种无私的爱国主义举动，但是在已经备受困扰的老芬兰党人看来，此乃一种鲁莽之举，他们仍旧寻求维系与俄罗斯沟通渠道的畅通。博布里科夫对芬兰的暴行，迫使许多至今仍保持着政治抉择野心的人士重新评估他们的立场。医生、地方政府官员和最为重要的神职人员都发现他们自身处在前台之上。绝大多数神父都注意到了大主教古斯塔夫·约翰松(Gustaf Johansson)要求服从最高当局的召唤，并通过讲坛宣读新的法令，尽管也有少数人拒绝如此行事。这一阶段，出席宗教活动的人数急剧下滑说明了这一点，毋庸置疑的是，教会的声望与地位就可以理解为无法提供强有力的和直率的道义上与爱国主义的领导。对博布里科夫的暗杀终结了一切有关局势得以缓解的希望。

博布里科夫遇刺事件使任何延缓的期望都化为泡影。芬兰人将开始忍受“引入俄语”的措施；大部分岗位都掌握在愿意听从新号令的人手 142
里；大多数宪政主义者领导人都遭到了放逐，并降低了消极抵抗的效果。《兵役法》的中止可以认为是芬兰人的胜利；但俄国人却认为，让在战略上更加敏感的边界地区居民支付大量的帝国军费要比在军队问题上制造矛盾明智得多。继续选举权和社会改革都被那些公开表示“延缓实施”的地区推迟了。议会在 1904 年 12 月召开以解决芬兰人的服役问题。议会最终同意每年支付 1 000 万马克帝国军费以补偿 1901 年颁布的《兵役法》的中止，但却没有时间详细讨论参议院提出的关于选举权的议案，很大原因是因为在议会大楼之外正进行着一场工人运动的示威游行。

1905 年，俄帝国内的骚乱势头逐渐抬头，并在 10 月底爆发为公开的革命。在芬兰发生的事件过程显然与发生在俄帝国的那种无序、甚至时常是流血的冲突并不相符。当芬兰的铁路工人开始在一条从芬兰边界到圣彼得堡的芬兰车站的支线工作之前,俄国铁路工人的罢工使得俄国的铁路网已经瘫痪了数日。第二天,赫尔辛基工人代表在一次会议上声明将举行一次总罢工并选举出一个罢工委员会,但在同时,他们又同意与宪政主义者们合作。凶猛的罢工——到了 10 月 31 日已经传遍了整个国家——有一个愿望:一扫博布里科夫时代的各种措施,清除参议院中“那些可憎的谄媚者,那些人……正爬向俄罗斯的政府机构……无耻地践踏了法律和人民心中最深处的正义”。这些是由坦佩雷的工人运动分子在 11 月 1 日起草的“红色”宣言中的话。从这个角度看,它确实是一个全国性的、爱国主义性质的罢工,却也使得和平与安宁逐渐消失。为了维护秩序,国家警卫队在主要的城市中建立起来了。尽管俄国人将发起攻击的谣言四起,并使首都和周边地区人心惶
143 惶,但俄国军队却仍然不见踪影。在整个国家,旧的秩序在事实上已经不再起作用了,很多旧政府的代表都已经辞职或逃往他处。整个参议院在 10 月 31 日集体辞职。宪政主义的领导人现在宣称要取代总督伊万·奥伯伦斯基(Ivan Obolensky)和国务秘书大臣康斯坦丁·林德(Constantine Linder)以及另外一些已经辞职或因遭到本部门中反对派的反对而被解雇的人。在这种情形下,他们与工人代表和数量很少的抵抗运动代表达成了一个全面协定。他们的分歧在于选举权改革上。宪政主义者们希望改革可以由四级议会来执行,而在赫尔辛基和其他城镇的工人代表和政治活动家则宣称,宪法改革应该受到由“人民选举的代表”所组成的大会或是一个涵盖所有阶层和行业超过 21 岁选民的全国大会来领导。宪政主义者在 11 月 3 日提出了一个折中的办法——在讨论被工人领导人(已经从与其他党派的联盟中自我拆分出来)否决的选举权改革问题上,选举一个非官方的全国代表大会,监督参议院和议会的商议。在赫尔辛基举行的选举目的为了再接下来建立一个临时政府,在停止罢工的呼声压力下,中央罢工委员会的抗议成了一种没有任何意义的表示。这个决定在 11 月 5 日得以实施。

从表面上看,罢工是宪政主义者的一个伟大的胜利,他们的要求得到了沙皇的批准,这个在 11 月 4 日发布的宣言宣布废除布尔什维克控

制区那令人不快的立法,并授权参议院准备有关新闻自由、选举权改革和一部宪法的提案,并赋予其承认一届新的全国大会(芬兰 200 人议会)的权利。新议会将监督和管理政府官员行为的合法性,并保证芬兰公民演说、集会、结社的权利。参议院提交的这些议案将由一届特别的议会审议。俄皇接受了原来那届"顺从"的参议院的辞职,并认可了由他指派的莱奥·梅克林所领导的一届新的参议院。看起来唯一一个完全不承认俄皇的人是佩尔·埃温德·斯文胡伍德(Pehr Evind 144
Svinhufvud),他以敢于直言、公开反抗而闻名,而他本人曾于所谓的"压制"时期的第二阶段,在帝国的官僚机构中做过官。参议院中的其他人都曾是王朝中原则性很强的宪政主义的反对者,其中包括一个工人运动的代表(他最终与坚持正统的马克思主义的社会民主党脱离关系)。[①] 官僚机构中最终清除了这些"顺从"的人。

然而,宪政主义者们真正的实力却比这场看起来的巨大成功所预示的力量要弱得多。他们现在从事的正是他们所蔑视的前任所做的事情——"与俄国官僚机构打交道"。并被认为是在一个变化的年代保留了波尔尼科夫时期的原状。自 1809 年以来,很多有名望的大家族的后裔曾主宰了大公国的事物。现在,他们仍然保留着这些位置,但是不可能期望着再依靠人民的顺从和勉强来继续他们的霸权。这一点不论是在工业、商业还是在政治上都是如此。"向一个自由的宪政主义发起挑战"是现在讲瑞典语的上流社会精英们和来自两个不同方向却又有着内在联系的城市居民的普遍想法,这些居民分别支持芬兰民族主义和工人运动。曾经的那些非常积极倡导自己价值观的土地均分论者,现在却十分乐意大唱平民主义者的论调,同时抨击那些邪恶的企业家们(通常是讲瑞典语的人和外国人),并试图掌握政权,并进一步地利用它。而那些被认为"夺走了木材"的企业家在世纪之初引起了很多激烈的争论(实际上,被砍伐的木材中只有 1/3 被使用到工业中;而有近一

① 1904 年第二国际大会谴责了"部长社会主义",并敦促社会主义者在资本主义制度下不要参加政府。

半的木料是用在国内消耗上)。1905 年后的工人运动中有很多领导人曾经受到过芬兰民族主义的影响,他们有着反对瑞典族裔的偏见,并最终被定义为“芬兰民族主义运动的左翼”。在 1905 年后,他们严重依赖乡村的无产阶级,从他们的言语中就可以反映出这个阶级在乡村中的好恶。同宪政主义者在罢工那一周的合作,仅仅起到了增加传统的统
145 治精英们的怀疑和敌对的作用。社会党人的报纸很早就发刊支持与消极抵抗运动合作,在总结和概括罢工末期运动总的心理状态时,宣称:“宪政主义者就是北欧海盗和他们的代理人……为了权利而争斗,是一个打着代表所有人民旗号宣传和行动的派系。”这样,因反抗压迫而兴起的游行示威运动最终演变成了阶级之间的争斗。

作为一次有组织的工人运动,罢工周意味着一个分水岭。在 1904 年底,社会民主党的成员刚刚超过 1.6 万人,到了第二年末,一跃上升为 45 298 人,并在 1906 年达到了一个峰值,接近 10 万人。这些增长的数字,大部分来自乡村地区;尽管随着革命高潮之后人们热情的下降,数字有了下滑,工人组织的数量在 1913 年还是增长到了 1 584 个。最令工人组织引以为豪的就是会议大厅,通常都是木质的,是由他们自己亲手打造的。到了 1913 年,已经有 841 个这样的大厅遍布芬兰。芬兰的移民甚至将这种建造木质大厅的传统带到了明尼苏达北部的铁矿区以及曼彻斯特的纺织小镇。有关芬兰工人组织的记录显示出,这种运动已经非常接近清教主义了,与摩尼教世界里压迫人和被压迫的人生活在一起,无论是在社会生活中还是在文化上都是孤立的,而却又都是芬兰民族主义意识的重要的组成部分。芬兰的工人运动在一种革命的氛围下发展到成熟的阶段,这种气氛也产生了神话般的人和事物,特别是在罢工周发生的工人赤卫队从国家警卫队中决裂出来,并逐渐演化成为日后的地下革命。在 1905 年之后,很多这个党派的领导人,比如奥托·维莱·库西宁(Otto Ville Kuusinen)、于尔约·西罗拉(Yrjö Sirola)、库莱沃·曼纳(Kullervo Manner)都在这场政治动乱中成熟起来(这三个人在日后都成了流亡中的芬兰共产党的领导人)。这场政治动乱,不但严重威胁了芬兰政治生活和公共生活的基础和价值观,也使

得芬兰人自己争斗起来。1905年10月到11月的一系列事件,迅速提升了"立即和大范围的出现变革"的要求,以及一种坚定、急迫的渴望——如果选举权改革不能够顺利实现,新的党派领导人将靠着大规 146

模罢工的手段继续进行威胁。

图20　赫尔辛基大街上的哥萨克,1906年。

1905年革命遗留了大量的动乱和暴力,这在此后和平安详的芬兰公国未曾与闻。报刊每日刊载了大量发现暗藏武器和制造炸弹工厂的报告,间或出现抢劫银行或殴打。在全国总罢工期间(1905年10月28日至11月6日),由武装工人组成的"红色"自卫队成立了,随后他们中的一些人开始接触俄罗斯革命者。双方合作的顶峰发生在1906年夏天,驻守在赫尔辛基之外的斯维堡要塞的守备部队发生了叛乱。部队中红色分子试图加入叛军,压力落在了社会民主党肩上,他们宣布在首都赫尔辛基实施总罢工。忠于资产阶级的白卫军也在这场罢工中成立了,并在红色赤卫队准备封锁有轨电车的时候,作出了进行干涉的反应。双方发生交火,警察和军队也整装待发。照片中的哥萨克在街道上游弋,寻找妄图与叛军联系的赤卫队分子。哥萨克骑兵是在1902年被请来清理一场在议会广场进行的示威游行的,弄得首都的人又怨又怕。

然而,私下里,1905年后的社会民主党领导人对于失去了运动中的军力领导权明显感到不舒服。在1906年,赤卫队要求他们"为了支 147
持驻守在斯维堡俄军中的哗变,要发动一场总罢工",而面对压力,他们却拒绝执行。芬兰的社会党人小心翼翼地避免与俄国革命者产生什么近距离的接触,并倾向于效仿德国模式,成为那种严守纪律、等级分明、并在法律允许范围内的大众政党。1917 年,库西宁自己都承认,毫不妥协的革命言论是为了掩饰该党派在实质上温和的路线。不幸的是,这种微妙的特征并不总是为党内普通成员所欣赏。

1906 年的议会法案解散了四级议会,并代之以一个 200 人的一院制立法机构(芬兰议会)。议会遵照 d'Hondt 体系按比例从候选人中选举产生代表,年龄在 24 岁以上的男女公民均可参选。由参议院起草的法案是经过周密讨论的,在投票通过时几乎没有任何阻碍。参议院的贵族们不喜欢这种一院制议会,并担心这个国家中最有价值的、靠着宝贵经验可以将这个国家引向幸福之路的阶级现在会被放置一旁,不被理会。比例代表制和大选区制在某种程度上是为了消除恐惧;参议院领导人莱奥·梅克林和拉贝·弗雷德(Rabbe Wrede)双双声明,大选区制不但可以维持人民的团结,还可以让那些"最成熟、睿智"的少数派得以发表自己的声音。

在这种设想下,他们被证明是合适的,至少到目前为止,这些人仍然承袭着芬兰历史上那些杰出人物的名声,同那些地位卑微的民选代表一起被选进议会。他们中的绝大部分,但不意味着所有,都是瑞典人民党的成员,该党派成功地将生活和工作在讲芬兰语的内陆地区城市中的瑞典族裔、"文化贵族"、"孤独的瑞典人"与生活在飞地上的讲瑞典语的农夫和渔夫团结了起来。他们致力于维护和提升一个少数语种的人群的地位,但却并不希望制造一个在政治上的特权阶级,就像贯穿在19 世纪的议会和政府之中出现的那种情况。教士们也被选进了新议会,并仍在政治上起到一个不大不小的作用。例如,芬兰独立后的第三任首相,日后就成了主教。而在等级教士消失之后,路德宗教堂则有能
148 力在精神生活和牧师纲要以外施加影响和控制。

上面提到的芬兰旧秩序的两根立柱(贵族和教士)树立于亚历山大一世王朝时期,一直以来都是芬兰公共生活中的重要元素,他们所达成的平衡被称为两者协商后的保守主义。他们一直有其存在的价值和令人尊重的传统,但同时为了加强民族的团结,他们也随时准备拥抱突然、甚至是彻底的改革。如果 1905 年的革命使得芬兰从俄罗斯手中彻

底独立,就像挪威从瑞典分离出来的方式一样,这种团结十有八九将会足够坚固去克服贫穷、无地这些影响民族凝聚力和稳定性的因素。也许工人运动已经偏向了左翼,就如从1917到1920年革命期间在挪威发生的情况一样,无疑已经发生了威胁到、甚至即将颠覆民主秩序的危机。但在20世纪早期的芬兰,似乎还没有什么主要的阻碍可以影响民主制度功能的发挥,比如出现一些强有力的并反对进步地主阶级或者容易患摇摆病并干预政治的军队。同时,这里的特征是把大公排除在外的宪政主义思想的天然家园:法律法规、诚实守信的政府和公民的积极参与。

民主进程的翅膀在1908年被断言会被对芬兰实现重新统治的独裁制度折断。用政治术语来讲,希望通过一场真正的革命将芬兰推到现代议会民主制度的前沿的设想落空了,或者至少是早产儿。对芬兰自治地位的新一轮猛烈攻击意味着,在过去帝国控制的10年里,议会体系从未自如发挥过它的功能,这使得很多急迫的改革,如对于农民土地租赁权的保证,都不能获得成功。相对于实际的政治改革,芬兰人不得不仅仅做一些政治姿态或是声明,这种情况使得那些寻求改进周边环境的人遭受到更大的挫折。俄国1917年的革命似乎再一次给芬兰大众提供了改革的机会。战时的匮乏使得穷人苦不堪言,如果需要,困苦不堪的人们已经不惜孤注一掷去获得他们所需要的东西。芬兰的社 149
会问题绝不是特例,然而却因为政治形势的扭曲被凸显出来。议会民主和政府的失败意味着,新一代政府领导人执政经验太少,特别是现在正占据议会一半席位的社会党人,他们是在一个现行的体制运转良好的情况下开始执政的。总之,缺乏实力就会导致不同阶层之间的斗争加剧,并导致党派之间进一步分化,这是社会党人详细论述的东西。尽管经过了革命和内战那些最黑暗的日子,民族团结的期望依旧如星星之火闪耀着微光,并会继续存在下去;但是现在却由于社会纷争和政治派别林立,而产生了深深的裂缝和分歧。

第五章　独立的国家
（1907—1937）

150 全体选民中的70%，共计899 347名男女选民，参与了1907年3月为了召开新议会而在各地进行的初选。选举结果对于芬兰民族主义者中的自由宪政派——青年芬兰党人来说是令人失望的，他们仅仅获得了26个席位。他们的对手老芬兰党面对那些攻击自己"完全听命于博布里科夫总督"的指责，成功地作出了辩解，并赢得了59个席位，其中部分原因需要感谢一个激进的方案。芬兰政坛的一个新成员，农民党，在芬兰北部和东部夺得了9个议席，这主要是青年芬兰党所损失的，这个新党派的大部分领导人都来自青年芬兰党。

然而，左翼党派却在芬兰举行的第一次民主的议会选举中获得了历史性成绩。社会民主党获得了超过1/3的选票，并因此得到了200个议会席位中的80个。这个党派在芬兰中部和西南部占据优势，特别是在乡村中那些佃农和无地穷人中。而在波的尼亚和芬兰北部，他们的情况却不乐观，那些拥有不动产的自由农民总想统治本地区。在那些讲瑞典语的海岸地区，瑞典人民党抢先获得了穷人的支持。一直到1917年革命以前，社会民主党获得的支持在不断增加：他们在1913年赢得90个席位；并于1916年的战时议会选举中以103个席位，获得了一个绝对的多数。

左翼党派在 1907 年的胜利震惊了每一个人,特别是社会党人自 151
己。根据青年芬兰党的主张——政府中的人员构成应该反映选举结果,但此观点却在公众中应者寥寥,然而可以确定的是面对任何宪政主义者们坚决主张的原则,尼古拉二世和他的内阁大臣们却并不愿意作出让步。1908 年,尼古拉二世选择了对梅克林“重组一个议会更加信任的政府”的请求不予理睬。相反,他却解散了曾经公开批评其政权的议会,并要求举行新的议会选举。在第二届议会宣布召开的同一天,一个得到了老芬兰人党支持的新政府正式宣告成立,这是一个明确的暗示:权力和权威仍然掌握在皇帝手中,而没有掌握在由芬兰人民选出的代表们手里。

第二届芬兰议会只召开了一次。当议会众议院的发言人,杰出的宪政主义者佩尔·埃温德·斯文胡伍德就尼古拉二世发表的演说作出了公开回应,明确表示反对这种由皇帝掌控芬兰所有事物的方式,议会随即再一次被提前解散,接下来两届议会的命运亦复如是。第四届芬兰议会在 1910 年遭到解散,这起因于再一次当选为众议院发言人的斯文胡伍德的声明。声明中说道,由于众议院的议案与芬兰宪法相抵触,他将不出席议会。这一次,这些议案是由俄罗斯国务院、俄新议会和俄国家杜马发起的,意在建立起一套大体上符合俄帝国利益的法案;并预作打算,俄罗斯的国家杜马和国务院分别邀请了 4 名和 2 名芬兰议会代表。新一轮攻势旨在剥夺芬兰行政机构的所有权力,而不仅是在关于立法问题上发表意见的权力,也不仅仅是关于代理地方事务的权力。同时,一届由曾经供职于俄罗斯帝国的人士组成的新芬兰政府成立了。总督弗兰斯·阿尔伯特·塞因(Frans Albert Seyn,1909—1917)也确保用忠于帝国的人将那些被怀疑有宪政主义倾向的人剔除出去,同时加强在芬兰的军事力量,以避免任何骚乱的再次发生。

尽管以上措施被俄罗斯民族主义者欢呼为芬兰自治的终结,并被
芬兰人恐惧地看做是“压制时期”的第二阶段,但这些措施的主要目的 152
在于成为“强化法律秩序和对俄皇保持忠诚”的工具。由芬兰政府机构作出的决策逐渐开始陷入尴尬困境,这实质上意味着没有任何法律法

图 21 “百年的囚禁”。

这是 *Fyren* 杂志在 1908 年刊登的一幅漫画。卡累利阿开始成为一个各方激烈争夺的地区,——或者,我们猜想——在 19 世纪就已经开始。对于 19 世纪中叶芬兰人的民族主义者们来说,这里是芬兰文化的发源地,它在 19 世纪吸引了芬兰民族志学者、艺术家和作家们的注意力。这些芬兰人中的“卡累利阿主义者”的活动是为了鼓动俄罗斯民族主义者组织起来保卫东正教,这不但发生在那些经常处于俄国某种统治形式之下的地方,也常常跨越大公国边界。1907 年,一个东正教的卡累利阿人兄弟会建立了,目的在于与芬兰的影响进行斗争。兄弟会出版报纸,并以芬兰语和俄语两种文字印刷。他们还在芬属卡累利阿建立了用俄语进行教学的学校。塞尔吉大主教,他们中最积极的支持者之一,将旧芬兰与大公国的合并比作“百年的囚禁”,然而,这却不能消除(假定为东正教的)人们对过去的记忆,对于他们来说,俄国并不是“一个陌生的邻国,而是他们神圣的祖国”。瑞典语的讽刺杂志 *Fyren*,将卡累利阿边界比作一条防线,为代表“西方”价值观的秩序、发展、繁荣而战,并用来对抗衣装褴褛的俄罗斯入侵者。关于卡累利阿的纷争已经在很多方面展开了,而不仅仅局限在纪念雕像和纪念日上。经过俄罗斯人和芬兰民族主义者数年的反对后,1908 年,被认为是维堡缔造者的蒂尔基尔斯·克努特松(Tyrgils Knutsson)的塑像终于被竖立在城市里。在他们的眼中,克努特松成为瑞典统治者手下的“强盗骑士”的象征。3 年后,俄罗斯人也搞了一个重大的仪式,在山上竖立起了彼得的雕像,这正是他在 1710 年征服维堡之后俯瞰这个地方的位置。在芬兰独立之后,芬兰的狮子雕像代替了彼得;而在苏联控制时期,彼得的塑像再次被恢复,克努特松则被毁掉了。

规能够通过正常程序得以实现。1912 年颁布的法律使得尼古拉二世的其他俄国子民与芬兰本国公民拥有同样权利，这引起了芬兰人强烈抵制，并导致那些拒绝贯彻这部法律的芬兰官员锒铛入狱。但在 1917 年俄国革命前，这部法律却几乎没有什么机会产生真正的影响。芬兰议会谴责俄方以违法芬兰宪法的方式强迫芬方缴纳一项固定的年度兵役补偿金来满足帝国防务需要，并拒绝选派代表参加俄国务院和杜马。然而，事实证明，与尼古拉二世的其他子民相比，这笔防务上的开销更多地、并且是轻而易举地落在了芬兰人肩膀上。具有讽刺意味的是，鉴于基本由大公国中退役海军军官和士兵组成的芬兰参议院全体的抗议，正是这些人保证了芬兰人承担的款项被限定在了一个最小的范围内。宪法的详细方案最终在 1914 年公布于众，所谓的“俄罗斯化政策”从未得到实施，然而它却作为一个令人生厌的东西时时提醒芬兰人民，如果在战争中保持毫发无损，就不要期望任何来自俄罗斯帝国的承认。正是这个威胁，再加上对大量在芬兰国内出现的俄罗斯人予以支持的尝试，有效地阻挡了任何将俄芬关系拉回到和谐相处的那些岁月的机会。

1909 年后，尽管帝国的利益与芬兰当局在掌控芬兰人政治生活的问题上冲突不断，人们仍然期望改变的出现，特别是在 1905 年俄国革命之后，政府和议会正在寻求契机使得转瞬即逝的机会之窗能够打开。不走运的是，大多数由政府提出的、准备提请议会通过的有关立法的提案，都仅仅是在议会审查议案的阶段便被否决，其主要原因便是政治上的内讧，同时也是由于这些改革措施引起了很多棘手的问题。举例来说，议会中选举产生的代表们比政府更愿意改变那些存在已久的原则，长久以来，这些原则的作用是为了制定那些“当地农民应承担何种负担”的政策，并确保其得以顺利实施。但如果农民不再承担这项负担，就连他们自己也弄不清谁应该出来埋单，或者，这些责任是否应该被完全转嫁给国家。5 个党派中有 4 个原则上支持禁酒令的主张，这也几 154
乎成为芬兰民选代表和独裁政府之间斗争的一个象征。从 1907 到 1914 年，有关禁止生产、出口和销售酒精饮料的议案 4 次在议会中通

图 22 “如果禁酒令真的成为现实……”

“……简(Jean)不再能够靠着天籁般的声音吸引我们。”除了作为芬兰最著名的作曲家，简·西贝柳斯(Jean Sibelius)，在赫尔辛基最有名的酒馆他也是个知名的常客。有传言说，一天晚上，他从酒桌旁突然起身，搭乘晚班火车到了圣彼得堡，指挥了一场音乐会，两天后，他又回到酒馆，竟然希望在原来的位置上找到同样的酒客。凭借卓越的创造力，以及那些能够唤起强烈的民族主义感情的作品(包括1880年的《古勒沃之死》，19世纪90年代的《图翁涅拉的天鹅》和《卡累利阿组曲》，及1899年的《芬兰》)，西贝柳斯在芬兰文化中的那些不朽人物之中确保了自己的位置。作为一个作曲家，他在不断进行着自己的创作，但在1927年创作第七乐章之后，他陷入了沉默，并在他人生最后的30年都是如此。就像这幅由奥斯卡·富鲁耶尔姆(Oscar Furuhjelm)创作的漫画所暗示出的，禁酒令并不为讲瑞典语的“文化贵族”所欢迎。这时，在芬兰生活的另外一些方面，人们将种族和文化的倾向与饮酒的问题联系起来。芬兰民族主义者指责那些讲瑞典语的资产阶级没有让芬兰人民保持清醒的头脑；瑞典人民党的成员则声称，瑞典人没有芬兰人那样的理想主义，他们更加相信个人在自律方面的能力。由此，不满很容易变为争吵，指责也到处发生。一个社会党人和戒了酒的退伍老兵，维诺·沃里约基(Väinö Wuolijoki)，在1921年议会的辩论中发表了一个很长的演说，他针对瑞典人民党人寻求解决“瑞典沿海民族”整日与酒精相伴的问题进行谴责，但在同时，却靠着节酒和禁酒令替芬兰民族疗伤。

过，而统治者每一次却都采取置之不理的态度。最终，在 1919 年芬兰获得独立时，禁酒令才发挥了效力，这还要感谢俄国的临时政府批准了这部法律。

然而，土地问题总是引出一系列最让人头疼的问题：政府的过问、统计和调查，一系列引起轩然大波的收回租地与拒付租金的事件，以及社会民主党人乐意为佃农们伸张正义的主张。这一系列活动使佃农问题成为众人瞩目的中心，然而它却仅仅是更大隐患中的一部分，这个隐患包括农村的贫困问题以及芬兰经济无法为大多数芬兰人提供充足物资和稳定生活的现状。很多小农被迫从一个老旧的小农场迁出，去开辟一片新的边缘地带；佃农们则尽力去追赶农业在技术上和结构中的变化，以满足时代对他们提出的需求，并应对地主强加给他们的劳动量。将近 3/4 的地租是以散工的形式偿付的，在这个过程之中，佃户有时也会使用自己的马匹和劳动工具，在一个农耕年度中最繁忙的季节 156
里这也是地主们一直使用的方法。1909 年的法案，希望提出一个“最少 50 年租期”的方案，却使得已经十分紧张的佃农与地主之间的关系更加恶化。对于地主们来说，将劳役地租平均地分配到全年并在整个租期之中，以空地和房屋补偿给佃农，使他们异常愤怒，并成为终止协议的诱因。一个临时的禁止驱赶佃户的协议被添加在 1909 年法案之中，并在 1915 年得到了再一次修改，这个被公认为是滞后的解决办法，使得这种既不合时宜又不公平的制度得以继续存在。

佃农和无地农民大量聚集起来一起支持社会党人，这些人看起来早已经接受了他们的蛊惑去瓜分土地，而不是听从那些爱国者的呼吁去作出消极抵抗，很多同时代的人把这看做是对芬兰人团结的严重威胁。在 19 世纪中叶曾以忠诚、顺从、惧怕上帝的穷苦形象示人的芬兰农民，在鲁内贝里和托普柳斯的笔下却被表现为粗暴乖戾、野蛮无情、图谋报复的无产阶级的阴暗形象，并由于俄国革命的发生和社会主义者肆无忌惮的鼓动，而变得更加大胆且具有更大的威胁性。“归根结底，这种长达几个世纪的、原始的、令人痛心的对绅士阶层的仇恨，针对 157
的就是那些看起来在国内处境很好、受法律保护的、经常在穷人面前摆摆架子的绅士们”,这是伊尔马里・基安托(Ilmari Kianto)在他的小说《红色的路线》(*Punainen viiva*,1909)里所描述的社会主义者对一个遥远贫困的北方国家中的人民进行的煽动,这一评价得到了很多其他作家的回应,并开始分析从 1900 到 1918 年这个国家究竟出现了什么问题。

在过去的这些年中,帝国统治存在着大量的阴暗面和令人失望之处,由此,在这个国家经常会出现迅速的变化,并引发了很多的不稳定性——基督教的教士和讲瑞典语的精英的地位和威信都出现了迅速的下降,特别是那些精英们,本来直到四阶层国会末期,还牢牢控制着贵族和公民的土地。于是就发生了一场突然兴起的口头上充满挑衅的工人运动,以及一场芬兰民族主义者领导的运动,他们不再满足于仅仅赢得对国家机器的控制,还在寻找机会去挑战已经确立了统治地位的工商业精英们所掌控的经济霸权。不稳定的乌云覆盖了这个国家的政治未来,即使在战争年代,也不会存在任何改变的机会。由于芬兰不是前线,它的年轻人也没有被要求参加俄罗斯帝国军队。机械、纺织和化工业进入了一个快速增长的时期,以满足前线战斗的需求。但是,木材贸易却由于无法进入西方市场而萎缩了。参议院的席位和大部分政府中的关键岗位都掌握在总督塞因所信任的、并由其提名的人手中。随着议会开始实质性地掌控这个国家的政治生活,芬兰开始成为一个政治上僵化的国家。

在芬兰所有政治党派之中,没有哪一个曾经认真考虑过让芬兰成为独立国家这种想法;最普遍的想法仅仅停留在对自治权的恢复。“建立一个独立的芬兰共和国”成为弱小却活跃的芬兰抵抗运动在 1907 年宣称的目标。他们寄希望于俄国革命运动的支持,并声称如果重新出现政治上的压制则将开展恐怖袭击;但在实质上,这场激进主义运动的
158 势头却在大大地放缓,到了 1910 年便已经销声匿迹了。然而,战争却提供了一个新的机会。旧的地下网络靠着早期阶段剩下来的少数激进主义幸存者和新一代的年轻人(大部分是学生)得到了恢复。这些联系是在德国进行的,大概有 2 000 个来自芬兰的年轻人在这里接受军事训练,并作为第 27 皇家普鲁士步兵营在第一次世界大战的东线战场接

受了战斗洗礼。

然而这些活动仍然是边缘化的,很大程度上是不可预知的。1917年3月,当俄国革命正在横扫帝国政权时,芬兰的命运看起来要依靠那些政治党派的作为了,并由一个愿意恢复芬兰自治的俄国临时政府来指派一位首脑。前一年的议会选举使得社会党人在议会中占据了绝对多数(103席),但由于当选议员无法在议会召开会议而变得毫无意义了。一番踌躇之后,社会党人勉强同意加入一个联合政府,一个温和的工团主义者奥斯卡里·托克伊(Oskari Tokoi)则当选副主席。

一个月后,形势变得明朗起来,重新恢复芬兰自治已经变得不合时宜。由于无法忍受俄国临时政府不断拖延对芬兰参议院中各个政治派别作出重新调整,加之受到了正与他们接触的激进的俄罗斯革命者的鼓动,社会民主党人开始公开表示赞成民族自决原则。该党派在6月中旬召开的会议上决定“坚决反对那个阻止芬兰人民发出政治独立呼声的俄国资产阶级政府”,并认为这将获得国际友人的帮助。在民族自决问题上,芬兰社会党人努力希望获得将于两周后召开的全俄苏维埃第一次代表大会的支持,然而大会却建议将芬兰问题的最终解决方案留到全俄国家制宪议会召开时去讨论。芬兰社会党人选择了不去理会这一重要限制,并相信这一奋斗目标将会获得俄国国内逐渐增长的激进主义浪潮青睐,准备就此问题对俄国临时政府发起挑战。6月8日,一个非常谨慎的有关权力行使的议案由上议院提出、并准备提请议会审议,但却在审议时遭到重创,并于一个月后被一个新的、由激进主义社会党人提出的草案所代替,这个草案有效地将最高权力转移到了议会中去。这样,议会就可以做到自行召集、解散,独立决定芬兰的执政 159
权,自由指派大使或是将其免职。芬兰国内所有法律的决定、批准、行使仅仅听命于议会,同时它也决定“在这之前都是由沙皇和大公根据已经生效的法律来决定其他相关事务”。不过,外交问题、军事立法问题以及行政管理问题则被明确排除在外,这说明社会党人很快停止了关于获得完全独立的尝试。

在1917年7月18日召开的议会中,基于最高权力形成的所谓法律,确保了社会党人和数量正在不断增长的激进主义的同情者在议会中占据一个绝对的多数。而事实上,这更是一种希望将芬兰转变成一个议会制民主国家的尝试,而不仅仅是实现完全独立,一些关于“使得法律得以通过的那些环境和场合”的讨论开始变得模糊不清。看起来,在芬兰议会辩论的最后阶段,俄国临时政府好像已经被一场突如其来的政变彻底推翻了,而事实证明并非如此。由于布尔什维克党人起义的失利以及随之而来的混乱,临时政府的领导人亚历山大·克伦斯基(Alexanda Kerensky)的权力得到了巩固和加强,他从未想过要屈服于芬兰人的压力,并下达了解散芬兰议会、重新进行选举的命令。他们吹嘘道,社会党人曾做了几次没有效果的抗议,但在最后还是乖乖地听从安排,参加了 10 月的选举。

选举中最主要的胜利者是农民党,他们的得票数比 1916 年增加了 70%,并赢得 7 个新的席位。社会党仍然一枝独秀,拥有 92 个席位,但却失去了绝对多数;另外,他们面对的是一个更加坚决和怀有敌意的资产阶级集团,希望修订法律、并对议会的权利提出要求。这年秋天,所有社会党代表都已经从政府中退出。曾经坚决反对赤卫队再次出现的社会民主党,现在却认可工人组织的建立,并对由工会发布的一系列命令给予支持,这对于一个摇摇欲坠的政府无异于最后通牒。在芬兰,通过工人运动已经成立了一个革命委员会;这个组织内杰出的理论家奥托·库西宁设计了一项要求单独掌权的计划;继而,当地布尔什维克党人也开
160 始敦促芬兰社会党人去制造革命,并在 11 月 13 日开始的一次为期两天的总罢工中发表宣言,主要的公共建筑已被占领,主要领导人也已经遭到赤卫队逮捕,这一切似乎都在表明,芬兰左翼政党已经准备跟随布尔什维克走上革命道路了。然而,有证据表明,这个过程自始至终充满了不稳定和混乱。在 1918 年后,奥托·库西宁成为芬兰共产主义的领导人,他责备这个党在 1917 年 11 月后“被引诱到了议会民主制的幻境之中”。不过在那段时间,他首先表明任何攫取国家政权的举动将会是危险的,局势的压力应由其他方式化解。但是看起来,他能够接纳由罢工引发出来的一条理念——只有工人的力量才是保卫民主的唯一途径。

现在,当社会党人选择准备将最高权力更多地授予议会时,遇到了保守派的挑战,这个挑战利用了 1772 年政府法案的条款,构想了一个摄政会议,以作为这些权力暂时的持有者。社会党人使出了拙劣的伎俩,确保后来的提案在 11 月 8 日的议会获得通过;之后,社会党人又作出了与农业党人合并的努力,以保证这项基于最高权力(同时又忽略了任何有关外交和军事的事务)的法案在 11 月 15 日再次得到确认,并将其作为一种推行“地方政府选举权的改革”和“48 小时工作制”的方法。现在,议会多数派的态度在是否要组织一个强力政府的问题上摇摆不定。罢工带来的混乱、不守纪律的俄国军队在芬兰的继续驻留、缺乏一个有效的警察机构,以及因俄国革命引起的并波及芬兰的混乱所造成的威胁,使得除社会党人以外的党派集合到斯文胡伍德这个消极抵抗的老手身后,他允诺将采取强有力的措施重建社会秩序。在 11 月 26 日,这是芬兰历史上第一届、也是唯一的一届由议会任命的政府(由斯文胡伍德领导)。在慎重考虑之后,左翼党派放弃了夺取权力的想法,这主要是由于他们无法从纯粹的社会党政府那里赢得超过半数的支持,尽管他们在彼得格勒成功地为“使苏联认可芬兰的独立”开辟了道 161 路,但事实上,却被一个决心在任期内严格执行法律和保持社会秩序的政府逼进了政治孤立的境地。

社会党人赞成独立,但对于是否应该通过与苏联磋商来实现这个目的存有争议。斯文胡伍德勉强接受将其作为得到外国承认的必要前提条件,并于 1917 年末前往彼得格勒去接受苏联人民委员会承认芬兰共和国主权独立的决议书。但俄国军队在芬兰领土上继续驻留,使斯文胡伍德相信,德国是保障芬兰独立的最大希望。由他所开创的两国之间的接触最终促成了一系列协定的签署,并在第一次世界大战最后一年将芬兰置于德国影响范围之下。由德国训练的军队耶格尔营被寄予厚望,将作为新建芬兰军队重要的组成核心,送他们回国的计划被推迟了,政府不得不依靠前俄罗斯帝国军队的军官,比如卡尔・古斯塔夫・埃米尔・曼纳海姆(Carl Gustaf Emil Mannerheim)将军。1918 年 1 月 15 日他被赋予组织军队的工作,这是由议会在三天前授权的。

社会党人对此持有非常大的异议，以为这将把不同的白卫军组织转变成政府的武装力量，并意在发动对工人阶级的战争。[1]

社会民主党正感受着来自赤卫队越来越大的压力，后者对叫停罢工的决定大为光火。由于明显缺乏对于革命的热情，又受到斯文胡伍德政府限制而无法从政治孤立的状况中自拔，社会民主党领导人开始转向与赤卫队和解，并再一次考虑要夺取政权。关键人物是于尔约·西若拉(Yrjö Sirola)，他相信这个国家现在正萌发一种革命的形势，再一次抛弃革命大众将无异于道义上的自杀。他的分析，加上赤卫队和白卫军在维堡附近的争斗日益激烈，以及官方在1月25日确认白卫军是政府军的声明，推动了社会民主党委员会接受了成立五人革命委员会来乘机夺取政权的建议。

162 左翼党派在1月27、28两天晚上开始实施夺取政权的企图，曼纳海姆的军队开始包围并解除了驻守在波的尼亚的瓦萨地区俄国部队的武器，而同时，斯文胡伍德政府一些人已经能够证明自己有能力在这些地区立足。[2] 随即而来的便是内战的全面爆发，并大概持续了三个月。赤卫队控制了芬兰南部大部分地区，其中包括图尔库、坦佩雷、维堡以及赫尔辛基这些主要城市。尽管在数量上占据优势，他们却缺乏训练和领导(俄国驻军的支援可以说是微不足道的)，同时他们也没有任何总体上的明确目标。赤卫队的指挥官在1月末制定的战略是防御性的，并将一条重要的横贯东西的铁路线拱手让给了白卫军去控制。社会党领导人声称他们是为了保卫民主、反击黑暗势力而战。芬兰人民委员会在1月29日成立，但是除了声明将解除佃农对于地主的义务之外，他们并未打算进行任何激进的社会改革方面的尝试。在这场冒险的整个过程中，都充满了悲观和怀疑的心态。一个在芬兰人民委员会中突出的激进分子，在其后来针对此事的指责中，作出了非常准确的判断，他把这段时间看做是一段时运不济的插曲，人们仅仅需要忍耐而不

① 1917年夏，许多这种组织发展起来，作为对乡村地区发生的罢工的回应，他们被其反对者赤卫队称做“屠夫”。

② 斯文胡伍德自己隐藏起来，并最终登上一艘扫雷艇穿过芬兰湾逃亡海外。

需做任何事情,以防对资产阶级的民主产生扰乱。

白卫军一方的目的则非常直接和简单,即击垮叛军、重建合法政府。曼纳海姆建立起了一支能够有效地进行作战的队伍,并由富有经验的前俄罗斯帝国军队军官指导,并因瑞典军队中志愿者和耶格尔营的到来而得到了加强。进攻从 3 月展开,并在 4 月初随着以工业城市坦佩雷为目标的进攻得手而结束,这被认为是战争决定性的转折点,加之受到瓦萨地方政府代表的邀请来芬兰的多支德国部队已经在南部海岸登陆,使得白卫军一方想要解放整个国家的想法进一步得到了实现。这些部队在 4 月中旬夺取了赫尔辛基,于 5 月 5 日与曼纳海姆的军队成功会师,并一起清剿几股残余的红色抵抗力量。

可是,获胜的白卫军却很快由于意见分歧而分裂了。由于认为政 163
府在与德国人讨论重新组建芬兰军队的问题上使国家利益处于危险境地,曼纳海姆在指挥了在赫尔辛基举行的庆祝胜利的阅兵式之后不久愤然辞职。战争中,在他司令部中操瑞典语的和有帝国军队背景的军官就曾与耶格尔营的军官出现了激烈的对峙。当军队中九成的芬兰军官以辞职作为要挟,“除非政府将军队中所有在爱国主义方面受到质疑的因素,或是那些在头脑中根深蒂固的持有俄国军队的观念、精神、习惯的人”清除出去,这几股力量的冲突终于在 1924 年停止了。现在,靠着白卫军军队强有力的支持,在正式得到认可的议会中,耶格尔营的军官们,这些在国内战争时期保持着白色芬兰价值观的捍卫者们,取得了胜利,并从 20 世纪第一个十年开始有效地控制军队。

曼纳海姆突然从公共生活淡出被认为是暂时的。1918 年末,德国的战败使得任何有关将黑森(Hesse)大公国的腓特烈·卡尔(Friedrich Karl)亲王扶植成为芬兰皇帝的设想化为泡影,这份荣誉是本来由一个亲德的政府以及在一个残缺的议会中占据微弱多数的君主主义者准备给予他的。曼纳海姆已经同意压制芬兰的原有立场以求得同盟国政府对其重新认识,同时他已经明确地被确定为斯文胡伍德的继任者,成为国家的临时首脑或者摄政官。1918 年 12 月 12 日,在得到了残缺议会中大多数议员支持后,他做到了。在 1919 年 3 月的大选中,人们看到了社会党人重新出现在议会中。议会选举出一届新的且不再亲德的政府,以进一步获得第一次世界大战中取胜的同盟国一方的认可,并最终在 1919 年 5 月 3 日在巴黎召开的外长理事会上达成谅解,这次会议是

164

图 23　芬兰摄政曼纳海姆将军批准了政府 1919 年的法令。

政府的法令在 1919 年 7 月 17 日得到通过,并在之后的 80 年一直发挥着效力,最终被 2000 年颁布的新宪法所代替。在自治时期,18 世纪的瑞典基本法构成了芬兰立宪主义者的立法基础。1917 年,由古斯塔夫三世(Gustave Ⅲ)早在 1772 年颁布的政府法令,被芬兰人用来构建自己的摄政统治。1918 年,芬兰宣布由黑森大国的腓特烈·卡尔来担任摄政这一职位。1917 年 3 月,芬兰参议院成立了制宪委员会,并由其负责起草一部新的宪法法案。到了 10 月,一个由俄罗斯和芬兰人混合组成的委员会提议:是否可以考虑与俄国人保持一个最宽松的关系,让芬兰人拥有一个自己的领导者来行使大部分国家权力,而到目前为止,这些权力仍然掌握在俄国统治者手里。布尔什维克在 1918 年 11 月夺取了政权。1917 年 12 月 4 日,由斯文胡伍德签署的对于拥有国家主权的声明,更是割断了与俄国的最后一丝联系。随着德国的战败和腓特烈在 1918 年 11 月拒绝接受芬兰王冠,确保了芬兰的共和国政体,而不再是君主制。宪法为这个国家提供了一个领袖,或者说是总统,并拥有相当大的权力。在这个角度上,它不同于波罗的海国家所编纂的那些宪法,或是芬兰的赤色分子在 1918 年提出的想法,在那些设想中宪法的权力是牢牢地掌握在议会手中的。曼纳海姆坐在桌子的末端,在这次会议之后不久,便在第一次总统选举中被自由派的斯托尔贝里(K. J. Ståhlberg)击败了。作为制宪委员会的主席,斯托尔贝里对于这部政府法令负主要的责任。摄政官和政府官员都坐在参议院举行全体会议的会议厅中。原来放置在桌子上首的皇帝宝座被移走了,但是亚历山大一世的肖像仍然挂在原来的位置上。

为即将召开的巴黎和会作准备。然而,俄国国内持续混乱留下了很多悬而未决的问题(我们可以参看第六章),苏芬之间在1920年签订的和平协定更像是一个关于两国剥离问题的更加务实的清算,而非一个友好邻邦关系的基础。

曼纳海姆作为摄政官的短暂任期内多生变故,同时,国内政坛也一直显现出持续分裂的趋势。将军深深地卷入了由一群俄国流亡者中的政治家和士兵谋划的对彼得格勒发起一场突袭的计划之中。政府发现 165
俄国流亡者始终拒绝无条件承认芬兰独立,基于同一原因,也不愿意承认芬兰军队。为了强行实施这一计划,上述这群政治活动家开始靠近曼纳海姆,敦促其在议会批准新宪法之后将其解散,并利用这段空白的政权过渡期向苏俄宣战。一番踌躇之后,曼纳海姆拒绝了这一方案。他批准了宪法,但作为代价,在1919年7月25日议会举行的第一届总统选举中,以右翼少数派候选人身份参选的他承受了失败。

尽管包括社会党、农民党以及其他改革派在内的支持共和政体的党派在议会中占据了一个稳定的多数,由此保证了他们在创建新的芬兰宪法时能够获得一个毫不费力的胜利,卡洛·斯托尔贝里(Kaarlo Ståhlberg)为期6年的总统任期却并不容易。他需要平息军队中公开表示出的不满,同时还要反击来自激进主义分子对其进行的人身攻击。曼纳海姆再一次隐退,但仍然在幕后操控,实施着自己的政治计划,这在一定程度上使人联想起另外一位战时的军队领导人戴高乐将军。在激进分子面前,比如后来成为他的知己兼传记作者的凯·唐纳(Kai Donner),曼纳海姆一直以标志性人物的形象存在,人们对那个看起来软弱和有缺陷的民主主义感到失望,认为它没有能力实现他们那个"将乌戈尔语族(Finno-Ugric)人民从苏联统治的枷锁中脱离出来,并构建一个更伟大的芬兰"的构想。不过,对于另外一些"白色芬兰"坚定的支持者们来说,他是一个来自过去的人,拥有贵族的血统,长期在帝国军队服役,与那些缺少管教的芬兰人截然不同。1921年,他的政治诉求显露出局限性,当时,他的同伴希望借助一场政府和军队关系上的危机,将曼纳海姆推上白卫军总司令的宝座,这个设想却在实际的实施过

166 程中被新一代激进主义分子用阴谋策划阻止了，在 20 世纪 20 年代，他们之中最为闻名的便是右翼学生政治派别的领袖埃尔默·凯拉(Elmo Kaila)，他急切地想要将军队中所有带有俄帝国背景的军官清除出去。当总统斯托尔贝里明确表明将不会支持曼纳海姆之后，本来已经一致同意选举曼纳海姆作为司令官候选人的白卫军代表会议很快作出了让步，并同意让原贾格尔营的军官劳里·马尔姆贝里(Lauri Malmberg)取而代之。

埃尔默·凯拉是卡累利阿学会(AKS)的创始人之一，也是学生秘密社团“仇恨的兄弟”最鼎盛时期的领袖人物，这个组织宣扬的是一种恶意的、坚定不移地对所有俄国事物的痛恨。在一场针对苏俄布尔什维克统治者的暴动失利之后，从东卡累利阿逃离的大量难民得到了卡累利阿学会自发的救济。自此，卡累利阿学会在学生们的心中成为最重要的舆论阵地。在以后 20 年中，这个人才辈出的学会中走出了很多人，他们开始在芬兰的政治生活中身居高位。卡累利阿学会囊括了精英、独裁者、民粹派的成员以及民族主义传统的激进派，他们热烈地(有时会是挑衅式地)鼓吹民族主义，同时又迫不及待地批评那些希望与老一代政治领袖们妥协的意愿和谨慎的做法。但从 1924 到 1928 年，民族和解的想法逐渐占据优势。20 世纪 20 年代，在卡累利阿学会中居于领导地位的那种意识形态的拥护者尼洛·凯尔基(Niilo Kärki)谈道：“要想让芬兰人民中最低阶层在生活水平和文化上得到提高，只有依靠一个讲芬兰话、以芬兰人的思维方式去思考、并且受过良好教育的阶层，这些人不会对普通的百姓表现出那种高傲的蔑视，而只会认为他们之间是血脉相连的”。为了达到这个目的，卡累利阿学会号召在大学中推行“改名换姓运动”，并建立起共同的道德标准和社会准则以结束高层统治者与芬兰人民之间的隔绝状态，学会声称，正是这种隔绝在 1918 年将国家拉进了内战。对芬兰民族融合的强调，导致了一场分裂在 1924 年发生，那些支持民族警觉性的学者先是纷纷转头离开去构建自己的小团体，进而在面对跨越边境的红色威胁时，他们先是作出了让步，接着反而要求去保卫白色芬兰，使得这个政权在 20 年代末免受国内敌人的攻击。

人们不再需要一种“包含一切、整齐划一”的民族主义或是“在讲芬

兰语的人群中寻求建立一种文化上的霸权主义”，因为这将“预示着重 167
新揭开内战伤疤的危险”。在某种程度上，这是由于人民逐渐增长的对政党政治的觉醒，以及在与农民党和社会民主党协商时，都没有能够达成有成效的成果。两党都宣称将代表广大芬兰人民说话，而不仅仅是受过教育的精英们自己——农民党人和社会民主党人。社会民主党人很快回到议会中，并愿意认真考虑加入政府，以帮助议会政治保持一个稳定的平衡。在另一方面，农民党人和改良主义者不愿考虑与一个正在寻求机会对白色胜利者的正统性发出挑战的社会民主党进行联合。社会民主党要求废除准军事性质的白卫军，并要求颁布针对所有政治犯的大赦令，以有效地阻止出现一个作为多数党的中左联盟政府在20世纪30年代末上台并长期把持政府的可能性。贯穿整个20年代的几届芬兰政府都是短命的，本不稳定的政党联合由于党派和个人的分歧更是经常出现分裂的结果。尽管政府也制定了一些有价值的、得以长期延续的社会改革措施，比如已经制定的土地问题的解决方案，但若考虑其他问题，比如公用事业的规模和工资，以及长期令人头痛的大学重组问题，在一定程度上，这些都会使所有党派产生一种普遍的挫败感。

在内战发生10年之后，芬兰国内受到鼓动掀起了一波反共浪潮，这便是“拉普阿”运动，运动威胁到了这个年轻共和国的民主和宪法的基础。当然，这并不归因于那些寻求机会指引运动发展方向的人们，在个人和党派两方面上的衰落，运动靠着一个天然的混合物来提供动力：乡下人褊狭的爱国心、宗教原教旨主义以及酒精对人们的催化作用都在发挥着效应。不过，关于芬兰为什么没有像其他一些新兴欧洲国家那样放弃民主而走上专制道路，仍然有许多其他原因。其中最重要的一点是，由19世纪就已经开始出现并随着历史发展不断成熟的芬兰法律、政府机构以及相应的实践行动这一切所构成的大厦的基石是稳固且有强大复原能力的。从这个角度上讲，芬兰人的经历是明显不同于俄罗斯帝国其他部分的。在其他附属于俄国的地区，帝国被看做是一
个外族的、暴虐严苛的形象；而在芬兰，它则被认为是自由的守护者。 168
尽管在过去15年中，发生在芬兰的俄帝国强权控制的事实或许已经使

得上述期望变得渺茫,但至少还没有完全破灭。1919 年的宪法展望了一个这样的国家:将许多原来为帝王所拥有的权力转授予总统,总统任期 6 年一届,由选举团投票产生。新宪法在作为最高权力持有者(并拥有广泛的权利)的总统与政府和国务院之间做了一个明确的划分。[①]这个划分一直沿用到了世纪末,直到新的宪法将政府权力与总统权力以及一个国家委员会的权力——其成员得到了议会的信任——置于平等地位。尽管相对于两次大战之间的年代而言,强大的总统权力是第二次世界大战后芬兰政治的一大特色,然而也有那么几个时期,特别是 1939 到 1940 年这段时间,权力不是由总统而是国务院明确负责实施,同时这种职能带有一种准帝王性质,使得人民给予了它一种尊重和爱国主义式的崇敬;这是那些选择了"议会权威至高无上"的芬兰南部邻国所未能给予它们政府的。

这个独立国家追寻的是一种渐进变化而非那种彻底的颠覆。它是从传统领土框架之内独立起来的(其他一些新兴国家是从已经不复存在的帝国疆土上划分出来的,如波兰和捷克斯洛伐克),并拥有自己最基本的国家结构:职能机构、法律、货币以及有一定文化程度的同种民族的特定人群。尽管共和主义在芬兰人中没有产生什么共鸣,但一种类似帝王的国家元首的出现却有效地打破了任何对皇室传承仍然抱有的幻想。当然也会有分歧,有时甚至会产生强烈的竞争和敌对状态。在内战中失利一方(甚至是他们的孩子)的境遇,最好也就是在持续监视下获得缓刑。但也有人认为,应该迅速采取措施来愈合内战的创伤。1918 年,国防部在其印刷的手册中明确表示:"无论付出多大代价,我们也应使国家迅速进入这样一种状态:只要有任何能够威胁到我们国家的危险,每一个芬兰人会有想法、有能力将其击退。"里斯托·阿拉普罗(Risto Alapuro)在他的微观历史学著作《独立芬兰的诞生》中表达出

① 总统这些特权包括当需要时下令提前解散议会和召集新选举的权力;向议会提出立法建议和批准议会通过的法案;在和平时期担任武装部队总司令。政府成员和高级官员同样由总统任命。

这样的观点,“这种威胁来自外部的危险”,作为促成国家统一的代价,此 169
观点迫使胜利的白色一方接受了签署协定的办法。“分歧是令人担心的,但分歧并不意味着他们会被简单的拒绝或是否认……他们会得到更多的同情和理解,因为我们知道,无论如何,我们要与这些人一起生活。”

在其他一些事情上,人们也做到了团结一致,尽管他们并不总是能够有这样的表现,直到 1939 年冬天的一场影响到国家独立的危机发生;抑或因为这些特征本来就是不言自明的,就像归属感一样,所以不需表白。这种归属感,或许最好由瑞典族裔的少数民族,以及在内战岁月里那些支持共产主义者的人们加以阐明。上述两类人是引发大量愤怒和伤害发生的主要原因,特别是因为它们看起来对大多数人的意愿发起了挑战——瑞典族裔的精英们看起来拒绝在这个国家的文化界和金融界接受那些次要的(还暗含着低声下气意味的)职位,而共产党人则立场坚定反对任何“白色芬兰”所拥护的事物。两者的行为都被指责为“不忠于祖国”。那些瑞典族裔的民族主义拥护者则更加直率,他们使用了一种显然是种族歧视的语言,将大胆、决断、热爱自由的“东瑞典人”和消极、文化上落于人后的芬兰人进行比较。在独立之后的几年,当奥兰群岛上正在进行着关于“与瑞典结盟的议论”之时,代表芬兰国内瑞典族裔的少数民族的瑞典语报纸早已好整以待,预备在双方就大学里出现芬兰化问题进行争论出现不快时,进行干预,这使得芬兰民族主义者更为愤怒,然而却也远未达到下面这件事造成的出奇糟糕的程度——芬兰族裔和瑞典族裔中支持白色政权的人总是不停地谴责那些没有信仰又靠不住的赤色分子,指责他们对于一个仍旧是非法的、且寄居在苏联国境内的芬兰共产党表示忠诚。无疑上述两个例子已经表现出了一个趋势,即将少数派边缘化为不爱国的局外人,但它没有成为一个将这些人永久排除在国民大众之外的尺度。[①]

瑞典族裔的少数民族不希望被孤立,他们开始满怀热情参与新共

① 然而,共产党一直等到 20 世纪 60 年代,由于总统急于制造一个将会广泛支持其针对苏联的和平共处倡议的中左联盟,故而对其爱国主义可信度有了某种官方认可。

和国的政治生活。在这个新的芬兰国家中,目前正流行着这样的提议,
170 为这个在语言上有区别的少数民族制定单独的行政规定。这个观点是由令人生畏的拉贝·弗雷德(Rabbe Wrede)在1919年的一次福客汀会议——即芬兰的瑞典人会议——上所力主的。他宣称,无论是从地理原因或是历史原因考虑,生活在芬兰的讲瑞典语的居民都有义务与讲芬兰语的居民共同生活:

> 我们应该这样讲,是瑞典人创造了今日之芬兰及其文化,在我眼中,瑞典人对于芬兰人的生活所作出的贡献,即便是在将来也是至关重要的。可这并不是说只要我们建立了一个如我们所愿的瑞典人的芬兰,芬兰人的芬兰发生了什么就与我们无关,这将是一个巨大错误,因为我们是与芬兰人的芬兰紧紧绑在一起的,它的幸福就是我们的幸福,它如果遭遇不幸或是毁灭也就意味着我们的不幸或是毁灭。

20世纪20年代芬兰周边的环境限制着芬兰的政治轮廓,它保证了瑞典族人民能够在政府和议会中发出声音、施加影响。作为一个党派,它很特别,有时会与右翼分子形成一种不稳定的联合,这些右翼分子对于议会民主制和曾经在某一个阶段组成了自己的议会团体的自由主义者们仍然有相当的保留;但是作为一个压力集团,它在致力于保护瑞典族裔少数民族所应获利益方面的工作卓有成效,并为这个国家政党政治体系开拓了新的领域,带来了良好效果。

很难用事实证明,共产主义能够成为芬兰政治景观中的一部分。当然,它的政治对手会将其视为一个邪恶的、受到俄国人鼓动的学说,因为1918年叛乱失败后被迫痛苦流亡的那些领导者们正依靠它来鼓动人民。然而,那些被共产主义所吸引的人,并不会因其是外国人或是被认为无爱国心而轻易地被驱逐。归根结底,他们都是无可否认的芬兰人民,几十年来,这个民族已经将全部身心寄托于芬兰民族主义大业当中。就如瑞典族裔右翼分子诗人贝特尔·格里彭贝里所指责的那

样,在这几年里,先是毫无责任感的民族主义者,后是社会党人,已经将芬兰人民刺激得兴奋异常,从而特别易于接受诱人的布尔什维克主义的诡计花招,这对于那些在芬兰人阵营中的人士来说是一件令人耻辱难堪之事。尽管这些指责随即遭到了愤怒、粗暴的驳斥,但随着内战的结束,在这些年中,人们已经有了相当多的自省:芬兰人中存在的可以感知的不成熟以及缺少精神基石,同时也不乏处理这些事情的补救办
法。作家沃尔特·基尔皮(Volter Kilpi)也曾做过这样的描述:“未开 171
化、背信弃义、多疑、毫无希望加上卑贱的报仇欲望”,凡此种种恶劣的特征都流淌在我国人民的血液中,就像一个潜伏的野兽,只有由一个稳固且有权威的政府加上充满活力的社会改革才能使其得到有效控制。社会党人和禁酒令的强烈支持者,韦伊内·沃永马(Väinö Voionmaa)相信,“在政治领域和社会层次中严重缺乏精神文明支撑的芬兰人民”需要“清教主义以及一些艰苦的锻造”,这些是不能由瑞典族裔精英们来提供的,他们只能提供“一种雅致的、利己主义的、贵族气派的、与庶民之间的隔绝”。说到共产党,自然有人会想到粗鲁、愚昧、令人恐惧、甚至是某些人心中的痛恨之物。尽管在一些人眼中是存有误解的,共产党人仍然是一个芬兰的现实存在,不能被描述成魔鬼或者外来种族或文化。举个例子,很明显,不论是基尔皮还是沃永马都谈到“我们的人民”,而那些原本有关人民的不引人注意的因素现在都已经成为引人瞩目的了。

芬兰共产党是在 1918 年 8 月由一群流亡的红色领导人在莫斯科建立起来的。带着刚刚改换信仰的热情,它拥抱了革命,猛烈地抵制由议会制定的针对老式工人运动的稳健方案,并催促芬兰的无产阶级去抵制 1919 年 3 月进行的议会选举。然而,大量的这种呼吁却被人们忽略了。获得再生的社会民主党保持住了其成员的忠诚和选区。尽管作为内战的一个后果,它丧失了大量党员,但是到了 1919 年末,其党员人数又达到了从未有过的峰值,6.7 万人。在选举中,100 万选民中的1/3把票投给了社会党人。但在 1919 年的夏秋之交,对党内领导人中温和派的不满开始浮出水面。与此同时,还滞留在苏联的几乎毫无执政经验的芬兰共产党则陷入了一场两败俱伤的争论。芬兰工人运动的最后

分裂立即与内战后的芬兰的问题关联起来;但它绝不是由从莫斯科来的特使们策划的,比如库西宁。

尽管左翼党派想尽办法要控制一定数量的协会和地方党派团体,但在实际上却没能做到。1920 年 5 月,86 名代表在赫尔辛基集会,筹建社会工人党(SSTP)。在三年之中,社会工人党已经号称拥有 23 666 名党员了,仅比社会民主党少 4 000 人。在 1922 年的议会选举中,相
172 对于社会民主党拿到的 25%的选票,它获得了 14.8%的选票。1923 年 8 月,官方当局突袭并逮捕了 27 名社会工人党的负责人和成员,并扣押了党产。在这之后,左翼党派在同盟的工人和农民的掩护下,继续开展活动,并使得其在议会中的席位从 1924 年的 18%增长到了 1929 年的 23%,并紧紧控制了工会运动,但在整体上却使整个工人运动遭到了分化和削弱。

那些所谓毫不妥协的左翼所具有的特征,即老式工人运动所坚持的、决不让步的、有关阶级意识的革命理论正在逐渐消失。由于没有冠以“共产主义者”的名称,使它避免了遭到立即镇压,但实际上,社会工人党却远远称不上是一个布尔什维克式的政党,甚至不知怎样才能成为这样一个政党。分裂导致工人运动中出现了深深的裂痕,并一直持续几十年。虽然在图尔库和赫尔辛基的城内和周边,以及南部特定的那些工业比较集中的地区仍然有共产主义者们的据点,但大片在内战中遭受严重损失的“红色”政权的中心区域,仍然保持了对社会民主党的忠诚。原本在这个国家的北部和东北部,老式的工人运动并没有建立起来像它们在南方拥有的那种经济、政治方面的优势,而现在,决不让步的左翼成功地将社会民主党人推到一旁,抓牢了大多数工人组织和大部分选票。在某种意义上,这种发生在“落后的边远地区的”共产主义,更像是最后一场得到了贫穷和愤恨支持的、激进的工人运动。北部芬兰农村中的最下层阶级总是生活在与世隔绝的、贫瘠的农场里,到了冬季便只能在森林里讨生活,忍受着对他们劳动力的原始开发,与莫斯科所期望的那种有党派意识模式的共产主义者相去甚远。关于这片广阔和脆弱的地区,最常见的主题便是贫穷愚昧的人民、缺少学校、普

及读物——除了本地的共产主义报纸——或是任何能够为大力宣传爱国主义价值观服务的事物。总的结论就是,这里有一个高于一切的需要,即赢得这些人的思想和心,而不仅仅是残酷镇压。

同样的担心,导致了在教师、教士和官员之中对这方面的讨论变得 173
异常活跃。令人醍醐灌顶的内战经验使人们反文化的态度变得缓和了,这种态度曾经于20世纪第一个10年在知识阶层盛行一时。芬兰国内首屈一指的研究尼采哲学的学者沃尔特·基尔皮在他1918年发表的对未来的判断中,力主将路德宗教义作为这个新国家的精神基石;而另外一个重要的战前激进文化的代表,L. 奥内尔瓦(L. Onerva)在1918年5月也不得不承认,人民现在需要"教会学校来提供完整的小学教育"。教会负责人,比如劳里·英曼也认为对基督教信仰及其价值观的持续诋毁,在反对派煽动反叛时起到了间接推动的作用。年轻的教会活动家们希望将教会提升到祖国道德脊梁的高度,并愿意积极地致力于政治活动以作为1922年大选的前奏,当时,成功的民族主义运动已经保证了受教派控制的宗教教育成为学校必修科目。少数教士,受到国外例子的启发,就如在英国开展的"港口定居点运动",作出尝试去弥合与工人阶级的矛盾;但是大多数人仍然保持了对于工人运动的怀疑和敌意,以及对两样东西的强烈渴望:一个是强力的领导(教士们是君主制度热情的支持者),另一个就是对个人在道德和法律上的严格控制,就像在公共生活领域进行的那样。

教师和督学们在公共场合大多出言谨慎,他们更愿意将目光集中在实际问题上,比如吸引具有良好素质的人员迁居到遥远的(政治上又是敏感的)地区。他们更加乐观地将信心建立在1921年引入国内的义务教育的基础上,并将其作为愈合内战伤痛的途径。但所有的人都不安地发现,就像一位教师在1921年坦佩雷召开的一次小学教师会议上所提出的问题那样:

> 很多孩子的父亲和亲属都背负着叛国者的罪名,这种遗留下来的痛苦影响到了孩子们。在这种情况下,保持沉默是最明智的,

> 但在有些时候，仅仅做到这些是不够的。伤痛的影响仍在继续，将
> 真相作为一种刺痛性的药物，其功效尚待检验，但要记得我们这样
> 做是为了爱，我们的承受是为了真相，我们的斗争是为芬兰的自由
> 而进行的一场最大的战役……就我们目前的社会环境而言，大多
> 174 数的小学生都属于工人阶级家庭，这是一个生活在悲惨的环境中
> 的混杂群体，很难期望能够培养出对祖国的热爱。这是一个我们
> 应当付出努力和施加影响的群体，但是该怎样做呢？

在内战中失败一方的那些人，有着一些不平凡的经历，我们看到了一些完全不同的事情。一种遭到排斥和不公待遇的强烈感觉在 1918 年运动发生之前的记录中被发现；现在，这种感觉又因（由白色恐怖和优越主义者构成的）白色芬兰所带来的痛苦记忆而得到了强化。红色囚徒们在沙滩和采砾场被枪决，拒绝为死者建立纪念碑的请求，这与给予胜利者一方的阿谀奉承以及用来对白卫军战士们的爱国英雄主义表示崇高敬意的公共纪念碑形成了鲜明对比。虽然工人阶级要想全面参与为议会选举投票还存在很多障碍，但民族团结仍然是大多数人所渴望的。捍卫此观点的一方保留了社会党人的自由，但雇主们拒绝将工会作为正式的谈判伙伴，工人的活动常常遭到警察的近距离监视。左翼党派继续发展其具有芬兰特征的特殊形式的工人会堂和体育运动。对于阶级文化派、大众派和“新派”女人（或是男人）来说，芬兰的工人运动在很大程度上仍然是毫无方向的，他们更喜欢纯粹的仅仅涉及歌唱和诗歌的小型音乐会、“乡巴佬”的游戏，以及大量资产阶级对手们也同样喜欢的运动。

这时出现的一些变化，使得内战的伤痕得到了逐渐愈合。20 世纪 20 年代早期的土地改革逐渐提高了生活标准，市场经济得到发展，甚至对小农都产生了影响，再加上一个流行的大众文化的出现，将这个国家中不同语言、不同阶级的人联系在了一起。到了 1938 年，20 年前的经历不再和人们的日常生活有直接联系（人们确实用了太长的时间才犹豫地迈出了这一步，工人们和资本家终于一同出现在了运动场上）。

然而在 20 年中的前 10 年，记忆仍然是很鲜活的，拉普阿运动更是

175

图 24　白色英雄的不朽石像:为了纪念牺牲的人,竖立在拉普阿。

这些怀念逝者的纪念物很少能够站在一个中立的立场上。那些在 1918 年的"自由之战"中为了白色政权一方牺牲的人,都被赠予了一个非常气派的英雄陵寝。这尊雕像矗立在拉普阿城中,这是当时白色政权的中心地带,向那些守卫"我们的家园和信仰"的牺牲者表示敬意,是这些人用自己英雄的行为挽救了人民,使他们免受奴役。被击败的红色一方拒绝为自己一方的逝者树立纪念物,这些逝者中的很多人是被枪杀的,这被他们视为阶级斗争的后果。在农村,这里的每一个人都知道,很多积极参与这场战争的人对于它都留有痛苦的记忆,而这种记忆一直保持了很多年。内战期间,芬兰在很多方面都是一个分割对立的社会。那些始终忠于左翼的人士掌握着自己的报纸、娱乐节目和运动俱乐部;那些打破了等级界限的人——加入了一个"资产阶级"俱乐部,或者更严重,成了工贼——作为阶级的背叛者遭到排斥。

使得痛苦的记忆复苏了,甚至在某个阶段一度威胁到了芬兰的议会民主制度。拉普阿是波的尼亚南部的一个小镇,这个地区有着铁血独立的强烈意识,其传统甚至可以回溯到 16 世纪的起义,并因最近内战中 176
的经历而得到加强。波的尼亚地区拥有不动产的小农都很兴奋,作为芬兰化真正精神的支持者，他们非常乐意履行其神圣职责。一群遭到误导的年轻共产主义者本来计划于 1929 年 11 月末在拉普阿召开集会，结果遭到了当地居民的围攻和痛打，这件事在非社会党人控制的区域广为称道，并被认为是义愤填膺的爱国者所作出的正义反应。由“拉普阿人民”签署的镇压共产党人所有活动的命令也得到了广泛的拥护。白色的芬兰似乎遭到了高涨的共产主义的威胁。夏天的选举使得 23 名共产党人回到了议会。在工会中，共产党人同样非常活跃，它的会员已经从 1925 年的 50 472 人增长到了 1928 年的 90 231 人，并被敦促要加强阶级斗争，为即将到来的、由共产国际所设想的革命作出准备。这个新兴国家与它的东方邻居之间尖锐的政治关系渲染了两个持久的工业上的争端；克赖顿-伏尔坎(Crichton-Vulcan)的造船业因一场从 1927 年末开始的、长达 7 个月的罢工遭到了沉重打击，本来芬兰政府已经下令在这里建造潜艇。而从 1928 到 1929 年发生的全国性的码头工人罢工，则影响了芬兰的木材出口；与此同时，苏联正在市场中大量抛售其廉价的木材，为国家工业化的第一个五年计划积累资金。由于连续收到针对那些忠诚于政府的工人而进行的“工厂恐怖主义”和得到共产党人将授意进行示威游行的威胁之声，白色政权的态度同样是异常愤怒的。

然而，真实的芬兰共产主义者的实力比人们印象中的要弱小得多，这些印象是通过它日常的活动所形成的。在 1928 年，警察设法渗透并解散了这些地下组织。连续的罢工已经将工会的财力拉伸到了即将断裂的边缘，针对社会民主党的挑衅性运动又有效地分解了其中央机构。工会面临着一个强有力的敌人，破坏罢工的民主出口组织，在 1920 年建立，主要目的就是与共产主义的威胁作斗争。能够动用的会员数量超过了 30 000 人——大多是农民和他们的孩子，大、中学生以及从卡累利阿和英格利亚逃来的难民——这个秘密组织得到了芬兰主要工业
177 巨头的支持和前活动家劳里·皮赫卡拉(Lauri Pihkala)的指导，成为反共产主义运动的温床，到 1930 年，在全国已经有了名气。

在拉普阿事件发生之前，政府已经开始实施一系列措施来约束共

产主义分子的活动,并在 12 月初的议会上得到通过,政府还授权内政部长立即禁止任何被认为会违反公共秩序的集会。另外一个对媒体进行严格控制的尝试在 1930 年 3 月的议会上没有获得必要的多数。拉普阿运动的领导人作出了回应,他们捣毁了在瓦萨的共产主义者报刊。政府在处理待审的罪犯和骚乱时表现出的无能,在 6 月使拉普阿运动愈演愈烈,在一段时间内,对有共产党嫌疑的人进行绑架和殴打四处成风。在发现首相、农民党人屈厄斯蒂・卡利奥(Kyösti Kallio)不愿屈服于他们的要求之后,运动领导人要求成立新政府和议会并策划了一场在首都进行的游行。局势在 6 月中旬更为紧张,到处散布着即将发生政变的谣言。部队中的暗探发现,很多军官不愿加入反对拉普阿运动的行动,向他们发布一个镇压的命令看来是不太现实的。7 月 1 日,政府向议会提交了一份保护共和政体的议案,以及一系列用以保护那些身处野心党派中的无辜个人的措施(这些党派为了谋求权利而寻求暴力推翻国家政权):将针对受谴责的和不道德的出版物的禁令再延长 3 个月至 1 年,将那些广泛宣扬诋毁政府、议会、官员的言论的个人或是违反了法制社会秩序的刑事犯送去服刑。尽管获得了信任案所需的票数,卡利奥仍然提交了辞呈,为一个对拉普阿运动仍然抱有信心的人、1918 年白色政权的英雄斯文胡伍德让路。事实上,斯文胡伍德从 6 月份开始就与拉普阿运动的领导人有了接触,并在他的这届政府中给他们留了两个位置,农民代表维赫托里・科索拉(Vihtori Kosola)和牧师代表考科・卡雷斯(Kauko Kares)在最后一刻拒绝了邀请。

新政府立即采取了针对议会中 23 名共产党人的措施,以叛国罪将
他们逮捕。工会的中央机关被关闭,曾经与共产党人联合行动的由社 178
会党人和小农们组成的选举组织被打烂,大概有 500 名左翼分子遭到监禁。然而,政府没能获得一个必要的大多数(议会中 5/6 议员的同意)以立即颁布一个反对共产主义的法令,这也意味着要重新进行选举。

拉普阿运动理事会并没有提出自己的候选人,主张要为这个国家的道德良心而竞选,而非为了党派。然而,它的活跃分子却试图将共产

党人从选民名册中划掉,并对社会党候选人和选民进行骚扰,除此之外,还将少数留在地方议会中的共产党人也驱逐了出去。在议会召开前夜,支持拉普阿运动的分子绑架了他们愤恨的右翼人物、共和国前总统卡洛·斯托尔贝里及他的妻子;后来,也许是这些人羞愧于自己的行为,便又将他们遗弃在了东部小镇约恩苏。这一次,随着共产党人不再参与议会政治,社会民主党人便有机会比1929年多吸引了10万张选票。但由于仅仅拥有议会中的66个席位,没有达到法律所规定的、可以阻止宪法修正案通过的席位数。但这并不妨碍他们继续从原则上反对那些目的在于使共产主义非法化的措施,同时又保证了政府能够获得它所需要的议会中2/3的大多数。

共产主义在芬兰是一种难以依靠的力量,而苏联国内从1935年开始的大清洗运动几乎将这样一个严密的政治组织的力量彻底摧毁。1930年后,在芬兰建立正常秩序的最大威胁来自右翼。尽管对于斯文胡伍德坚持遵守的法律非常不满,右翼党派还是于1931年2月尽力促成了他以一个最小的差距超过了让人厌恶的斯托尔贝里,并当选总统,而斯托尔贝里则是社会党人和选举团中激进分子所中意的候选人。现在,压力源自白卫军集团和其他有影响的人物,并压在了农民党人的选举团身上。当被告知,“全副武装的拉普阿运动支持者的队伍正行进在来首都的路上,斯托尔贝里一旦当选,便准备实施一场大屠杀”时,最后一个犹豫不决的人看起来也被说服并改变了自己的想法。

在随后的议会大会中,斯文胡伍德经过选举当选总统、“遏制那些擅长阴谋的左翼激进分子”的立法也在议会中得以通过。这两件事使得拉普阿运动的汹涌大潮分出了几条支流。由于长期两败俱伤式的争
179 吵,再加上个人的私心使得这时的运动已经开始产生内耗。但是,从超议会范围的右翼政党那里所产生的威胁并没有完全消除。而关于可能发生一场政变的谣言在1931年秋天再次开始四处散播。在赫尔辛基北部50公里的曼扎拉(Mäntsälä)公社,动乱在冬天开始酝酿,并在1932年2月爆发为一场公开冲突。当时,一群武装分子正试图将一场社会党人集会驱散,但却发现他们自己已经与警察发生了对峙。这些

反叛者先是对解散的命令置若罔闻,继而又期望能够得到拉普阿运动领导者的支持,运动现在正由一个军队的退役军官库尔特·马尔蒂·瓦勒纽斯(Kurt Martti Wallenius)少将指挥着。白卫军的领导人在事变中持观望态度,尽管它也提出口号,要求成立一届新的由拉普阿运动理事会构成的政府。在获得了部队指挥官将忠诚于它的保证后,政府表现得毫不让步。在斯文胡伍德的广播讲话之后,大多数的反叛者都被劝说选择了自首,尽管白卫军在于韦斯屈莱和赛伊奈约基两个地区曾有过几次短暂的挑衅行为,在那里他们占据了波里、萨达昆达省和芬兰西南部各处火车站。一些同情反叛者的部队军官准备阻碍按照命令向曼扎拉进发的部队,但却没有能够从瓦勒纽斯将军那里得到任何明确的指令。将军自己宣称,拉普阿运动的领导者只能听从白色芬兰政府根据政府更迭需要所发布的命令,他已经尽到他最大努力来避免暴力发生了。随着瓦勒纽斯与白卫军领导人劳里·马尔姆贝里喝得大醉,坐在汽车的后座上,朝着在赫尔辛基更多的质疑之声开去,持续一周的危机最终变成了一场闹剧。在危机中,马尔姆贝里所扮演的至多是一个不可靠的角色,因此被允许担任一个显然受到国家控制的武装部队指挥官的职务;10 名叛乱分子领袖被判处了较短的刑期,其余的人都被允许返回家乡。内政部长和芬兰南部省新地的地方长官被迫辞去职务,他们在危机中的坚决行动大半都是为了压制反叛。曼扎拉事件的影响是双重性的,如果事件的过程揭示出了右翼分子在进行一场政变的尝试上是可怜无能的,那么它的后果却显示出,如果哪位正直的官员仅仅为了维护法律便鼓足勇气去坚持反对威胁和恫吓的举动,是多么容易遭到暗中的破坏甚至是毁灭。斯托尔贝里的决定并不代表他要在 1925 年再次参加总统竞选,到了 1931 年,他变得不愿反对斯文胡 180
伍德。国防部长的软弱退缩、因 1921 年政府强令其解决与白卫军有关的危机而选择自杀的人、1922 年被一个不满的激进分子谋杀的进步党的内政部长,这些可能都要归咎于来自右翼的压力。而其他人,就如 1925 到 1931 年的总统劳里·雷兰德(Lauri Relander),甚至是卡利奥总理,都简单地选择了向压力让步。

1930年夏天,看起来"拉普阿法则"已经代替了芬兰本国法律,官方看起来既没有力量也不愿意阻止大量肆意殴打和偶然发生的乘车逃往边境事件的发生,那里也是那些不幸受害者被抛弃的地方。当卡利奥向县长们下令以阻止共产党报纸出版的时候,他自己便违背了宪法。在斯文胡伍德组织新政府的过程中有着不少疑点:议会中最大党派,宪法体系及其合法性最坚决的捍卫者,也被拒之门外,即使当它的成员和财产受到抨击的时候也是如此。当农民们的游行正在策划之中时,人们自然想到了"向罗马进军",波的尼亚最大的农民党报纸的编辑,阿尔图里·莱诺宁(Artturi Leinonen)的话"那人在哪儿,那帮家伙又在哪儿",在新议会大楼仍未完工的围墙外持续不断地回响,令人感到不那么舒服。

然而,在自夸和豪言壮语之后隐藏的是众多严重的弱点。用"运动"一词来形容拉普阿现象,从秩序角度而言未免评价过高;他们只不过是一群左右摇摆、思想散漫的人,每个人都有自己的动机和打算。[①]农民代表维赫托里·科索拉可能已经被那些将他看做是"芬兰的墨索里尼"的人用阿谀奉承包围了,但是他一遇压力便靠酗酒打发的习惯,以及让人诧异不已的政治上的幼稚,排除了他作为正式竞争者承担这份"强人"工作的可能性(曾有人报道,在一次喝醉后,他被问到:"嗨,告诉我,什么是真正的独裁者?你是那种不需要遵守法律的家伙吗?")。然而,在波的尼亚,科索拉和他的伙伴们被认为是一支重要的力量,并成功挫败了当地农民党领袖们试图对他们的控制。可是,从长远观点
181 来看,拉普阿运动领导人的过分行为以及不可预测性将农民党人推进了宪法和民主守护者的行列。拉普阿运动对于议会各种权力加以限制,包括:仅仅赋予那些夫妻双方都已经直接缴纳两年国家赋税的人以有限的选举权,多数选举制,将议会席位削减到150个,把会期缩短到

① 最有趣的见解偏激的半世俗的人物是明娜·柯劳彻,正当她威胁要揭露整个运动过程时,在一桩神秘的事件中被谋杀。柯劳彻似乎创造了自己的迷人世界,但却深陷于被她的魅力深深吸引的男人们中间,包括挑剔的世界主义者奥拉维·帕沃莱宁,以及来自北部地区的粗糙型的男人。

一年只召开2个月,并威胁会剥夺那些支持农民党的小农们的权力和利益。拉普阿运动的参与者可以被看做是手边的一根棍子,可以随时用来教训左派那些制造麻烦的家伙,但在选举的时候,这些农夫们却又变成了农民党人,尽管他们怀疑由党派创始人桑特里·阿尔基奥(Santeri Alkio)所提出的那些关于理想农村的设想早已被那些穿着时尚、一心谋权的政治家们放弃了。

拉普阿运动没有把握住经济危机的机会,这场危机对那些深陷债务的小农们的打击尤其严重。当时,针对驱逐行动以及取消赎回权的威胁,各种各样的抗议运动正在全国各地兴起,在建立一个属于自己的阵地方面,他们并没有获得比共产党人更大的成功,在联络工人阶级方面也没有什么进展。工业家们迫切希望击败那些似乎将拉普阿运动看做是1918年白色芬兰精神复兴的工会组织和爱国者们,而它在这方面确实起到了一些作用。随着共产主义梦想在芬兰的破碎,拉普阿运动也就失去了对那些从前的支持者们的吸引力,面对不断出现的不法行为,他们感到害怕和窘迫,担心这将威胁到芬兰在大英帝国那里的名声,而英国是一个对芬兰的出口贸易非常重要的国家。斯文胡伍德作为一个风云人物的出现,在很大程度上决定了拉普阿运动的命运,他以现存法律坚决的拥护者而闻名。同时,看起来绝大多数的选民都选择了将选票投给在总统选举中那些反对拉普阿运动的候选人和党派。尽管相对于听从全体选民的意愿,他更愿意在舆论上将自己与拉普阿思潮结盟,然而当拉普阿委员会随时准备将整个国家拉进战争的时候,斯文胡伍德已经准备好绝不让步。

在经历了一场面对俄国的自由之战并获得重生之后,那些仍然抱有渴望的激进主义阴谋家们,对于政治秩序的稳定来讲,更像是一个令人讨厌的东西,而非一个严重的威胁。用秘密警察头子的话来说,他们是这样一群人,"从未进入过政府,但由于某种原因,仍然密切关注时局,并且愿意将整个国家的前途命运扛在自己肩上",通过非正式的渠 182
道,他们寻求机会在幕后施加影响。这些阴谋家中实力最根深蒂固的便是凯·唐纳,他耳目众多,随时注意可能发生的事情,尽管他并不总

183

图 25　将黑羊从白色羊群中分离出来。

当拉普阿运动开始转变态度，与其后继者，日益推崇法西斯主义的爱国人民运动，产生公开对立的时候，代表自由进步思想的《赫尔辛基邮报》对此持保留意见。这幅漫画表现出了保守的国家联盟党中的温和派，敦促所在党派与爱国人民运动决裂。两个温和派的代表彭那宁和哈塔亚正在守卫着国家联盟党这个羊圈中的白羊，而同是这个党派的同伴的帕沃·韦尔库宁(Paavo Virkkunen)仍然希望照看爱国人民运动这个羊圈中的黑羊。国家联合党在 1933 年的议会选举中失去了一半的席位，这主要是由于国家联盟党不明智地选择了爱国人民运动作为竞选伙伴，自此国家联盟党开始逐渐远离爱国人民运动反对民主政策的那些挑逗，在老芬兰议会的前参议员帕锡基维(J. K. Passikivi)指导下，选择了一条更为温和的路线。爱国人民运动和国家联盟党主要在同一个选区获得支持——那些受过教育后讲芬兰话的人满怀着建立一个更加强大的芬兰的梦想，以及对于所有来自俄国的事物充满了发自内心的厌恶。与其他崛起于两次大战之间的欧洲法西斯党派做对比，爱国人民运动看起来在这幅描写乡村生活的漫画中被做了恰当的描述，咩咩的羊叫总要好过于犬吠。

是为人注意。1930 年秋天大选开始阶段,他玩了一个阴险的把戏,作为拉普阿运动的代表与政府进行谈判,敦促其操控选举以确保资产阶级获得胜利,但首先要寻求一场战争,为采取强硬措施的行为进行辩护。斯文胡伍德通过颁布命令,压制了对共产党人抱有同情的那些知名人士的声音,并剥夺了他们的投票权。同时,拉普阿运动委员会的大部分成员却否决了唐纳控制选举的想法。同样,唐纳也没能实现一个他长久以来的愿望——将曼纳海姆推向权力的顶峰,这主要是由于谨慎压倒了任何犹豫不决的意向,这个伟大人物本可以重新担起领导国家大事的责任。曼纳海姆习惯于让他的同伴以及他所信任的人去探听口风或是散播消息,而自己的发言总是惜字如金,并很少有感情外露的举动,这样做的目的是为了拉开自己与站在第一线的那些人的距离。1930 年 6 月,在向进军中的农民们发表的讲话中,他支持那被他认为是“无私的、受大众欢迎的、爱国主义运动”的目标。同时,他又频繁在首都出现,更似乎验证了那些传言,他正在等待重新赋予他权力的召唤。1931 年,他被斯文胡伍德任命为国防委员会主席,平息了大部分传言,尽管他还和那场自由之战后的有组织的退伍老兵保持着联系,那些人被怀疑策划了一场政变,而他恰恰又拒绝在曼扎拉危机发生时向坚决平定叛乱的行动一方给予全力支持。

最后,作为一个尚未发展成熟的民粹主义运动领导人,曼纳海姆对运动有些过于冷淡或者说是过分挑剔了。他和很多曾是旧政府中统治精英的工业家和商人一样,给予拉普阿运动大力支持。拉普阿运动的支持者们希望囊括所有反对共产主义的人,无需考虑语种,这导致芬兰的民族主义者在等级划分上出现了混乱。尽管大多数人都同意在与共产主义作斗争时,将语言差异放在第二位,但仍有少数人,包括年轻的乌尔霍・吉科宁(Urho Kekkonen),与他们在卡累利阿学会内的旧同志决裂,并被吸引到农民党人那里。从 1928 年以来,专制民族主义者 184
已经在卡累利阿学会内部处于支配地位。在拉普阿运动终止后,他们又鼓动更多的人加入日趋公开化的法西斯党派爱国人民运动。芬兰民族主义中“民粹主义民主”的衣钵被农民党人承接了过来,是他们使得已经持续很久的大学“芬兰化”进程得以进一步深入。

到了20世纪30年代,赫尔辛基大学已经不是芬兰国内唯一的高等教育学府。独立后的早些年,在图尔库已经建立起一所使用瑞典语进行教学的阿博学院以及另外一所芬兰语大学,它们都是靠私人资金支持建立起来的,同时,还存在着大量提供职业训练的学校。然而,赫尔辛基大学却有着巨大象征意义,它是这个国家精神生活的发源地,从大学中走出来的传统教育家又构成了统治精英。1923年议会最终通过法律,芬、瑞两种教学语言的比重要与说瑞典语和芬兰语的学生所占的比例成正比。这个折中方案没有让任何人满意。讲瑞典语的教授们总是感觉到威胁的存在;而激进的芬兰民族主义者则认为,让一个生活在自己国家的大学生继续依靠瑞典语进行课程学习简直是不可忍受。对于“净化”芬兰运动中的民粹派来讲,比如吉科宁,在大学中推行芬兰化对于芬兰民主进程是一个相当重要的条件。对于那些从内陆地区来的学生,不断降低的毕业生工作预期,在一个官方语言仍是瑞典语又非常势利的城市中孤独生活,都成为强有力的诱因,使得他们加入到卡累利阿学会或是其他会社,比如赫尔辛基的“净化”芬兰俱乐部,就明确宣告了它的目标:在他们自己的国家中,在公共生活所有领域中,将讲芬兰语的大众提升为这所房子里真正合法的主人。

185 尽管这些社团和协会声称他们所追求的要远远高于政党派别之争,但他们一心追寻语言问题却带来许多严重的政治后果。这加深了芬兰社会党人眼里的疑惑,这个与社会民主党人和瑞典人民党结成的同盟并不那么神圣,并将一个脆弱的联合政府置于压力之下,还吸引了瑞典媒体和政治家的注意力。这场气氛紧张的争论,再加上瑞典人的干预,使得瑞典语很难招人喜欢,但同时它又警告了焦急的芬兰政治家们,不要疏远一个在需要的时候潜在的并且是重要的盟友。在20世纪30年代,真正芬兰人的民族主义,相对于保守的国家联合党或是农民党有一个明显优势,甚至开始得到一些社会民主党人的支持,但是它没能实现“在赫尔辛基打造纯芬兰语大学”的目标,这主要是因为几乎每一个组织和派别都提出了自己的解决方案。1932年,大多数要求是由农民党带头提出的，该党的要求包括：建立单一语言国家，拆除在议会中那些看起来会影响社会稳定的双语设备，并劝说民族联合议会党团中重要的少数派，加入到进步党、社会民主党和瑞典人民党的行列中，以否决由农民党提出的在芬兰的大学中实行芬兰化的议案。大多数支持“大学芬兰化”的党派在 1933 年议会选举中都蒙受损失，但这并没有减少政府所面对的要求改革的压力。大学的问题在 1935 年濒临危急关头，学生组织策划了大量集会和游行示威，但是政府却没有能够获得一个必要多数以通过议案。1937 年，这种痛苦纷争终于在卡扬德(A. K. Cajander)所领导的中左政府那里得到解决。自此以后，芬兰语成为大学里规范用语，而所有讲瑞典语的人，包括 15 名已经被聘用的大学教授——这些教授专门为语言上是少数民族(瑞典)的那些学生讲授课程，也需要显示出他们有能力用芬兰语授课和指导研究。所有芬兰语老师也需要表明其使用瑞典语的能力，而讲瑞典语的学生也有权利在完成课程作业和参加考试时使用母语。

瑞典语使用者的数量在逐年下降，对比 1880 年芬兰全国总人口的 14.3%，现在(2005 年)只占总人口的 5.6%。此时出现了芬兰语对瑞 186
典语自身的影响(特别是俚语)以及瑞典语在广告版上完全消失的现象。回顾过去，其他关于瑞典语地位下降的特征则更为引人瞩目：“芬兰语和瑞典语同为芬兰的官方语言”的条款被纳入到 1919 年宪法中，这可以被解释为是一种温和的解决芬兰国内所存在的语言问题的方式，并被证明了其有效性。在一个芬兰语作为无可辩驳的统治性语言的国家，随后的立法所寻求的是保证少数民族权利。① 然而，这却低估了芬兰民族主义者在芬兰独立之后的前 20 年寻求霸权的力量和热情，为了忘记这一点，尽管是少数民族，讲瑞典语的公民们是，或者说被认为是，仍然统治着公共领域的很多方面。以数据为例，他们中超过 1/3 的人生活在城镇里，而这些人中 2/3 又生活在首都赫尔辛基、芬兰第二大城市图尔库以及波的尼亚城市瓦萨和皮耶塔尔萨里。特别是在两个

① 现在到达芬兰主要机场的旅客认为英语乃是该国的第二种语言亦情有可原。

南部城市，讲瑞典语的人更容易获得好工作或是拥有更高的社会地位。官场的高层仍然存在大量讲瑞典语的人——根据统计，在 1933 年，他们几乎占到银行职员的 3/4、海关官员和国税局官员的 60%，——这些人不但在商业界和工业界有着出众表现，作为有经验的技术人员在相关岗位上也获得了优异成绩。从乡村中出来的讲芬兰语的人普遍技术不高、工作预期也比较低，他们无法利用在城市中讲瑞典语的人们可以轻易得到的非官方的网络。在中等教育中，讲瑞典语的孩子占到了一个不均衡的高比例，尽管这个数字从 1920—1921 年的 28%降到了 10 年之后的 20%。在表面之下，一些怀有敌意的势利小人对于明显缺乏文化的农民加以利用，这被芬兰民族主义者们骄傲地夸耀为一个"纯粹的"民族（这给电影制作商和小说家提供了大量素材）。

过分迷恋语言问题的文化内涵意味着它在很多其他发展方向上，有的是已经在芬兰流行着，有的则还被人们用怀疑的眼光审视。现代主义在用瑞典语写作的作家们那里获得了更多回应，比如哈加尔·奥尔松(Hagar Olsson)和埃尔默·迪克图纽斯(Elmer Diktonius)。但就
187 如迪克图纽斯自己注意到的，讲瑞典语的人更加关注保留他们自己的文化遗产而非当前那些重要的问题。①

农民党人的形象在这个时期大部分文学作品中占据显著地位，从某种角度讲，这应该是对内战的反映；另外，也是对土地改革所作出的回应，这场土地改革成功建立起一个由小农组成的新共和国。1910 到 1940 年间，土地所有者的数量增加了一倍还要多，尽管他们中大多数人所拥有的土地都少于 10 公顷。大部分农场仍然处于自给自足的生产状态，但是多亏一套发展完善的合作体系，他们可以以一种优惠的条件去购买种子、肥料、其他必需品，并在市场上出售自己的农产品。从 1920 到 1939 年，牛奶产量增加了一倍，土豆产量增加了三倍，小麦产量在 20 世纪 30 年代猛增了 10 倍——这对几个世纪以来一直将黑麦

① 例如，对于现时被广泛宣称为其同时代领军诗人的埃迪丝·瑟德格兰(Edith Södergran)的先锋诗作就一直缺乏理解，甚至怀有敌意。

作为餐桌上最主要食物的芬兰来讲,显得尤为重要。大部分耕作仍然是由人力和畜力承担。到 30 年代末,全国仅有 6 000 台拖拉机,挤奶机还完全不为人所知。在冬季月份里,砍伐树木依靠的是锯和斧子,之后再靠马匹将原木拖出林区。在两次战争之间,木材加工工业有了飞速发展,尽管在大萧条期间,木料生产遭遇了一次明显下滑。同时,不仅仅是苏联,还有其他北欧国家的木材生产商都对其进行了强烈抵制。在独立之前,纸浆和造纸工业都主要依赖俄国市场,现在,他们成功地在英国和西欧获得了新的市场;在那个时期,芬兰是唯一一个能够逐年增加产量的国家。但是,芬兰整个出口贸易都完全依赖食品以及原始的或是加工过的自然产品,国家经济完全依靠土地和靠种地、饲养牲畜和伐木获得微薄报酬的劳动力。

与同是新建国家的东欧伙伴们那些满是农奴境遇和残酷压迫的历史相比,芬兰农民已经长期享受着一种自由并且有效的制度的好处,其范围涵盖了从农民财产到地方农民社会等诸多方面,特别是宗教人士对这种社会制度表示支持并大加赞赏,但是,关于这种制度是否在芬兰独立之前就已经很好地融入市场经济之中这一问题也存在争论。他们 188
是共和国中有文化、积极的公民,正处于这个国家自画像中最显著、最核心的位置上;尽管同时也存在一丝对这些"上等人"的疑虑,这个绰号是用来形容城市中那些设想出种种名目的赋税和规章去折磨农民的人,他们却不对那些曾经是暴虐统治者的地主们做同样的事情,就像在拉脱维亚或是波兰所发生的一样。

从 1920 年到 1939 年战争前夕,芬兰耕地数量增加了 30%,这意味着在可预见的未来,芬兰人仍持有将农业继续作为主要生计来源的强烈意愿。同时,这一事实也总是能够提醒人们,在北欧这片冰天雪地、面积广阔的不毛之地上,人们曾经进行过的一场持续不断地向边远地区移民的艰苦历程。早在之前几个世纪,开拓者所进行的探险活动的范围就已经超过了在国家意义上的芬兰疆界——这个范围触及瑞典高地、挪威北部海岸线以及俄罗斯白海沿线。然而,也有更多芬兰人移民并定居在人口更为稠密的世界其他地区,比如在 19 世纪向圣彼得堡的移民或是20世纪时向远离欧洲的美国和加拿大迁徙，而且，看起来出现了他们与所处新环境的同化趋势。① 讲芬兰语的定居者们在人烟稀少的北部地区可以并且确实留下了鲜明印记，这些并未被人们忽略。

图26　公共汽车服务来到乡村。

由国家投资建设的庞大工程之中，有着一些不甚显著的项目，广泛复杂的交通网络便是其中之一，它甚至可以将这个国家最偏远的村庄与外面的世界连接起来。时至今日，这项工程仍然在发挥着它的作用，而其他很多的项目如战后建立在乡村的学校和公共建筑，都已经弃之不用了。公路网和电话线使得农村社区更容易进入愈加广阔的世界。与世界的其他地方一样（瑞典和北美），遥远的距离将社区分割开来，芬兰人很快开始使用电话（最近看起来他们已开始选择移动电话，这个过程并未费什么周折）。企业家们很快开始提供公共汽车服务；从图片中可以看到，结实的汽车载着佐基宁（Tsokkinen）一家的家庭成员在索耶尔维和瓦特西拉之间往返。

存在于芬兰共和国正式边界之外的那些芬兰移民的村落，给那些狂热的民族主义者提供了大量口实去攻击瑞典和挪威政府，他们诘难的借口便是发生在瑞典北博滕省和挪威芬马克的所谓“种族歧视”。事实上，所有政府都在尝试去建立或实施自己的国家规范。北极圈北部

① 然而，芬兰向新大陆移民的水平低于瑞典和挪威，向美国移民的高峰迟至1900—1910年才出现。

所在国家与这些芬兰人村落之间由于领土观念上的分歧发生了冲突，
并从富裕的文化混合群体那里得到了支持。这些向北迁徙的芬兰定居
者们可能已经决定性地改变了这里土生土长的萨米人文化，反过来，他
们自己在饮食、穿着和言语上也受到了对方的影响，而这里不仅仅是放
牧驯鹿的牧人在来回穿越国境。芬兰的远北是 19 世纪宗教复兴运动 189
最持久的发源地之一，并与传教者拉尔斯·莱维·莱斯塔迪乌斯(Lars
Leevi Laestadius)产生联系。莱斯塔迪乌斯在瑞典境内的拉普兰地区
活动，但是他的思想可以轻易地穿越国境，吸引大批各式各样的信徒，
他们中一些人对世俗世界甚至怀有敌意。在二三十年代对森林的大肆
砍伐，吸引了大量移民工人，并促进了远北共产主义一个独具特色的分
支的发展，或者，更准确地说是工团主义。芬兰共产主义流亡人士把他
们的希望寄托于这些地区，并打算把它作为基地发起新一轮攻势—— 190
这里确实发生过一次针对处于孤立的东北部芬兰人的库奥拉耶维
(Kuolajärvi)公社的失败袭击——并有着一个建立横跨大西洋与白海
间大陆的斯堪的纳维亚联盟的幻想。

20 世纪 20 年代，那些负责维护芬兰法律和秩序，并在遥远和广阔的北部内陆地区(比如奥鲁省，拉普兰地区的一个独立的行政省，直到 1938 年才建立)传输芬兰民族价值观的人，意识到了他们真正面对的问题。周边国家的迅速发展，比如挪威政府在芬马克的城镇道路建设、电话网络延伸方面的成就，已经在芬兰大众那里引发了大量对于本国政府的批评，比如在乌茨约基的食物供应和生活必需品方面已经在很大程度上必需依赖挪威了。由于芬苏之间在 1920 年签署了和平协定，芬兰在贝柴摩地区获得了一个不冻港，这进一步提升了芬兰人对于拉普兰地区经济发展和一体化整合方面本已很高的期望，但最终却没能够实现，尽管它已经将更多注意力吸引到了这个作为一个整体概念存在的地区。然而，一个独特的具有北方地区特性的发展应该归功于木材工业的上升，以及作为芬兰北部工业和文化中心的罗瓦涅米和凯米，它们组织行会活动，并通过地方媒体广泛宣传一个特定的“北方”或是“拉普兰”的概念。拉普兰这个城市是在这个国家独立后早期那几十

年，由一群生活在芬兰北部属于文明世界边缘的殖民者，在与恶劣的自然环境进行不懈斗争之后，最终建立起来的。这个时期的作家们，对萨米文化知之甚少，而有些人，比如库尔特·瓦勒纽斯少将，则公开蔑视那些被他认为在人种上劣等的民族。萨米有 6 个语言不同、文化迥异的民族种群，它们形成的原因包括：自然环境、没有固定边界、人口数量较少、在一片从瑞典和挪威的中央高地到科拉半岛最东端的广大地区分散而居。在一个由单一民族政府全盘掌控的时代，萨米人很难得到足够生存空间。然而在这里，土生土长的居民相对于外来移民，有着一个不容置疑的优势，即对于这一地区时间、空间、建筑等方面的了解，无论是在心理意识上、还是在身体的感觉上都更加深入。先锋派作家们，比如，佩达尔·亚尔维(Pedar Jalvi)和汉斯·阿
191 斯拉克·古托姆(Hans Aslak Guttorm)，为萨米人所作的自画像式的描述，在一个比较宽容的时期，还可以得到占统治地位的民族主义文化的支持和鼓励。

对于边疆地区敏感的安全问题的担心，再加上受到民族主义者理想的驱使，新芬兰政府的代表们对于那些对边疆地区漠不关心、对国家忠诚也非常模糊的民族，也就丝毫没有表现出同情心。国际联盟在 1921 年的决定支持了芬兰政府在之前对奥兰群岛拥有主权的声明，并最终击碎了那些希望将主权划归瑞典的岛民的梦想，但秘密警察仍然继续紧密关注那些分离主义分子的态度。为了自身利益，警察们倾向于轻描淡写政治信仰方面的问题，这是他们曾运用在东部边疆地区的一种方法。以 1919 年的一份警讯为例：

> 很难讲，边疆区域究竟是红色还是白色。社会党人很少。遍布在整个边境地区的村庄都住着贫穷的佃农和同样贫困的农场主，对于他们来说，农业是无法带来利润的。他们只考虑那些通过冒险的交易，更方便快捷地获得利润的方法，几年以来他们一直使用这种方式。在当下这个时候，人们都愿意为布尔什维克服务，就像前些年为帝俄人所做的一样。

小贩们长途跋涉,穿越整个国家去寻找工作,武器到处泛滥(特别是大号的鞘刀,某个县的长官相信,实际上,每一个哪怕还在法定年龄以下的男孩子都会随身携带一把),与禁酒令产生不利影响相关的事情几乎都与警察以及法律与秩序的执行者们有关。强制颁布禁酒令对于当局来说是一件特别头痛的事,大量的监管都被用在抓走私犯和酒贩这些无意义的事情上。从 1921 年到 1932 年禁酒令结束,尽管 3/4 有据可查的芬兰犯罪记录都与违反禁酒令的法案或与酒有关,所有有关禁酒令的证据都明白显示出它没能起到作用。来自不同政治派别的政治家们,靠着对于瑞典人民党的少数几个勇敢分子的期望,仍然坚持这是一个必要的文明化方式。

尽管警方实施的禁酒令代价巨大,同时,国家也有着一个增加额外 192
税收的紧迫需求,这在经济大萧条时期是能够起到决定性作用的,但在此时,因为没有哪一位政治家愿意承担责任来结束这场实验,于是,一次全民公决在 1931 年末举行。在公决中,由于 70%的人都倾向于废止这项禁令,这样一个轻松的多数使得政治家们也就乐于听从于公众的意见,1932 年 2 月,议会投票结果是 120 票比 45 票,禁酒令被废除。自此以后,靠着一个全国性的酒类专卖部门,政府对酒精饮料的控制愈发加强。“与此同时,通过这样一种方式,非法的酒类贸易则受到了阻碍,烈性酒的销量降到了最低,酩酊大醉的情况及其可能会带来的糟糕后果得到了有效的预防”,这正是立法的目的所在。国家酒类专卖试图 193
找到限制酒精饮料消费的方法,特别是针对工人阶层的那些主顾,它依靠限制经销店的数量以及营业时间,使得那些人在身份上明显不受欢迎,在购买数量上也受到限制。饭店也被分成了三个等级,这倒是很有效地反映出了当时的社会阶层;而在乡村,仍然是禁酒的。

对于经济拮据的芬兰当局来说,从东卡累利阿逃来的难民,是另外一个难题。从 1918 到 1920 年,几个国家的军队,为了控制这片地区,进行着令人眼花缭乱却又徒劳的争斗。一支在英国政府授意下组成的联合探险队,以摩尔曼斯克和阿尔汉格尔为基地,支持着反对布尔什维克的俄国军队,但同时,却又招收芬兰的红色流亡人士,以抵抗白色芬兰军队的进犯,这些举动被认为是考虑到了德国的利益所在。芬兰政府通过采取军事行动来保障东卡累利阿全部或一部的努力,最终毫无结果。为了在与俄国签署的1920年和平条约中获得不冻港贝柴摩(亚历山大二世曾向大公国作出过保证,但却从没有正式转交这个地方的管辖权),芬兰政府撤回了驻扎在卡累利阿边界处两个教区的军队。芬兰谈判代表尽力想要在和平条约中加入一段有关“卡累利阿人民拥有民族自决权”的条款,但苏联方面坚持这一想法只有在卡累利阿工人公

图27　维诺·唐纳。

坐在家里的桌子旁,手里握着雪茄,50岁的维诺·唐纳流露出坚毅和决心,是其党派无可置疑的领导人,目前正陷入深深的危机。唐纳已经将他的名字加入工人合作运动之中,他部分解决了严重的食物短缺危机,正是这次经历将他带进了1917年的参议院。他是一个中庸的人,独立于他所在党派内部的各个圈子之外。内战中,他置身事外,待在了自己在赫尔辛基郊区的农场,但却接过了从1918年末开始复苏的社会民主党的领导权。唐纳是芬兰政坛上一个少有的人,他渴望获得权力并且从不畏惧承担责任。他在社会民主党内部的权威经常受到挑战,但却一直把持着这个位置,直到战争结束的1944年。在面对拉普阿运动的威胁时,他显示出了个人的勇气,但是在他的勇敢之下有着一种强烈的固执倾向。1946年,他被指控在1941年密谋将芬兰拖入战争并站在德国一边,1957年唐纳卷土重来,作为一个活跃的政治家,反对总统吉科宁的外交政策。在莫斯科,他已经被妖魔化了,他重新登上政治舞台的举动,将存在把他的党派带入政治荒漠的危险。从1990年开始,随着对芬兰最近一段历史重新评价的展开,他的名望又重新得到修复。

社建立之后才能实现,条约最终在塔尔图草签,而公社也在条约草签前几周成立了。对于芬兰激进主义分子来说,这个条约代表了一种“耻辱的和平”,不但背叛了卡累利阿人民,对于整个芬兰民族国家的实现也是如此。事实上,是那些在1918年红色暴乱后流亡国外的领导人鼓动和领导着卡累利阿工人公社的活动,这令政府更加恼怒和难堪。卡累利阿作为芬兰文化发源地是富于浪漫和值得称赞的,现在却远在边境之外,并掌握在敌人手中。但事实上,根据最近研究发现,那些从1923年开始就在卡累利阿境内经营一个独立的苏维埃社会主义共和国的人们,无论在精神上还是在情感上都更接近芬兰民族主义,而非苏联共产主义。他们自视给那些生活在卡累利阿落后地区的乡野居民带来了文化和启迪,还将他们在卡累利阿的设想看做重要的第一步,去建立芬兰人-卡累利阿人-斯堪的纳维亚人的大联盟。他们将这个共和国“卡累
利阿化”的政策,在实践中就表现为讲授芬兰语和推广芬兰文化,而这 194
些举动却引起了不满,特别是在这个共和国人口更加稠密的南部地区,
俄语和俄国文化在这一地区已经根深蒂固。20世纪30年代,当对于 195
民族意识增长的支持逐渐被对于苏维埃国家表示忠诚的要求所代替时,相对于他们的对手来讲,他们表现得软弱无力,并不断被孤立。

当斯大林的大清洗运动像镰刀割草一样将逃亡到苏联的芬兰共产党领导人处理掉之后,芬兰社会民主党开始从拉普阿运动时代的阴影中走出来。事实上,社会民主党人曾在1927年领导过一届少数派政府,但是这些经历既不能在与左翼党派联合执政的可能性问题上说服他们的对手,也根本不能克服大量的意识形态方面的保守派意见,其中包括有关社会民主党进入政府的问题。拉普阿运动的威胁促成了党的团结,并加强了其党派领导人维诺·唐纳(Väinö Tanner)个人的权威。尽管仍有少数几个声望很高的左派和共产党人的秘密支持者处在高位,但现在,温和主义者们已经牢牢控制了政权。在1936年大选中的成功,使社会民主党人增加了5个席位,这促使他们就联合组阁问题与农民党人开始了实质性商讨。斯文胡伍德总统的立场使这些打算都打了水漂,农民党人最终独自组成了一个少数派政府。然而,在1937年

大选中，社会党人总结了 1931 年大选中他们在选举团问题上所犯的那些战略性错误，那次失误导致了斯文胡伍德取得胜利。他们同意在第一轮把票投给斯托尔贝里之后，如果斯托尔贝里不能确保胜利，将在第二轮把票转投给农民党候选人屈厄斯蒂·卡利奥，他在农民党人那里威望甚高，并驳回了那些尝试——想让他们将票在第二轮投给仍然受到很多人欢迎的斯文胡伍德。最终，卡利奥轻松获得胜利，政府的组阁方式也很清楚了——一个多数派的联合政府。就像在两次战争之间的很多届政府一样，总理的位置留给了进步党代表，它是议会 5 个主要党派中最小的一个(在 1936 年的大选之后仅仅拥有 7 个席位，这要比 1933 年少 4 席)。

卡扬德政府一直坚持到 1939 年 12 月，那时环境出现了急剧变化，阻碍了其继续执政。他的两个合作伙伴，农民党和社会民主党，在
196 1939 年大选中，都增加了自己的任务。爱国人民运动由于一直在想办法说服法院去推翻一个 1938 年颁发的暂时禁令，从 14 席暴降到 8 席。与瑞典社会党人政府的成就相比，中左联盟政府的成就是微不足道的，但是芬兰的那些问题是另外一个层面的，农民党人和社会党人真正意义上的合作已经含蓄地表明，内战的创伤开始愈合了。举办 1940 年奥林匹克运动会的期望将一个民族凝聚起来，中距离项目在世界范围都享有盛誉。人民在小麦、蛋类和肉类等生活必需品上的消费不断增加，这是芬兰生活水平正在逐渐提高的一个很好标志。同时，芬兰保持了一个引人瞩目的、年均 8%的工业增长率，每公顷农作物产量也有了很大提高。芬兰的医疗健康和教育也保持很高水平；从 1900 到 1939 年，婴儿死亡率下降一半。公共汽车数量和广播电台牌照数在 20 世纪 30 年代都增长了 3 倍，这有助于满足激进民粹主义者一直以来的想法，即渴望进一步将人民聚拢在一起。到了 20 世纪 30 年代末，芬兰农业仍然占有压倒性地位，赫尔辛基对于很多乡村居民仍然是遥远和陌生的；但是它的建筑师和设计师们正处在现代主义运动的收获期，各种题材的报纸和杂志获得了足够广阔的舞台来展示自己的作品，一个有文化的公众群体有着各种各样的爱好。如果说，在独立后前 20 年，芬兰文

化还是一种介乎于传统与现代之间的、没有调和的混合物,就如芬兰的康特勒琴(芬兰的传统竖琴,原用5弦,现增为20至30弦),被挂在了机能主义者房子的墙上,那么引用社会时事评论员马蒂·库尔延萨里(Matti Kurjensaari)发表的引人瞩目的话语,它对丁尘封的记忆从没有过重的负担和留恋,也没有轻易帮助宣传那些残暴和反动的专制主义运动。不管怎么说,在这个民族国家的设想下面仍然有一些至关重要的问题有待解决:忠诚和团结的问题,国家的实际领土边界问题,对于这一切来说,20世纪40年代的经历,将被证明是决定性的试验。

第六章　战争与和平
（1939—1956）

197 1939 年 12 月 2 日，一个新的芬兰政权成立。该政权宣称已经到了实现芬兰人民长久以来愿望的时刻，即加强他们与卡累利阿人之间本已十分紧密的关系，共同组成一个联盟国家，并通过双方都满意的方式解决边界问题。芬兰民主共和国政府宣布已经同意与苏联达成互助条约。条约第七条规定：将 7 万平方公里的苏联境内的卡累利阿地区划入芬兰；作为回报，芬兰割让了卡累利阿地峡的 3.97 万平方公里土地。芬兰还同意租借赫尔辛基以西汉科半岛的海军基地给苏联，为期 30 年。同时芬兰还同意出售一些拱卫着通往列宁格勒要道的岛屿以及北极圈附近的一片地区。

在战争阴云席卷整个欧洲的时代，芬兰人是怎样做到用一种适当的方式解决了与东部邻居的分歧？线索可以在一项公开声明中找到，这项声明作出了充满信心的预言，通过芬兰人民英勇的斗争与苏联红军的努力，可以将由芬兰过去的寡头政府为帝国主义利益而构建在苏联边境上的战争威胁迅速解除。芬兰民主共和国人民政府事实上是在
198 莫斯科组建完成的，并于 12 月 1 日在被占领的芬兰小镇特里约基成立，在前一天，苏军已经从路上和空中攻击了芬兰。苏军的进攻是两国在莫斯科进行的关于“边界调整和基地设施的要求”的谈判最终破裂大

约三周以后发生的。以幸存的、同时又是具有特殊意义的芬兰共产党领导人奥托·维莱·库西宁为首，同时裹挟着一些努力摆脱苏联国内大清洗运动的各种无名团体的特里约基政府，被公认为实施的是一种为苏联人入侵芬兰作出辩护的策略。这与早年间建立工人公社的革命政策联系起来(例如，1918—1919 年在爱沙尼亚和 1920 年在卡累利阿)，即由苏联红军来“解放”他们的国土。这种真挚的想法扩大了政府的组成，包容了其他民主党派和热爱和平的力量，同时努力回避了那些追求“苏维埃”、“社会主义”之类概念的团体，这些概念已经在东欧出现，在之后不到一年的时间里，又开始在波罗的海三国流行。

对芬兰政府和人民而言，入侵犹如晴天霹雳，他们不再相信 11 月中旬在莫斯科的谈判最终破裂后，两国之间仍会平安无事。一个新政府在特里约基的成立、对芬兰的入侵、苏联政府堂而皇之的要求，都严重动摇了当年建立这个独立国家时所依赖的坚实基础，并公开挑战了 1918 年的裁决。如果库西宁政府得以作为胜利者在赫尔辛基建立，1939 年 12 月 1 日签署的声明无疑会变成对芬兰历史的官方解释，并将白色芬兰政权的版本——1918 年被视为祖国从野蛮的布尔什维克和错误的轨道中解放出来的一年——从教科书中删掉，依照红色一方的版本，则将 1918 年看成是“反动的、贪婪的寡头……在外来帝国主义军队帮助下血腥镇压芬兰工人阶级的民主解放运动的一年”。现在战争目的在于将芬兰的无产阶级从资本主义枷锁中解放出来，而在芬兰独立后的这些年间，这一桎梏一直限制着本应因独立产生的各种利益，并长期与帝国主义密谋，武装对抗“芬兰人民伟大的朋友”苏联。 199

芬苏之间在 20 世纪最为寒冷的几个冬天之一展开了战事，这场战争被芬兰史学界称为“续战”。这是在 1917 年俄国革命粉碎了既有列强秩序后，极端对立的意识形态之间所爆发的激烈冲突。在列宁的思想中，新生的苏维埃政权允许芬兰独立是出自一种意识形态的驱使，对民族自决的权力让步将会有助于加速新兴独立国家内部的阶级斗争，这种斗争反过来又会加速革命并最终形成一个个活跃的社会主义共和国。芬兰社会主义者无力抓住机遇的事实使列宁颇为恼火，他在此后的宣传倾向于将允许资产阶级国家独立描述成为当时情况下的必然产物。时任民族事务委员的约瑟夫·斯大林对民族自决权持一种极端狭隘的观点,他坚信无产阶级的利益通常是高于资产阶级民族主义的,这一点在俄国这个世界上第一个工人阶级的国家中已经实现。一位芬兰官员与斯大林在1917年11月末进行过一次谈话,根据事后记录,我们可以有趣且快速地洞察斯大林的这种心理。尽管并未对"允许芬兰独立"提出异议,但斯大林却认为,虽然大多数现居于俄国领土上的小民族已经声明要求获得完全的政治自治,却终将认识到它们的利益只能与俄国保持一致(保持在一个联邦框架之内)。他还认为在这一方面芬兰很难成为一个例外,当抉择时刻到来,其将无力存在或是自保,除了一个虚幻的独立外,终将一无所有。

但是,独立仅仅是苏维埃政权自愿作出让步的产物。白俄分子们从未有过支持芬兰独立的想法,即使是为了推翻布尔什维克而需要获得芬兰的援助。白色芬兰在1918年与德国的合作造成了对苏联的威胁,并验证了斯大林随后的预见,即这个国家的独立将会成为一个后果
200 严重的妥协。他们焦急地盼望德国的军事援助以使得芬兰在重建法律与秩序时得到保证,在柏林的芬兰代表没有充分咨询自己的政府,就签署了由德国精心设计的、使芬兰确实处在德国经济、军事控制之下的协议。在某些方面,秘密协定的一些条款甚至比1939年苏联在谈判中提到的那些条款还要苛刻,不仅芬兰的航运服务重点地区都处于德意志帝国海军安排之下,德国人还有权在芬兰国土内任何一处选择海军基地,而且条约赋予了他们控制芬兰进出口的权力。

德国没有提到的要求便是领土问题,白色芬兰政府是愿意接受德国军事与经济的霸权,甚至是为了争取其支持芬兰对东卡累利阿提出要求,而接受与德国皇室结成更紧密的政治联系的。照斯文胡伍德所言,兼并卡累利阿对芬兰至关重要。这不仅来源于民族原因,而且也因为这是一个可以作为定居区的地方。同时,卡累利阿的大量木材也吸引着芬兰商人的注意力,某些卡累利阿人自治的呼声,都能引起芬兰的高度关注。可是,德国人并不愿意支持芬兰人的这些要求,到了1918

图 28 走私贩遭受挫败。

一批私酒被警察查抄到。1919 年禁酒令的颁布开启了私酒贩运者的黄金时代。走私贩们利用了早些年间向俄国运输非法出版物的途径,这条途径也被用于将革命者从这个国家秘密带走(列宁曾经在 1907 年冬天走过这样一条道路)。根据当时对那些被裁定破坏了禁酒法令的人的调查,海员、司机和寡妇都很容易发现自己身处于法庭之中,其中前两者获罪是因为运输烈性酒,后者则是因为贩卖。大鱼(走私贩们)不是经常可以抓到的,尽管警员们偶尔可以查获一个酿酒作坊——就像这一次——或是成堆的用于零售的私酒罐子。

年底,那些曾经积极参加战争的协约国,也更缺乏这样的积极意愿。

对于独立后的芬兰,卡累利阿始终是一个敏感的焦点。政府意识到这个焦点可能带来的外交与政治后果,意味着他们既无力承担公开出面也无法暗中参与由激进分子发起的在卡累利阿全副武装的军事干涉,同时经验表明,他们也不要期望一种积极的外交政策以使得芬兰对这个地区声明拥有主权。无论是 1918 年利用德国给俄国带来的压力,还是在 1919 年说服协约国支持在卡累利阿公投的计划,再到 1920 年使俄国在两国和约中同意保障卡累利阿自治权利的条款,芬兰政府所有这些努力都告失败。但没有任何一届芬兰政府会忽视这个焦点。虽然卡累利阿也许还没有在每一位芬兰爱国者心中燃烧,如同其他感情

图 29 “为了卡累利阿”。

这张明信片，是由卡累利阿学会为了给卡累利阿难民筹集基金而发行的。图中反映的是在 1918 年夏天，芬兰的志愿者队伍正行进在卡累利阿东部乌赫图阿(Uhtua)和亚什屈耶尔维(Jyskyjärvi)这两个村庄之间的路上。3 月，曼纳海姆的司令部制定了一个占领卡累利阿北部地区的计划，其时芬兰的内战激战正酣。卡累利阿自治的想法赢得了北部一半地区的支持，该地区从行政区域的划分上属于阿尔汉格尔，但也有反对与芬兰进行联盟的声音。1918 年春天，侵入该地区的白色芬兰军队很快被由卡累利阿人和芬兰红色武装组成的大军击退。对于热心的芬兰民族主义者，解放卡累利阿成为一个神圣的使命。虽然政府还在犹豫是否应该正式承诺支持军事行动，但它却不能忽视“亲戚和朋友”的争论。在海基·努尔米奥(Heikki Nurmio)于 1917 年创作的诗的第三节中明确地表达到：“海梅，卡累利阿，它的白色海岸和土地，一个伟大的芬兰国家。”曼纳海姆将军的命令在 1918 年 2 月 23 日发布，他以农民军的名义宣誓，“在没有将最后一个列宁的士兵”和流氓恶棍从芬兰和阿尔汉格尔的卡累利阿驱逐出境之前，绝不会收剑入鞘。这也暗示了未来芬兰政府将会面对的尴尬。

外露的欧洲民族那样将某一地区认作自己的“失地”，但是卡累利阿在
202 诸如卡累利阿学会和数量众多的芬兰民族主义团体心中却是印象深刻的。某种程度上，在 20 世纪 30 年代末期，卡累利阿作为一个焦点已经褪色，同时芬兰驻莫斯科公使认为苏联领导层并没有将“大芬兰”分子视为严重威胁。不过，假使 1941 年的机遇出现，芬兰人民从布尔什维

克手中解救同胞的神圣使命感,将可能并一定会在现实中再次迸发。

自苏联领土上划分出一个大芬兰的观点是由一股强大的反俄情绪所鼓动的,这种情绪严重影响了两国官方关系。1920 年和平条约签署后,首个苏俄驻芬兰大使馆建立了,但其使馆成员却遭到公开羞辱,自总统以下的芬兰官员们都与他们刻意保持着距离。事实上,所有独立前的联系都被切断。对俄贸易下滑到独立前的一个零头,芬兰人不再有机会到那里公开旅游或是在其政府部门寻找功成名就的机会。那些非法入境的芬兰人——事实上有数千名,在艰难时刻去苏俄寻找工作——不得不冒着被监禁、甚至更坏结局的风险。为数不多的几个靠着为新生苏维埃国家服务而崛起的人,例如特里约基政府的国防部长阿克谢利・安蒂拉(Akseli Anttila)少将或红军统帅托伊沃・安蒂基宁(Toivo Antikinen),都面临着在芬兰被长期监禁的前景(就像 1934 年安提科恩的遭遇一样),或是冒着在斯大林时代大清洗的风险。

苏俄并不是唯一与新生芬兰国家关系不良的政府。芬兰民族主义者以在芬马克地区芬兰语民众利益代表自居并制造骚乱的举动,引起了挪威的反感;针对奥兰群岛的争论,同时要加上语言问题的影响,使得芬兰与瑞典的关系也受到损害。但这些分歧从来没有极端尖锐化或主导官方政策。而且,很多非官方和半官方的联系——贸易集团之间、合作运动、文化组织、甚至是个人层面上的——都有利于芬兰自 1935 年起与其他斯堪的纳维亚半岛国家结为联盟。

那些非官方的联系曾被芬兰精英们聪明地用来操纵大公国各种事 203
务,如今却因为俄国爆发革命以及芬兰从苏俄独立出来而被切断。由于不再能够和前人一样找到一条顺畅的“通往圣彼得堡”的道路,芬兰政府官员们无法揣测或理解莫斯科新主人们现在的意图。但确实有人做了尝试,并获得了“有限的成功”。1932 年,身为外交部长的科斯基宁出访莫斯科,并与苏联缔结了一个互不侵犯条约,身为一名驻苏官员,艰难地发展着两国更为友好的关系。但是他最终无奈地得出结论,苏联外交政策思维里弥漫着猜疑的气氛,使得这一任务变得根本无法完成。曼纳海姆在 1935 年对德国进行了非正式访问,此举是作为赫尔曼·戈林来芬狩猎旅行的回应，却被苏联情报机构解读成“为达成一个秘密协定或协约铺路”。一个德国潜艇中队在1937年8月对赫尔辛基的访问，也足以激起苏联媒体对芬兰与德国军事合作的愤怒抗议。这在很大程度上破坏了为建立芬苏两国安全关系所实施的本已犹豫不决的初步举措，这些举措是由鲁道夫·霍尔斯蒂(Rudolf Holsti)启动的，他资助芬兰外交部长于1937年第一次出访莫斯科。由于缺乏任何对苏联领导层日渐增长的偏执想法的理解和清晰的洞察，芬兰人无法也不愿意将德国军事人员或团体到访的举动上升到“与第三帝国联合对抗苏联的高度”。甚至当苏联表现出已经被霍尔斯蒂说服，即芬兰实际上不会允许任何外来强国使用其领土来攻击苏联，苏联仍然确信，芬兰实际上拥有可以成功击退任何这种威胁的军事能力。

芬兰与苏联在安全与外交利益上几乎没有交集。芬兰并不接受成为1933年东欧集体安全计划的一部分，并逐渐被苏联置于波兰、纳粹德国这些潜在的入侵者之列。正是由于苏联加入了国联，芬兰对国联的信任在30年代冷却。1936年，芬兰签署了由北欧五国在奥斯陆发
204 表的《共同中立宣言》，由此北欧这些弱小的国家免除了在国联宪章第16条中规定的对侵略中被视为受害一方的国联成员提供军事援助的义务。早在一年前，议会就已经通过了允许政府宣布加入斯堪的纳维亚地区《共同中立宣言》的决议。芬兰政府起初对于使用“中立”一词感到尴尬，因为他们感觉到这与已经通过的国联誓词中关于“集体安全”的承诺是相矛盾的。这同样有别于一个可能被解释为服务于苏联安全利益的中立化。这就解释了为什么尽管两国在1932年签署的互不侵犯条约在1934年得以延长10年，却未能为两国间更为持久的关系提供坚实基础。在1935年后，芬兰的中立化意味着避免与苏联的冲突，虽然并没有采取一种类似60年代到70年代间吉科宁外交政策中积极“搭设桥梁”的方法。

两次世界大战之间芬兰政治领导人并没有幼稚到相信中立将会使他们得到尊重，虽然军方总是抱怨缺乏给养，但在实际上，他们对待国防事务的态度还是非常严肃的。但如果芬兰领导人指望他们的国家加

入斯堪的纳维亚地区的共同中立就可以在需要的时候获得军事支持，便要失望了。在芬兰与瑞典讨论有关奥兰群岛要塞和防御问题上更是出现了分歧，本来在 1921 年，这些岛屿已经通过国联的决议被非军事化了。瑞典首要感兴趣的是面对德国的时候能够自保，瑞典还坚持苏联对此举的谅解，即使苏俄没有在 1921 年非军事化协议上签字。当新任的苏维埃外交事务委员莫洛托夫断然拒绝给予这种谅解后，瑞典迅速撤回了这种谋划。

当这些讨论在 1938 年进行的时候，芬兰政府向一名年轻的苏联外交官鲍里斯·亚尔佐夫(Boris Yartsev)提出了一个很不受欢迎的设想。亚尔佐夫同时还是苏联内务委员会的官员，或是秘密警察，实际上他是被斯大林本人委以如此重任。斯大林似乎对他的顾问团曾经建议过的与芬兰达成一项互相援助协议的时机表示怀疑，但是却力主通过这一计划，以借此表明苏联无意干涉芬兰内部事务。芬兰方面拒绝了 205
任何签订互助协议的想法，但却希望以一个书面保证来代替——芬兰不会允许本国领土被用来发动任何针对苏联的进攻。亚尔佐夫认为这一设想仍不充分，而加以拒绝。但在接下来的会谈阶段，苏联方面看起来又乐于接受这样一个保证以及芬兰在奥兰群岛的设防，还提出苏联也乐于参加其中。但是作为回报，苏联寻求芬兰将控制海上通往列宁格勒的苏亚满里(Suursaari)岛上的空防及海防设施移交苏联。对此，芬兰人以这同其与斯堪的纳维亚邻国采取的“共同中立”政策不符以及对芬兰主权的破坏为由加以拒绝。如果亚尔佐夫不继续努力的话，他将一无所获。这年年末，芬兰贸易代表团前往莫斯科，似乎被解释成是芬兰政府乐于适应苏联安全需求的巨大诚意的信号。芬兰竭尽所能试图把自己从苏联西部边境潜在敌人的名单上清除。但其结果仅仅是在进一步谈判后再次以失败告终，并于 1939 年重新回到这一名单上。

到了 1939 年秋天，苏联已经取得了比 1938 年亚尔佐夫首次接触芬兰政府时更为有利的地位。为了对付波兰，希特勒在 1939 年 8 月全权授命外长约阿希姆·冯·里宾特洛甫(Joachim von Ribbentrop)签署一项秘密的互不侵犯条约，求得苏联的中立。由于未能说服任何一个西部邻居加入一个以保护苏联为主旨的安全体系,现在斯大林允许与他以后的主要敌人达成一切他可以接受的安排。波罗的海各国首当其冲,三个国家匆忙与苏联签订了互助协定,使苏联得以进入其领土上的各个军事基地。对待芬兰,他们的方式却有着相当大的不同。与无助的爱沙尼亚、拉脱维亚相比,芬兰谈判代表们没有屈服于苏联的这种压力。莫洛托夫很快便放弃了与芬兰达成互助条约的臆想,同时苏联开始倾向于考虑另一种同样可以使他们的安全需求得以解决的选择。
206 会谈迁延一月有余,使芬兰军政领导层有充分时间思量抉择。

实际上其他可供选择的路线几乎不存在,但足以在这关键几周内使那些领导芬兰的领导层分化。芬兰方面坚信真理站在自己一边,并确信苏联正在吹嘘实力,一旦作出坚决的抵抗就会使苏联从其无理要求上退缩。外交部长埃利亚斯·埃尔科(Eljas Erkko)不允许其谈判代表在莫斯科有任何灵活性。国防部长尤霍·纽卡宁(Juho Niukkanen)提供给政府和政治党派的是一个在芬兰防御能力上比曼纳海姆更为乐观的观点。1939 年 10 月 17 日,曼纳海姆被总统委任为武装部队总司令。由于未能为政客提供足够的资源而长期饱受攻讦的曼纳海姆力促政府避免一场对芬兰而言无异于灾难的战争,并将这一观点告知了芬兰谈判代表团团长帕锡基维,对苏联的要求应采取妥协态度。问题的主要症结在于苏联要求租借赫尔辛基以西汉科半岛的海军基地,曼纳海姆和帕锡基维倾向于提供另一个岛屿基地作为替代品。在 1939 年 11 月初的最后一轮会谈中,斯大林表现出无意考虑这一选择时,帕锡基维试图请求政府授予他满足苏联这一要求的权力,但遭到了断然的拒绝。11 月 9 日,谈判宣告破裂。

在此后的一生,作为一名掌控芬兰小心度过与苏联新关系棘手时期的舵手,帕锡基维公开批评战前芬兰外交政策缺乏现实性以及对大国政策的理解。这样的指责有众多的实例可以佐证:多年来对缓解苏联针对芬兰亲德倾向的狐疑无所作为;与斯堪的纳维亚各国结盟最终并未给予芬兰以任何形式的保证。瑞典与芬兰在武装部队方面的紧密协作,似乎促使某些人认为:一旦苏联进攻,瑞典将会对芬兰进行援助。

但是在 10 月中旬，瑞典的首相在一次北欧国家元首与外长会议上警告
埃尔科，芬兰不要考虑来自瑞典的任何军事援助，同时这样的警告还于 207
当月月底在一条发给芬兰政府的电讯中加以重复。埃尔科对帕锡基维
“忘掉苏联曾经是一个大国”的劝告至多是作了误判，但同时他不愿听
从他人的意见以及没有将两国间关系整个状况报告给政府和议会的举
动，的确使得 1939 年 11 月谈判破裂的大部分责任落在了他的身上。

帕锡基维的批评，源于其在帝俄末期身为旧芬兰政府官员所拥有的经验。但是却一笔带过了一个重要的问题，即究竟多大程度上，可以相信斯大林的苏联会遵守谈判达成的任何协议？这一批评同样未能显示如何对苏联的安全作出让步才能使之与芬兰固有利益相调适。假使对芬兰作为一个独立国家的威胁持续存在，那么这个威胁可以理所当然地被推断是来自苏联方向。而尽管帕锡基维清楚地认识到相关利益国家在延长的会谈中施加的巨大压力，但他似乎也没有完全把握住苏维埃国家还是一个意识形态的建筑物的事实，斯大林既是这种意识形态的缔造者又是它的产物。斯大林不可能如芬兰政客一般，政客们能够将他们自身的信仰和芬兰的前途命运相分离，而他是无法摆脱意识形态的。在苏联人眼中，1939 年 9 月苏联西陲战事的爆发是在深刻的意识形态冲突之下一种全新并更加危险的阶段开始。通过边界的调整或甚至是 1939 年 8 月的互助条约，解决边界问题将不仅是争取喘息时间，更是为了最后的政治斗争作准备。曼纳海姆从军事理由上敦促在莫斯科的芬兰代表作出妥协也许是正确的，但作为外交部长的埃尔科同样以意识形态的理由为自己辩护，使芬兰代表不得作出让步则将意味着自由芬兰的覆亡。

不过，斯大林在意识形态领域的世界观既是狭隘的又是多变的。
他并不忠于革命的共济主义。芬兰人民没有揭竿而起及未有臆想中对
解放者的欢迎也许对在特里约基的傀儡政府头子库西宁而言，的确是
一次痛苦的打击，但比之芬兰人成功抵抗红军强大攻势的能力，则仅仅 208
是一个小小的意外。斯大林在 1939 年 11 月作出了武力解决芬兰问题
的决定，比之相信芬兰工人群众渴望自资本主义压迫中解放出来的观

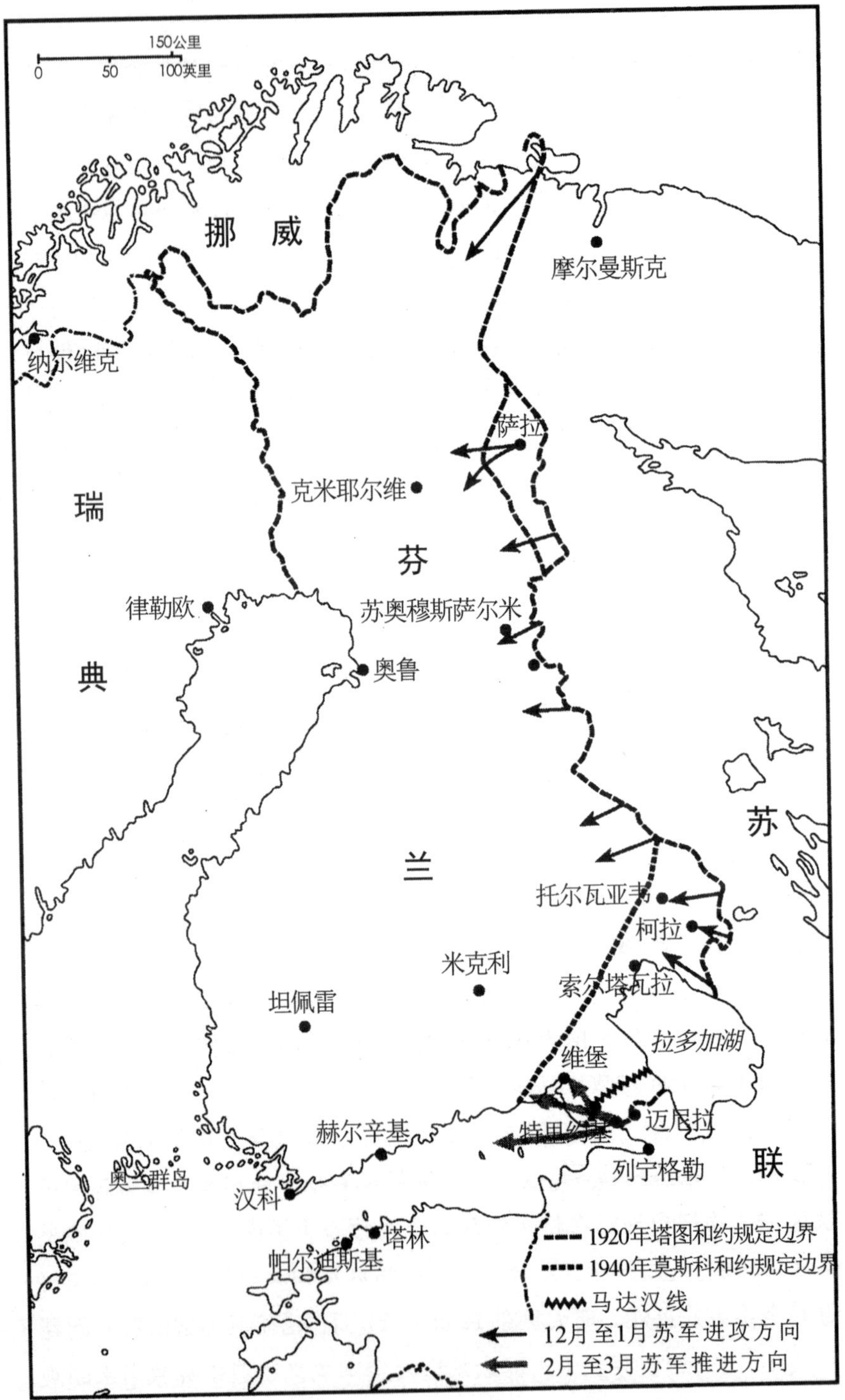

地图 3　1939—1940 年的冬季战争

念，更多的是源于苏联情报中获得了曼纳海姆有关芬兰武装力量只能抵抗两周能力的极度悲观评估。然而，斯大林的确表现出对军事上击败芬兰任务难度的低估，并忽略了总参谋长有关投入 50 个师进行长期作战的建议，并在 1939 年 6 月确定了在两周内将经过简编的部队投入作战。

11 月 9 日，谈判最终的破裂驱使苏联领导人下决心采取军事行动来解决危机。发起一场大规模攻击的计划在 11 月中旬最后得到通过，与此同时库西宁也被召往莫斯科以便组建他的“人民政府”。芬兰的各武装部队在 10 月中旬也开始了动员，但众多人员服役造成的紧张气氛与巨额开支也开始显露，同时芬兰国防部长作出了巨大努力才在 11 月 20 日阻止了一项针对“大约 2/3 已经动员起来的服役人员的”解除动员令。如果俄国人能够将他们的攻击推迟 2 或 3 周，芬兰人表现出来的团结一致与抵抗意志也许就会土崩瓦解。随着攻击的开始，进攻方发现芬兰军队训练有素且准备充分，虽然在火炮与空军方面他们的装备低劣，但整个民族在抵抗意志之下都团结了起来。

11 月 26 日，苏联制造了一起边界事件，以便为放弃 1932 年互不侵犯条约提供借口。在苏联人民面前将芬兰人描绘成入侵者后，11 月 30 日苏军的攻击开始启动。苏方计划在 1 个月内完成对芬兰的占领，攻击的主要目标是卡累利阿地峡，并意图在两周内夺取赫尔辛基。第一周的战事并未如苏方的预期得到进展，不同于神速进军的规划，庞大的部队塞满了狭窄的道路，红军每天进军不过三五公里。然而曼纳海姆也同样担心他的部队不足以迟滞敌人的进军，他了解芬兰军队的极 210
度不安来源于面对数量与装备都占优势的苏军部队，己方的各种资源却都缺乏得可怜。他促使政府尽一切努力重启与莫斯科的谈判。在第一周周末，红军已经进抵了芬兰的常备防御地带，这就是著名的曼纳海姆防线，而且还开始在更远的北线威胁一些战略要地。从 12 月中旬到 1 月初，芬兰军队在一系列的防御战中的优异表现，激发了高昂的士气和世界范围广泛的钦佩。在苏奥穆斯萨尔米与拉特(Raate)两地将两个苏联师击溃的战果尤为重要，因为这阻止了苏军通过向奥鲁进军将芬兰一分为二的计划，同样引人瞩目的胜利还发生在托尔瓦亚维(Tolvajarvi)与地峡地区的萨马战场上。

尽管以寡击众，芬兰人比他的对手却拥有更多的优势。他们拥有对作战地区复杂地势丰富的知识；他们拥有更好的在寒冬季节作战的装备。芬兰人在小团队作战中更为有效，特别是在那些根本未曾装备寒冷地带作战装备的敌人面前，这些敌人很容易就暴露在了他们的枪口下。而且芬兰军队很快就学会了反坦克技术。不过缺乏大规模作战的经验就意味着，芬兰军队的反击通常是缺乏准备并执行不力的。与此同时，苏联红军也忍受着糟糕的作战计划、混乱、普遍没有冬季作战经验等痛苦。12 月 21 日，伏罗希洛夫致斯大林的信中就提到“道路阻塞，在前线，步兵部队无法像一股有组织的力量发挥其作用，游击队时常到处出没，一阵乱射之后，钻进林子就不见了”。

芬兰人令人头痛的抵抗粉碎了莫斯科轻易取胜的幻想，并导致苏联方面迅速且有力地更换了统帅与战术。到了 1 月，为了发动对芬兰新一轮攻击，开始部署多达 45 个师，60 万士兵。曼纳海姆资源即将耗
211 尽的部队对抗具有压倒性优势的苏联军队毫无胜算。由此，芬兰只有两个严峻的选择，要么从别处获得巨大军事援助；要么依靠自身英勇抵抗纪录求得媾和，尽量说服苏方谈判并同意提出更加温和的条件。虽然苏联领导人决心发动夺取维堡的主要攻势以迫使赫尔辛基政府谈判，实际上，莫斯科自 1 月以来已经放出了一些暗示，即他们愿意与赫尔辛基方面谈判。1 月 29 日，莫斯科通过瑞典外交部表示，原则上不反对与芬兰政府会谈，尽管这不祥地预示着将会出现不同于去年 8 月份提出的条款。这是一个重要的突破，因为苏联曾经坚决拒绝接受由前芬兰银行总裁里斯托・吕蒂(Risto Ryti)为首的，在战争爆发首日取代卡扬德内阁的联合政府的合法性。库西宁政府仍然是来自苏联方面的威胁之一；但是对于吕蒂政府谋求与苏联谈判媾和之门已经打开。

不过，通往和平之路却仍是困难重重的。不仅苏联领导人使用咄咄逼人且决不让步的语调，即使政府内部和军方高层一致认为媾和是芬兰的当务之急，却也同样意识到受到战场胜利鼓舞的大众情绪万难

接受这种苦涩的和平。政府内也存在着相当一部分反对和谈的声音,尤其是在获悉苏方所要求的条件后,即使是曼纳海姆和外长维诺·唐纳也动摇了对停战媾和是唯一而现实选择的信念。

另一种选择则是如同梦幻般转瞬即逝的构想,这种构想是芬兰在抵挡住了苏联对地峡的2月攻势后,英法联军会站在芬兰一边进行干涉。派出远征军的想法于1939年12月在联军内部成型,表面上以此 212 
作为国联作出的对芬兰进行援助的回应,而其实际意图是切断瑞典对

图30　准备撤离的赫尔辛基儿童,1939年。

战争期间,大约7万名年龄介于3岁到7岁之间的孩子被从芬兰疏散。他们中的多数被送去了瑞典,也有一些去了挪威和丹麦。许多人在整个战争中留在瑞典,其中1万人永久留在那里了。战争把沉重的需求转嫁到各阶层的人民身上;儿童被召集参与各种农活,收集野果和蘑菇,并且被编入防卫军和洛塔·苏瓦德(Lotta Svärd)的后备队来帮助后方。

德国的铁矿石供应。2 月 5 日，最高联合作战委员会终于通过了在 4 月中旬派遣 10 万法、英、波兰军队前往斯堪的纳维亚的“宏大计划”。事实上，该部主力将会用于占领瑞典北部铁矿区和重要的沿海地带；最
213 多只有 1.5 万人会被派往芬兰北部。为了赋予这一计划以冠冕堂皇的合法性，芬兰人必须要公开呼吁援助，还要斯堪的纳维亚地区的各个政府允许这支部队通过。挪威或瑞典几乎不可能冒着引起德国入侵的危险，允许联军站在他们的领土上。芬兰领导集团从一开始就怀疑联军会否实施他们所允诺的援助，可随着苏军在地峡的攻势迫使芬军于 2 月 15 日自曼纳海姆防线西部撤退到靠近维堡的防御阵地，对联军援助的企盼就成为芬兰高层无法完全忽视的梦幻。尽管曼纳海姆充分地认识到任何来自联军的援助都会是十分微弱且迟缓的，但在 3 月 9 日之前，他还没有最终放弃这种幻想。曼纳海姆并没有使 2 月末造访其司令部的部长们称心如意，正如其中一人所坦陈的，这些部长们寻求使曼纳海姆负担起本应由政治家们从事的说服本国人民接受屈辱和平的任务。曼纳海姆机警地将这一责任推还给了政客们，并说“我已经说明了军事局势，绅士们，应当是由你们，而不是我来作政治决定。”

2 月的第三周，通过瑞典的外交部，芬兰知悉了苏联透露出来的条件。苏联不仅要求租借位于汉科半岛地区的一个海军基地，而且还要求获得包括维堡与索尔塔瓦拉的整个卡累利阿，政府在接受苏联条件与等待观察联军援助是否能够成行两者之间来回徘徊。瑞典斩钉截铁地拒绝了允许联军部队通过其境内及为芬兰提供军事援助，使芬兰获得外部援助的希望彻底落空。同时，芬兰要独立面对无法抵抗红军向赫尔辛基进军的命运。红军各部穿过了冰雪覆盖的维堡湾，还为 3 月初的进军建立了桥头堡；维堡也受到了威胁。芬兰政府本已经于 2 月底达成一致，决定以苏联提出的条件为基础进行谈判，却在此时又收到了法国总理达拉第的一个紧急而又极具欺骗性的保证而得到鼓舞。达
214 拉第保证会派遣 5 万名士兵和 100 架轰炸机前往芬兰，以迫使其他盟国进一步表明他们的意图。而英国特使则承认最早也只能在 4 月初才有 6 000 名士兵抵达，还劝告唐纳除了与莫斯科谈判以外别无他法，尽

管吕蒂仍然准备打出干涉这张牌作为迫使苏方缓和其要求的手段。3月3日，吕蒂决议接受苏联的条件作为谈判基础，但如果遭到苏方拒绝，届时再要求盟国援助。盟国也准备将要求援助的期限延长到3月12日，苏联愿意重启会谈，但拒绝任何停战的意向。苏军继续推进，以此对芬兰施压，以便促成和谈。3月5日，芬兰政府别无选择，只能屈服。一天以后，以总理为首的代表团经由斯德哥尔摩抵达莫斯科。飞抵地点后，他们却发现苏联提出的要求比早先获悉的条件更为苛刻，而来自前线的消息也令人坐立难安。现在芬军正在地峡中漫长的战线上进行着抵抗，部队疲惫不堪，库存严重不足。不到两周，芬兰的损失占据了开战以来伤亡总数的2/5。3月9日，曼纳海姆上报了手下指挥官们的意见，认为除非立即获得盟国援助，否则将无力支撑局面。两位来自卡累利阿地峡的农民党内阁成员顽固反对谈判，继续强调要向盟国求援。但这种意见被代理总理吕蒂行使政府首脑职权的唐纳所压倒，代表团被赋予接受和平条款的权力，并应尝试在这些条款或争取由被割让的领土中获得一些经济补偿。1940年3月13日凌晨，在几小时内，芬兰最终签署了和平条约。

和平条约的条款对芬兰而言是苦涩的；但与被宣传为“帝国主义傀儡集团中的一名叛徒”的政府媾和对苏联声望也是一次重大的打击。联军干涉的威胁虽然作为斯大林接受和谈的诱因之一不容完全忽视，但斯大林更有可能是想从损耗巨大的战争中解脱出来，特别是当芬兰 215
政府似乎愿意接受比1939年8月所提出的更有利于苏联的诸多条款时。对苏联民众而言，列宁格勒的安全得到了强化，被说成是和平的主要收益。弱小的芬兰并未被击败的尴尬事实通常被解释为芬兰受到了英国、法国、瑞典、意大利的支援，并在这种支援下建造了坚固的曼纳海姆防线所致。曼纳海姆防线的突破被宣扬成英雄般的胜利，是这场胜利将芬兰人拖到了谈判桌旁。3月14日，库西宁政府表达了其对受到压迫的芬兰工人由于民族主义的蛊惑和统治阶级的压制而未能有所举动的遗憾。称在人民政府的要求之下，与苏联达成的协议现在已经废除，人民政府正处在自行解散的过程中。两周后，通过苏联最高苏维埃的指令，卡累利阿-芬兰苏维埃社会主义共和国宣告成立；苏联新近获得的芬兰领土被并入其境内。就在 1940 年 6 月 16 日这个新生共和国进行选举的同时，红军坦克轰鸣开入波罗的海三国，并设定计划在这些国家中实施“流行的革命”，革命会带来政权更替以及三国加入苏维埃社会主义共和国联盟的“请求”。卡累利阿-芬兰社会主义共和国的领导人从那些操纵人民政府与芬兰人民军队的人员中选拔；这也许是对库西宁及其党羽的一个安抚性的奖励。但也是一个清晰的表示：将一个服从于莫斯科期望的政权强加于芬兰的构想并未被完全抛弃。

莫斯科条约将索尔塔瓦拉及其周边各岛、芬兰北部萨拉飞地以及在北极圈内芬兰部分的雷巴奇半岛割让给苏联。但是，最令人痛心的领土损失则在南部，边界后退到拉多加湖与维堡湾以西，汉科半岛也被作为军事基地而被租借，为期 30 年。芬兰损失了 1/10 的领土，13%的
216 国家财富，这其中包括了大量富有价值的森林资源、工厂和炼油厂、维堡城，以及连接该城港口到芬兰东部内陆的塞马运河。对于大多数对自己国防困苦处境不甚了解的芬兰人来说，和约无异于一记重击。随之而来的是令人不安的和平，它严峻地考验着战时形成的共同意志及驱逐入侵者的决心能够走多远。

冬战被普遍认为是一个民族团结一致及内战伤口最终愈合的时刻。社会民主党自 1937 年以来加入政府的事实和对国防采取的积极态度，无疑有助于为此打下基础，尽管看起来该党的领导人总是比普通士兵和百姓更加热衷于促成和谈。尽管党内进行了劝说，却几乎没有社会党人参加民防部队，而党内领导人准备加入这一包含所有 1918 年痛苦记忆的议会的决定备受指责。得到大肆吹捧的 1940 年“一月约定”实际上不过是雇主同盟和各工会团体之间通过谈判解决未来问题并提升行业关系的协定，它仅仅具有象征意义却无助于改善工人及其家庭每天所面临的窘境。政府与议会在安顿 40 万难民问题上表现出的速度与积极堪称典范。1940 年 6 月，《迅速再定居法案》的目标是在国有土地和购买来的私人土地上建立 3 万个小型农庄。但是如此之多百姓的涌入，携带着他们固有的方言与习俗引起了摩擦并引发了民众

对未来普遍的不确定感。

在莫斯科签署和平条约后的几个月内，芬兰人目睹了整个西欧从北角到比利牛斯山很快落入了德国人之手，与此同时苏联吞并了波罗的海诸国，芬兰与瑞典结成防御同盟的所有希望都被苏联破坏了，芬兰被迫在苏联要求下拆毁了所有战时在奥兰群岛修筑的工事，并让苏联使用芬兰的铁路往来汉科半岛运输部队。尽管考虑到门德的镍矿公司 217
已拥有的许可协议以及暗示可能触及德国的利益，芬兰人还是在苏联

图 31　为运动员缝制运动服。

洛塔·苏瓦德组织是女子防卫军组织，成立于 1918 年，在 1921 年成为全国性的组织。活跃会员远远超出 10 万。在和平时期和战争年代，她们从事着各种各样的服务。妇女们制作的运动服用于芬兰体操和田径联盟，这也是和白色芬兰的理想密切联系在一起的。由于在内战中参加了红色方面而被芬兰体操和田径联盟开除的俱乐部和个人，在 1919 年成立了工人田径联盟。20 世纪 20 年代，在安特卫普、巴黎和阿姆斯特丹奥运会参加竞赛的运动员，在左派分子眼里都被视为是为了白芬兰而参加竞赛的；真正的社会主义者应仅仅参加红色奥林匹克。共同的战争经历使得双方泾渭分明的阶级对抗变得模糊了，尽管有着政治意识的工人阶级仍然保留着对“白色”组织的一些怀疑。根据 1944 年停战协议的条款，“亲希特勒”和反苏维埃组织应立即解散，防卫团和洛塔·苏瓦德也被包括在其中，不久后被解散。

的主导下获得了在贝萨摩地区建立镍矿区的权力。8月，曼纳海姆要
218 求局部动员，而政府因惧怕进一步激怒苏联而加以否决，有关新一轮攻击的谣言沸沸扬扬。政府同样牺牲了唐纳，在和平一经达成的时候，便通过改组将其自外交部长的位置上降了级。

唐纳的降职是共产党和社会民主党之间长期意识形态斗争的产物。在1940年夏天，有了一个构建新社会的构想，以在芬苏之间维持和平与友好往来。一个作家将此定义为自1917年后左派运动最为汹涌的时代，这意味着冬战的经历并未使人们对1918年的记忆得以完全释怀。对于诸多左翼人士来讲，苏联不再是一个工人国家，苏联现在不过是站在一个对芬兰资产阶级政府施压的立场上。1940年6月波罗的海三国组成的新政府受到苏联的欢迎，他们同时号召在芬兰也组成“将会忠实地提升芬兰与苏联经济、政治和文化关系的一个政府”。

尽管苏联不断抗议，政府还是采取了一条强硬路线对待苏联的活动，警察采用破坏游行并逮捕魁首的方式对苏联采取了强硬立场。社会民主党领导人也驱逐了一个政见不同的亲苏团体，同时积极赞助一个新成立的团体，该团体的目的在于将“武装兄弟会”、社会党人、非社会党人联系到一起，他们在保卫芬兰的战争中曾并肩战斗。一群年轻的工人阶级激进分子在冬战的前线建立了自己的组织，这个组织与资产阶级没有任何联系。从“武装兄弟会”走出的那一代人有很多在战后成为社会民主党的领袖人物、极端的爱国主义者、甚至是共产党人。旧日的前线士兵，例如石匠阿尔内·萨里宁(Aarne Saarinen)和牧民埃尔基·萨洛马(Erkki Salomaa)都十分活跃。尽管有来自官方和共产
219 党内持保留意见的人士设置的障碍，这个组织的运动还是获得进展，并在战后芬兰共产主义运动中占据了领导地位，也成为20世纪60年代中期一条特殊的“民族路线”最主要的支持者。

有证据表明，由于新的军事行动计划及苏联内务人民委员会建立其在芬兰的网络的指示，1940年8月，莫斯科已存在一个重新评估对芬政策的声音。但与此同时，德国也开始对芬兰表现出更为积极的兴趣。作为希特勒重要命令(即德国要在7月末开始为攻击苏联而制定

计划)的第一个影响,德国强烈暗示现在愿意为芬兰提供装备。这表现出希特勒并没有打算允许苏联进攻芬兰。曼纳海姆与总理吕蒂同意德国军队穿过芬兰抵达挪威北部,这对柏林发出了清楚的信号,即芬兰人渴望在元首的翼护下保全自己。尽管在12月13日与苏联外交事务人民委员莫洛托夫的会谈中,希特勒承认,按照1939年8月互不侵犯条约的秘密协定,芬兰仍然明确地处于苏联势力范围之内,并暗示德国人将不会反对莫洛托夫所描述的问题:在未来某一时间内,苏联将通过和比萨拉比亚及波罗的海三国一样的形式着手解决芬兰问题。他还坚持认为如果苏联对芬兰发动新一轮攻击,德国不会在关键时刻表示支持,因为这种攻击将会使波罗的海地区卷入冲突。

芬兰政治领导层无疑受到来自德国的积极信息所鼓舞,尽管德国也明确表明他们将不会支持任何藐视芬兰可以单独谋划并应对苏联入侵的意志。例如,希特勒能够利用苏联的反对去策划一个瑞典和芬兰的联盟,在1940年秋夏之交的瑞典,这个进程已经加快了。该计划一旦得以实现,美国会更加缺乏抵抗德国压力的意志。德国还鼓动芬兰人抵制苏方在贝萨摩镍矿开采中飞扬跋扈的行为。芬兰驻莫斯科公使 220
帕锡基维先是因为发现自己对政府与德国密谋的内幕一无所知而提出抗议,继而又发现自己很难在这一复杂的问题中找到妥协解决方式,最终决定辞职。尽管他认为德国是唯一可以使芬兰从苏联控制中解脱出来的力量,但他在1918年作为总理的痛苦经历使他认识到德国把自身的利益看得高于一切,同时他还担心现在的芬兰政府正被新的德国政府牵着鼻子走。

在那些为莫斯科所信任的可能成为患病的卡利奥总统继任者的人中,帕锡基维是唯一富有经验的政治家,而卡利奥已经在1940年11月末被说服辞职。其他4位候选人——斯文胡伍德、唐纳、曼纳海姆和现任芬兰驻柏林公使T. M. 基维迈基(T. M. Kivimäki)都很快被莫斯科否决了;里宾特洛甫也表示德国并不青睐曼纳海姆。1940年11月的特别立法使1937年的选举委员会得以恢复,以便选出由谁来完成卡利奥余下的任期。选举结果是由总理吕蒂兼任代理总统,吕蒂是唯一一个所有主要交战国都不加以反对的正式候选人。同时他还有效地领导国家度过了最为严峻的战争时期。身为连任总统(1937 年的选举委员会于 1943 年中再次没有任何反对地选举了吕蒂),他为芬兰提供了一个卡利奥所无力承担的精力充沛的领导人。但他沿袭了芬兰政治领导人的习惯,与一个包括曼纳海姆及其密友鲁道夫・瓦尔登(Rudolf Walden)的一个小圈子共事,并有意绕过或无视政府与议会。作为总理,吕蒂未曾咨询便同意了与德国的交换协议,虽然他随后加以否认,而且他还不希望泄露消息给那些哪怕是有必要了解这些消息的人员。例如 8 月 22 日德国运输船停泊在瓦萨和奥鲁,这使得内政部长及当地
221 官员非常震惊。这样的秘密引起了进一步混乱与无序,芬兰被卷入了新一轮与苏联的敌对境地,这一次站在了德国一边。

吕蒂不愿意透露消息或公开表明自己的目的,反映出德国高层统帅把芬兰军事和政治领导人裹挟上德国战车的野心。那些本来因为日常事务访问德国的芬兰高级官员被告知了准备入侵苏联的“巴巴罗萨”秘密计划,而这一计划已经在 12 月 18 日获得希特勒批准。该计划设想芬兰部队会在其中扮演角色,而芬兰军人并未对这一设想提出挑战或质疑。1941 年春季的多轮谈判与会议不过像是一场彬彬有礼的扑克游戏,似乎没有任何一方愿意马上结束。5 月 20 日,芬兰人被邀请参加共同制定军事反击计划以应对苏联可能的入侵;5 天后,他们获悉德国正在酝酿一场侵略战争,或者说是反布尔什维克的“圣战”,而芬兰人可能会加入其中;而在 6 月 3 日到 6 日于赫尔辛基的进一步讨论中,军事协同行动的诸多细节得以敲定。尽管双方达成共识,芬兰军队应在 6 月 15 日开始动员,但德国并未对芬兰人透露入侵俄国的日期,直到 6 月 21 日前一天。在这些谈判中,芬兰政府在很大程度上是被蒙在鼓里的。到了 6 月 9 日,政府才被吕蒂告知,考虑到日渐紧张的苏德关系,曼纳海姆已经要求预备役人员动员。吕蒂表达了芬兰将会在任何苏德冲突中保持中立的言论,这在某种程度上掩盖了芬兰军人参加德国战争的计划。实际上,外长罗尔夫・维廷(Rolf Witting)相对更加坦率,4 天后他对芬兰议会外事委员会直言相告,德国当下的政策将会主

宰芬兰的命运。

同瑞典一样，芬兰必须适应德国主导欧洲的事实；严守中立是一个无法做到的选择。但不同于瑞典的是，芬兰已经被卷入战争，它被
迫接受了很多苛刻的条款，而且几乎没有心理准备。苏联在莫斯科 222
条约签订后盛气凌人的行为，很难被认为会为更加有保障的双边关系打下基础。1940 年 8 月军事计划以及莫洛托夫在 11 月与里宾特洛普和希特勒交谈中的诸多要求表明苏联仍然致力于芬兰问题的最终解决。苏联在 1941 年执行的对芬兰温和的接近来得太过迟缓；现在芬兰人相信希特勒的保护，于是不再准备与其东部邻居进行有意义的对话。

在某种层面上，芬兰与德国之间没有任何政治协议或明确定义的军事同盟，这非常符合芬兰战时领导人的心思。由此，他们可以宣称芬兰不过是正在从事一场独立的防御性战争，这一切发生在德国入侵苏联三天后，即苏联在 6 月 25 日对芬兰进行空袭之时。这样做的首要意图是抚慰本国公众的情绪而非顾及其他国家感受，人们普遍将这看成是芬兰投入了德国阵营。虽然在政府和议会中的社会党成员存在着某种不安，这更多是源于内部小圈子未能获得及时的消息；但对于危机局势之下芬兰应采取一切可能的措施保卫自身的观点，他们并无异议。如今靠着超过其对手的人数和火力，芬兰军队发动了成功的战役，在 8 月初，他们就光复了几乎所有 1940 年割让的土地，并多次试图突破最初的计划。为此，曼纳海姆坚持只担任芬兰军队的统帅，而不是所设想的芬兰境内所有作战部队的指挥之职，这本来是由德国最高统帅发布命令赋予他的权力，同时德国也愿意随着芬兰宣称的独立作战的论调而起舞。不过一旦旧有的边界得以恢复并被跨越，众多的疑虑便开始浮出水面了。

在付出了巨大的代价后，收复旧有疆界的愿望已经得到实现，16%的芬兰人口在部队或国内防御中服役。此时，曼纳海姆向德国说明，芬
兰已经穷尽了资源，所以不能如德国所愿派出部队参加围攻列宁格勒 224
的行动。但这样做仅仅凸显出了一个尴尬的问题，即芬兰在所谓

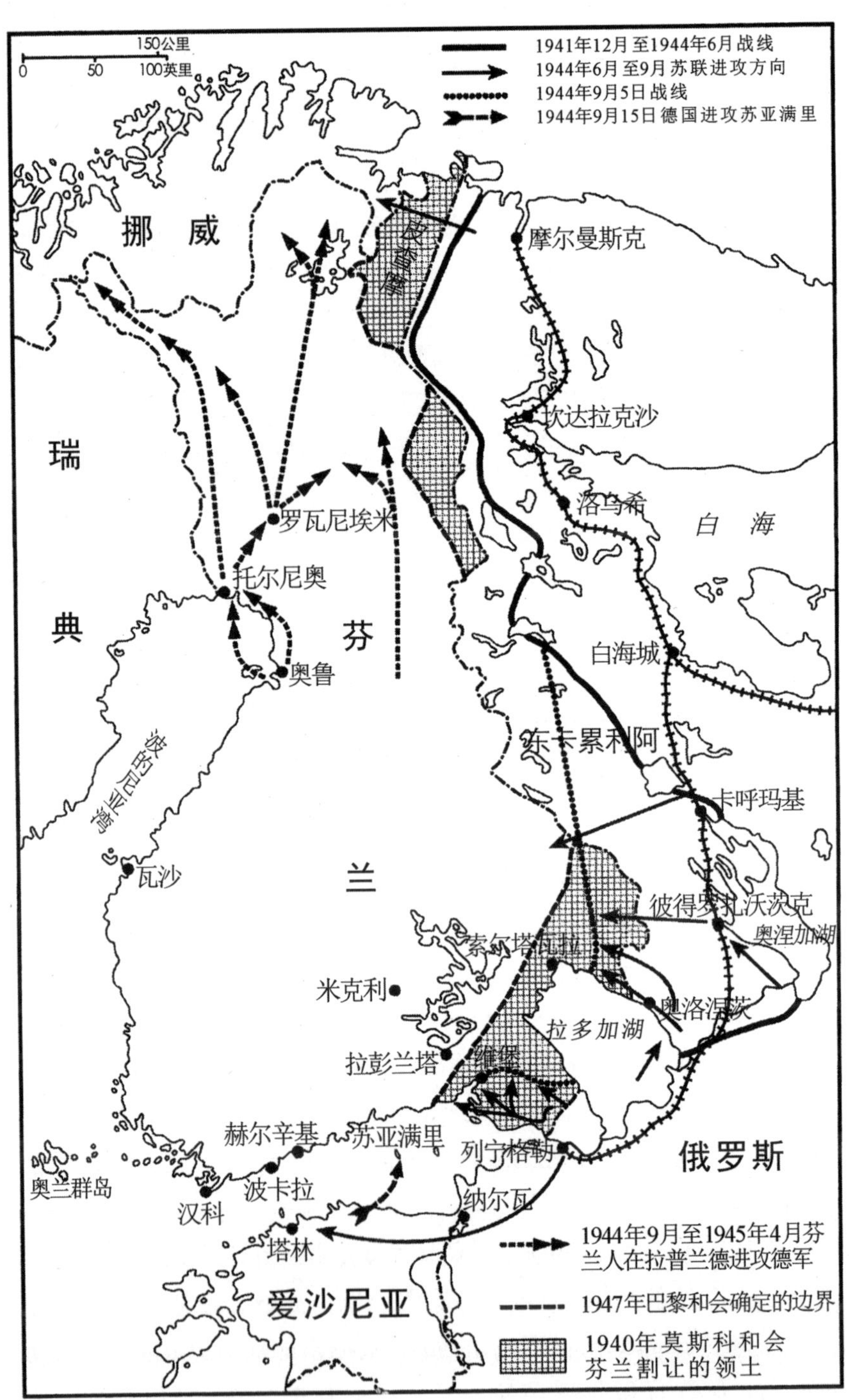

地图 4 战争中的芬兰,1941—1945 年

的“正在进行一场独立的战争”的虚构故事上到底能够走多远？德国人对芬兰目前在共同作战方面的表现给予了高度的宽容，但这并不能保证芬兰将继续享受如此的宽松尺度。同时也存在着如何声明在某种条件之下芬兰得以退出其与苏联战争的问题，1943 年初以后，这一问题变得日渐棘手。

在战役开始之初数周内，德军各主力部队深入苏联境内的惊人速度在芬兰制造出一种兴奋的感觉，并使人相信苏联正处在失败的边缘。毋庸置疑，这使芬兰领导人更为大胆地提出了“短边界”设想，这一使边界自白海到芬兰湾，穿过东部易于防守的诸多水道，并继续推进，在军方支持之下，在东卡累利阿建立地方政府的计划引起了其他国家的不安。维廷不得不在 7 月初再一次向美国驻赫尔辛基使节保证，即政府并不了解曼纳海姆 7 月 10 日有关重复他在 1918 年解放卡累利阿誓言的命令内容，并极力否认芬兰有吞并东卡累利阿的图谋。美英在要求芬兰停止进军的问题上持续施压，这促使社会民主党议会党团要求政府应就战争目的发表说明。在对议会的回应中，政府宣布 1940 年割让给俄国的各地区将重新并入芬兰。政府只是以安全及人道主义的理由占领东卡累利阿，并不渴望对所占领地区提出领土所有权。在自信心的高度膨胀的情况之下，很有可能使绝大多数芬兰人都会支持合并这一地区；只有少数的左翼社会党人和瑞典民族党各成员表达了保留的意见。

虽然他们认识到芬兰并没有自己决定和平条款的地位，这种和平只能依赖于两大强国争斗的最终结果，但是吞并东卡累利阿却成为芬兰领导人战时明确的目标。早在 1940 年 4 月，吕蒂总统便授权地理学 225
家韦伊内·奥尔(Väinö Auer)与历史学家埃伊诺·尤蒂卡拉(Eino Jutikkala)为东卡累利阿属于芬兰提供证据：他们的努力在当年 8 月以暗示性的标题《芬兰的生存空间》(*Finnlands Lebensraum*)著书出版。战前有关自东卡累利阿难民中征召新兵进入战斗部队的指令得以发出，明显是为了给入侵赋予某种解放战争的属性(俄国人也以同样的方式征召芬兰的流亡者编入红军的特殊部队之中)。经过其麾下各军营军官的传播，曼纳海姆 7 月 10 日的命令，实际上是愉快地谈到了卡累利阿，他们自己的军队已经走在了芬兰军队的行列之中。7 月 20 日，在第一个落入芬兰之手的大型东卡累利阿聚居区举行了一个旨在表明卡累利阿人渴望与芬兰合并的大会，但事实上这不过是军方高层的情报部门所导演的。军方通常将对卡累利阿的征服视为是为大芬兰的狂热分子们提供的理想机会，而在各个等级中，从不缺乏为此地区永久并入芬兰出谋划策的人士。

在芬兰军队进军之前，当地人口大多数已经被疏散了，只留下了约 8.5 万人，而且绝大多数都是老年人、妇女和儿童，这其中只有不到一半是卡累利阿人。在占领的初始阶段，芬兰当局所谋求的政策只能被定义为种族清洗。甚至在占领之前，便已经有了计划，一旦战事结束便将俄国人口驱逐出这一地区，而用其他乌戈尔(语)族取而代之。从“驱逐”的初期开始，那些被视为“非本族”的民众便遭到了围捕，并被置于各个集中营之内。截至 1942 年初，约有 2.4 万人被关入这些集中营内。在 1941 年到 1942 年的冬季，农作物歉收加上食品采办以及供给体系的瓦解引起了芬兰城市人口生活的困苦，尤其对那些已经处于普遍配给不足的被关押者而言是灾难性的，由于饥荒的影响，据称已经有超过 3 000 名关在集中营的百姓和 1 万名在押的苏军战俘死去。随
226 后，情况逐渐有所改善，部分原因是芬兰对自己在海外出现恶劣形象的回应：例如，由于持反对意见的盟国媒体的评论，曼纳海姆在 1943 年下命令终止在工资水平和食品配给上的种族歧视。

虽然各个机构中，致力于建立芬兰语民族性的人们拥有对大芬兰事业的执著，并为之倾力贡献，但卡累利阿人的心并未被征服。绝大部分大肆吹嘘的土地重新安排计划仅仅停留在纸面上，而所谓已经开始执行的关于集体农庄的土地分配也推行得毫无章法。教育的宗旨被指定为以芬兰化为基础，一百余所小学，几个高中和一个在奥格涅茨省的语法学校得以建立。学校的教学语言为芬兰语，并且有由芬兰志愿者组成的教师队伍，教学中着重强调宗教与爱国主义的价值。芬兰人付出了巨大的努力劝说当地人成为宗教的会众，不过在许多工作方面引

起了东正教僧侣与路德宗牧师的竞争和摩擦。芬兰军方的调查显示，当地民众在总体上还是欢迎这些举动的，但他们也注意到这些活动的目的——谆谆教诲芬兰价值观，所以这些活动未能引起一个更积极的回应。

卡累利阿本已经成为民族主义的势力范围和芬兰文明的摇篮，却因为德国占领列宁格勒周边地区造成乌尔人撤离到芬兰而日渐褪色。在 20 世纪 30 年代，斯大林驱逐讲英格利亚语人的行为已经在芬兰激起了一场同情他们亲缘民族境遇的抗议浪潮；芬兰方面有时也被说服去接收这些流民，但从未考虑是否给予这些人永久居住权，遑论公民权。流民们逐渐被从隔离区中释放出来以补充农业劳动力。停战协议在 1944 年秋天签订以后，6.3 万名在芬兰的讲格里亚语的人中有 5/6 选择回到苏联，另有 4 000 人逃往瑞典，最终约 4 000 人留在了芬兰。

例如，那些负责东卡累利阿芬兰化的人们拒绝在学校课程中为其他芬兰官方语言留下空间，这样的民族主义论调咄咄逼人，这也是在芬兰的瑞典少数民族感到不安的一个原因。但很多人也担忧芬兰会很快 227
失去中立的瑞典及盟国的同情。随着战局朝着不利于德国的方向转变，这开始成为一个重要的问题。从 1942 年秋天的公众意见调查中，透露出了日渐增长的忧虑及不安定感。当德国第 6 集团军残部在 1943 年初的几周内于斯大林格勒的废墟中投降之时，芬兰政治与军事领导人认可了芬兰应尽快寻找从战争中解脱的机会的观点。1943 年春，最早通过美国斡旋所发表的声明被证明无果而终。美国认为芬兰不会接受苏联的诸多要求，这些要求不仅包括恢复 1940 年边界现状还有支付战争赔款，而其他的条件也使莫斯科所宣称的“保留芬兰独立”打上了问号。芬兰人有关德国将理解他们渴望从战争中抽身的希望也被无情的击碎，是时，芬兰外长被粗暴地告知必须终止任何此前与苏联方面的一切联系。芬兰人力图拖延签署将会使他们不可避免地和德国战车捆绑在一起的协定，但短期内减少谷物供给便是一个不难理解的提醒，即柏林拥有迫使它难以摆弄的伙伴乖乖服从的手段。

1943 年谋求连任的选举后，吕蒂出任总统，这使得新政府更容易成为俄国人易于接受的谈判对象。法西斯的芬兰爱国人民运动不再占据任何政府内部长的职位，同时被认为是亲德的外长维廷被亨里克·拉姆塞(Henrik Ramsay)这个与英美有诸多联系的商人所代替。新任总理埃德温·林科麦斯(Edwin Linkomies)，相对于低效的前任尤卡·兰盖尔(Jukka Rangell)，更乐于支持曼纳海姆和吕蒂，但在危急之时，他的固执却成为芬兰从战争中解脱的一个障碍。目前为止，各种决议仍由小圈子内的人制定或搁置；不过到了 1943 年夏天，对于战争行为的不安使很多社会民主党和瑞典民族党的政治家走到了一起，形成了
228 所谓“和平反对派”。这一集团主要考虑的问题是芬兰正在偏离美国这

图 32　吕蒂总统、兰盖尔总理和曼纳海姆元帅。

这张照片拍摄于芬兰的政治领导人造访曼纳海姆的司令部所在地——芬兰东部城市米凯利，这是许多探访中的一次。卡尔·古斯塔夫·埃米尔·曼纳海姆(左侧穿制服者)有着 30 年为俄罗斯帝国军队服务的经历。1918 年 1 月，他承担起指挥羽翼未丰的芬兰军队的责任。作为一名还没有学会讲一口流利芬兰语的贵族，他的世界观和态度本来形成于对(沙俄)统治者的服务和忠诚，但却在 1917 年的革命后消失了。在他一生中，曼纳海姆获得了作为祖国救星的神话般的地位，而且他的声望如日中天。吕蒂(右边，戴着白色帽子)和兰盖尔(中间)就不那么成功。他们两人在 1946 年都被归类于一群试图在他们的领导下将芬兰引入战争的人(曼纳海姆担心他也被包括进去，但是这似乎并不是苏联所期望的)。自 1990 年以来，吕蒂已经恢复了名誉，但是兰盖尔却已经默默无闻了。

个有能力帮助其脱离战争泥沼的国家，并落进了德国的怀抱。正如政府所掌握的令人不快的事实，1943 年末德黑兰会议中，苏联的盟友已认可斯大林可以有效地以灵活的手腕处置芬兰，和平将只能在莫斯科提出的条件之上实现。帕锡基维抓住机遇，乌尔霍·吉科宁对其明确 229
拒绝在 1940 年签署和约表示吃惊。不过，他们曲高和寡：诸如卡累利阿学会等团体所鼓噪的“大芬兰”等意识仍然深深根植于那些在内战岁月中获得高等教育的一代人心中。在战争中，这一代人充任了东卡累利阿地区的军官、神职人员、策划和行政管理者、国家情报机构的人员，还有那些塑造公众意见的作家或是时事评论员。

问题在于，战时芬兰领导人同时面对着两条道路，正如瑞典民族党人阿尔宾·威克曼(Albin Wickman)在 1943 年所观察到的：“民众中遍布着沙文主义者，我们的民族正在展示出这样一幅图画：对外，我们保持了一个冷静、克制的形象，为的是保卫自己的历史边界以及我们古代北欧人的那种自由。”由于陷入俄国及其盟国逐渐增长的达成和平的压力，芬兰人自己的军事参谋也认为这是唯一现实的选择，但是公众大多数仍然坚持恢复 1939 年的边界而拒绝作出一点点妥协，政府现在面对着这一政策的不利影响。接触在 1943 年底重新启动，这一次是通过瑞典，这显示出芬兰仍然对 1932 年的边界抱有希望，尽管为了满足苏联在安全方面的顾虑愿意作出一些调整。1944 年 1 月德军放弃对列宁格勒的围攻加上苏军主力的进军，意味着芬兰部队所面临的“人海攻击”只不过是一个时间问题了，这说服了圈内人士，即芬兰务必接受 1940 年的疆界。可是在斯德哥尔摩与莫斯科展开谈判的帕锡基维透露，苏联坚持拘禁或驱逐所有驻在芬兰的德国部队并索取以货物形式为主的价值 6 亿美元赔款，还要在 5 年内偿清。这些条款对于政府与议会是无法接受的，并在 4 月 15 日正式加以拒绝。芬兰历史学家奥利·韦赫维莱宁(Olli Vehviläinen)认为政府此时选择的不过是两个恶魔中看似较小的一个，政府并没有准备冒着使德国恼怒或接受将严重 230
威胁芬兰独立的条款而肢解国家的风险。

最终这一争论借助武力解决，芬兰人将被迫接受这些条款。由于希望在按照计划发起对德国攻势前解决芬兰问题,1944 年 6 月 9 日到 10 日,苏联人在卡累利阿地峡发起了一场精心策划的攻势,面对人数与火力数量均占优势的苏军,疏于准备的芬兰军队被迫后撤。尽管维堡于 6 月 20 日陷落,但来自东卡累利阿的增援以及从德国运来的空军和反坦克武器使这场撤退免于演变成溃败。由曼纳海姆下令从东卡累利阿地区的撤军也是为了牵制大量苏联军队,否则这些苏军就会被投放在芬兰南部以发动一场猛烈的攻击。

赫尔辛基的政治家对于时局的变化十分吃惊,他们开始拼命寻找解决办法。由于之前一连串危机,他们转而求助曼纳海姆,而他于 6 月 14 日拒绝了将其提名为总理的提议,在两天后同样拒绝了提名为总统的提议。曼纳海姆的立场是基于他对军事局势的评估:他起初迎合新政府,随着 6 月第 3 周前线情况的稳固,他又转变为反对这一新政府。而且他还对吕蒂施压,要求芬兰对德国加以承诺,而非屈从于苏联有关芬兰应投降以追求和平的要求。6 月 22 日,德国外长里宾特洛甫飞往赫尔辛基,保证会提供巨额军事援助。作为回应,在一封给希特勒的信中,吕蒂以芬兰总统的身份同意“无论是他,还是他所任命的芬兰政府或其人员都不会在没有德国元首认可之下达成停火或进行以此为目的的讨论”。

吕蒂与里宾特洛甫的共识几乎使政府解体,社会民主党打出了集体辞职这张王牌。这一共识导致美国中断了与芬兰的外交关系,并使大部分瑞典媒体确信,芬兰现在完全处在德国的主宰之下。对于吕蒂自身而言,此举无异于政治上的自杀行为,但他于一个月后的辞职,使
231 得他的继任者得以宣称,新总统不受吕蒂致希特勒信中个人保证的束缚。继任者是 77 岁的曼纳海姆,他承担了这个职位,需要在幕后有着相当的控制力,以保障这个坚韧而固执的老兵不会在最后一分钟打退堂鼓,包括由议会通过了一项额外的立法。在先前苏联对地峡猛烈攻势时的混乱岁月,曼纳海姆的声名曾遭到重创,但经过 6 月 25 日与 7 月 10 日在塔里(Tali)和伊汉塔拉(Inhantala)成功的防御战后,得以再次提升。这种行动不仅阻止了苏联进攻芬兰南部潜在的可能性,而且

还说服了苏联领导层终止了攻击并自白俄罗斯前线撤军。曼纳海姆晋升到了25年前被议会决议所拒绝的元帅位置,这为他提供了足够的满足感,也更加衬托了那些将芬兰引入战争的无能之辈,虽然他们具有同样的位置和权力;但在危机之时,一名军事领导人在形成芬兰战时政策时必然起到主导作用,这是合情合理的,这将使得他将谨慎放到一旁并承担起他经常说的政治家的责任。他谨慎冷静的性格和由于希特勒曾经特意为庆祝他75岁生日飞往芬兰而在德国军政圈中树立起来的崇高威望,都有助于帮助芬兰在退出战争之际免遭德国的大规模报复。在1944年9月19日达成了停战条约,而条件对芬兰来说是苛刻的。而另一"久经沙场"的战将帕锡基维在指导国家事务上仍然起着重大的作用,他对苏联无休止的干涉与控制充满恐惧;瑞典政府相信芬兰在事实上已经成为苏维埃的从属。不过,按照苏联的档案,这些条件比之6月那个迫使芬兰领导人投降以得到和平的条约已经宽松多了。如果由伏罗希洛夫元帅领导的委员会所起草的投降条款得以执行,芬兰将会被肢解成为莫斯科的一个总督辖区,其军队将会解除武装,绝大部分领土将处于苏军占领之下,经济和政权也将受到苏联的控制。 232

正因如此,芬兰被迫接受了1940年时的边界,交出了该国在北冰洋的立足点——贝萨摩,还需将芬兰首都以西临近的波卡拉基地出租给苏联。苏方则同意将价值6亿美元的货物赔偿减半,不过他们坚持必须以1938年的美元市值核算。同时,在两个半月内,芬兰境内的德国部队需要解除武装,芬兰军队也需撤销动员。苏联高层统帅则被赋予全权,可以要求使用他们所希望的芬兰机场在战时打击德国,同时芬兰政府务必提供所有认定可以通向机场的道路。未经允许,任何芬兰的船只、飞机,无论是军用还是民用,均不得离开其港口或基地。直到德军最终完全撤出之前,不允许任何有外交目的的外国使团进驻芬兰,这是瑞典政府非常关注的问题。芬兰必须同意与盟国合作,逮捕并审判那些被认为犯了战争罪的人,撤销所有"支持希特勒"与反苏的团体。在签署停战协定的那些天里,约400个组织被政府划归被禁止活动的名单之列,包括法西斯主义的"爱国人民运动"和卡累利阿学会。[10]

月,盟国管制委员会在赫尔辛基的托尼饭店落脚以监督解除武装的进程,在这项任务完成之后,更多的组织被列入到名单之中。

委员会的主席是安德烈·日丹诺夫(Andrey Zhdanov)。作为在 20 世纪 30 年代列宁格勒地区的共产党大头领,日丹诺夫曾经发表了许多有关芬兰的威胁性声明,而他更是在 40 年代苏联吞并爱沙尼亚的幕后指使者,芬兰人理所当然对他感到畏惧。日丹诺夫很快便看穿了芬兰高层统帅隐藏其被遣散部队于各级民防部队的意图,民防部队按照他的要求应被视为希特勒主义的组织而被禁止,他还坚持芬兰军队将被限制在其 1939 年 1 月的 3.7 万人水平以下,而非芬兰将军们坚持
233 的冬战与续战期间的 6.8 万人。日丹诺夫和他的副手萨沃年科夫(Savonenkov)还指责芬兰高级统帅谋求拖延打击盘踞在拉普兰省的德国部队。此举促使芬兰人打破了与他们曾经的战友达成的分阶段撤军的“君子协定”。到了年底,拉普兰地区几乎全部光复,虽然在不久前已经遭受了恼羞成怒的德军的大肆破坏。

按照苏联的愿望,芬兰军队被遣散,盘踞在该国的德国武装的威胁已经消失。停战的主要条款得以实现的其他迹象,使日丹诺夫回到了莫斯科,担任更为紧要的职务。留下的事务交给了副手处置。富有经验的美国记者约翰·斯科特从他在 1944 年 10 月对管制委员成员的采访中,探明俄国人想要的是一个独立且友好的芬兰。英国记者保罗·温特顿的结论则并不那么乐观,他感受到芬兰是打引号的独立,除了在未来服从莫斯科发出的任何指令以外,将不会有其他的选择。盟国管制委员会中的英国代表不过是一个次要的角色,总是被苏联同行所拖延。美国人未曾对芬兰宣战,可以谋求一种更加独立的政策,这一政策促成了两国关系在 1945 年 9 月正式恢复,美国还在 12 月份允许进出口银行对芬兰拨付一笔 3 500 万美元的贷款。

此时战时盟国之间存在的分歧不断扩大,但美国仍然将芬兰视为西方世界的一部分,尽管芬兰的独立是有赖于苏联的。在整个贯穿大战的岁月中,美国的观察家与外交官都提到芬兰明显不同于其他与德国为伍的共同交战国。这强化了其印象,将芬兰视为一个诚实、勇敢的

民主国家,并正在努力地偿还其债务。苏联谨慎地使用在芬兰的军事设施;芬兰也没有如同罗马尼亚和保加利亚一般被占领,并由芬兰政府而非管制委员会对各个机构与媒体施加慎重的压力。尽其全力以便确保这一切发生的人就是帕锡基维,他于1944年11月被授权组建一届 234
新政府,并在此后12年一直处在国家掌舵者的位置上。帕锡基维拥有苏联领导人的信任及尊敬,并得到英国与美国的高度评价。在许多公开的演讲和讲话中,他为芬兰的新政策定下基调,并毫不犹豫地对那些被他认为是通过言语和行为将国家置于危险境地的人物加以告诫。他还勒令那些具有威胁性的政客从公共领域内退出;虽然帕锡基维据理力争,试图避免管制委员会对芬兰战时领导人加以审判,可一旦他发觉别无选择时,还是能够毫不犹豫地照此执行,并劝说主审法官按照管制委员会的要求重新考虑他们的判决。包括吕蒂、唐纳以及两名战时的总理兰盖尔与林科麦斯被指控"在1941年将芬兰带入战争"的判决的通过被芬兰公众看成是不公平的,但在帕锡基维眼中则是政治的必然。从芬兰人观点来看,这些人已经对因立法目的而建立的国内法庭感到厌倦;判决并未得到执行,所有人都在他们刑期届满之前得到释放。曼纳海姆得以从被告席中缺席,尽管控方律师收集到的证据显示了其在1941年领导芬兰参战的证据。看起来苏联领导人也倾向于避免如苏联在战时所宣传的那样,将此人冠以主要战犯的名号,以免骚乱在芬兰出现。由于身体原因,1946年3月初,曼纳海姆得以从总统的职位上光荣隐退。从3月开始已经拥有一切权利而只缺名义上职务的帕锡基维,被议会选为总统,议会为芬兰提供了临时法律使他作为国家元首可以任职到1950年,到了那一年,帕锡基维再次轻松地赢得了总统大选。

1944年11月,帕锡基维在他的首任政府中容纳了一名最近还在花大量时间躲避搜捕的共产党领导人于尔约·雷诺(Yrjö Leino)。 235
1944年10月14日,大约24个人在赫尔辛基郊区的一个裁缝店里聚集,建立了一个芬兰的合法团体——共产党,雷诺的不同寻常不仅在于他依然未曾被捕,而且还因为他从未前往过苏联。这些人大多生于世

236

图 33　帕锡基维总统和“三巨头”政府,1946 年。

尤霍·库斯蒂·帕锡基维第一次坐在这个会议室是在 1909 年作为旧芬兰参议员参加在会议厅举行的全体会议。当时,芬兰国家元首的画像已经取代了那些皇帝(见图 23)。他的前任总统曼纳海姆元帅的画像,直接挂在帕锡基维的后面。像其他著名政治家一样,帕锡基维在世界大战之间的年代里没有参与政府。当温斯顿·丘吉尔呼吁在战争中领导他的国家取得胜利之时,帕锡基维却在呼吁带领他的国家摆脱失败。他继承了旧芬兰的传统,并试图寻找机会与俄国人实现一种可行的和解。他既认识到现实的力量,也试图通过协定,维护和巩固芬兰这个民族国家。作为芬兰 1918 年内战后的第一任总理,他可能永远无法想象,他将在 1/4 个世纪之后呼吁组建包括白色芬兰人的死敌在内的政府。1946 年他当选为总统,出任政府总理的是前社会民主党人毛诺·佩卡拉,他已经把他的忠诚转向以共产主义为主的芬兰人民民主联盟。6 名政府中的人民民主联盟成员中有 4 名是共产党员,其中包括财政部长于尔约·雷诺。雷诺是从总统左边算起的第 3 个人,坐在他右边的是佩卡拉和无党派的外交部长卡尔·恩克尔(Carl Enckell)。紧靠着总统右边戴眼镜的男人是司法部长乌尔霍·吉科宁。

纪之交,在 20 世纪 20 年代达到了政治成熟期,用研究他们的历史学家基莫·伦托拉(Kimmo Rentola)的话来说:“与拉普阿运动相结合,了解了外部世界;在苏联培训;芬兰入狱。”由于认真地遵从来自莫斯科的召唤(并且当指令自相矛盾或是消失时便无法确定何以为继),他们将自己封闭在令人好奇的既成世界之中,并极其不信任任何可能挑战这个世界的事务,这些来自各个阶层的芬兰无产阶级的男男女女,加上此外一部分自苏联归来的流亡者(但没有库西宁,他否认这是一个好的机遇)领导了此后 20 年的芬兰共产党。按照苏联的政策,他们决定在 1944 年 10 月末组建芬兰人民民主联盟,这样有助于争取社会民主党中相当一大部分的持不同政见者,使得这个新的政党得到了 1945 年 3 月的议会选举中 1/4 的选票,共计 49 个席位,这在议会中,只比社会民主党少 1 席。

雷诺被容纳进帕锡基维的首届政府更多地得益于农民党政治家卡洛・希利莱(Kaarlo Hillilä)和乌尔霍・吉科宁的渴望,他们希望将共产党引入政府内,以便在国家一旦出现混乱时,借此举将俄国人的干涉风险最小化,而非任何对共产主义者的期望。虽然经过莫斯科的推动,他们在帕锡基维的第 2 届政府中获得了他们渴望的内政部长之职。在此后的 3 年,社会民主党、农民党与人民民主联盟三大政党执政芬兰。在 1946 年帕锡基维总统的选举中,现任人民民主联盟成员(前社会民主党)毛诺・佩卡拉成为总理。雷诺占据了内政部长职位,并且共产党可以获得对安全警察的控制权,他们在着手进行一系列的调查,以消除
芬兰国内反民主的因素,就如共产党人所宣称的那样。共产党人还大 237
力渗透工会,进而可以保证在 1945 年的地方选举中得到比社会民主党更多的选票。经过日丹诺夫提供的建议及给予的指导,芬兰似乎正在步东欧的后尘。雷诺信心十足,他在 1945 年 4 月对党内同志保证“我们正以轻快的步伐迈向民主”,他的妻子,库西宁之女海尔塔(Hertta)形容“三大党联盟”为“民主的人民政府”,即使是她过于谨慎的父亲也感觉到有理由对迈向民主变化的步伐感到满意。

但是到了 1946 年底,共产党领导人公开表现出他们对取得如此之少的斩获的失望。削弱他们的社会民主党对手的可能并没有出现,新一代的“武装兄弟会”已经牢牢地抓住了政党领导权,还准备对共产主义者展开反击。日丹诺夫明确表示,对苏联而言,安全是首要事务。只要帕锡基维可以提供这种安全,那么共产党就必须以自己的方式获取政权。在 1945 年第一次转瞬即逝的成功之中,共产党人忘记了芬兰人的名言“在剥去熊皮之前需将其击毙”。他们自欺欺人地相信,只要遵从莫斯科的需求,通过把那些被苏联视为敌人的人物排斥出公众生活,

他们真的能走上在他们看来是匈牙利或捷克斯洛伐克式的夺取政权之路。实际上，他们控制局势的雄心壮志微小得令人可怜，当他们在政府中的伙伴开始意识到一个问题时，这种野心便会化为乌有：苏联只要求芬兰遵守1947年开始生效的和平条约的条款并愿意包容苏联的利益，就已经满足。雷诺的命运具有启示性，到了1948年，他在自己党内和莫斯科的地位都在急剧跌落；在那一年的5月，一次针对他"在1945年将一些芬兰公民当做战犯送到押往苏联的队伍之中"的动议在议会中获得了大多数人的支持。对于这一动议的通过，保守派人士徒劳地向帕锡基维保证，他们无意使雷诺辞职。不过，帕锡基维
238 忠实地信守宪法，他对于保守派人士在距离大选仅仅5周的时候表现出来的愚蠢行径大为光火。雷诺拒绝辞职，随即被解除职务；忠于他的政党呼吁进行大规模抗议活动，在短暂的时期内，看起来长期盼望的革命高潮即将到来。但是共产党由于已经失去工会和社会民主党的支持，便不愿支持一个已经在政治上走下坡路却还拼命留在政府中的人，而仅仅接受了一种这样的改组计划，将手中内政部长的位子让出来。

一个月前，总统帕锡基维已经下达一个全国范围的戒严令，以应对一起传说中共产党人将要领导的政变，而这个预谋，最终并未成为事实。他还准备在必要时，以一个少数的社会民主党政府取代联合政府，事实上，在大选后这种安排的确出现了。人民民主联盟席位下降到38席，而他在政府中的两个伙伴的席位却都有了增加。在东欧，共产党可以主导弱小的社会党与各种农民党派，将他们压缩成一个温驯的集团，而在芬兰却未出现这一境况。社会民主党人和农民党人证明了他们自己也如同共产党一样坚韧和狡猾。最终，在奥斯莫·尤西拉(Osmo Jussila)的著作中"不是战俘就是囚徒"的共产党更需要在政府中找到他们的伙伴，而非伙伴们更需要共产党。

回顾过去的这段时间，1947到1948年诸多的罢工与抗议活动似乎更加凸显了共产党人所遭受的挫折和无力的反应，尽管在那时，他们对那些不想走捷克斯洛伐克模式的人们表示出了忧虑，库西宁声称这

条路对芬兰来讲是一条正确的道路。随着日丹诺夫在1947年9月的共产党工人情报局成立大会上,发表了有关世界已经分成了两大无法调和阵营的说教式发言和1948年2月共产党在布拉格的夺权,这种紧张气氛达到高潮,斯大林在此时提出了在芬兰与苏联之间缔结互助条约的想法。除了欢迎这一构想的共产党人和一部分愿意参加谈判的一小部分社会民主党与农民党以外,政治家们和公众坚决加以反对。一些军官非正式地试探他们的挪威同行的态度,并小心地接触美国人,一旦危机转化成为冲突时,可以求得帮助。富有经验的活动家劳里·皮 239
赫卡拉(Lauri Pihkala)知会了美国军方随员,一个地下抵抗运动已经存在,并准备与苏联人进行斗争。这些接触方式清楚地显示出由共产党领导的"民主化"的3年并未使武装部队的各级部门以及公众的反苏意志有些许削弱。美国人保证如果芬兰人向联合国提出他们的控诉,就会支持芬兰。这必然导致俄国人增加对芬兰的压力,并迫使帕锡基维作出让步,同意与莫斯科进行谈判。

自1945年以来,互助条约的设想就已经被断断续续地提上日程。1945年1月,曼纳海姆实际上便已经起草了一个协议的概要,在这个概要当中双方互相尊重彼此独立,互不干涉彼此内部事务的字样被添加在第一条中。这个草案将缔约双方绑在了一起,使得他们必须做到互相援助,防止直接以芬兰为目标的或是途经芬兰境内针对苏联的入侵,甚至是同时针对二者的入侵。由此,芬兰人有时间来考虑他们的立场。结果,在1948年春天,芬兰人得以在莫斯科举行的谈判中,劝说斯大林放弃东欧互助条约的模式并接受他们的建议。

1948年4月6日,在莫斯科缔结的《友好合作互助条约》要求芬兰抵抗德国或其盟友的武装入侵,这包括通过芬兰领土针对芬兰或苏联的武装攻击。而且根据目前的条款,"这个条约在芬兰境内有效,如有需要,苏联将以联合或单独的方式加以援助"(第一款)。条约的第二款规定,如果条款第一条之威胁事实存在,则缔约双方应彼此协商。这个模糊的条款给苏联留下了一扇虚掩的门,它可以宣称这种威胁实际存在。但是此外,这个协定的确为芬兰提供了某种保证。这一条约将只

能以保卫领土完整为目的，并且任何苏方的援助必须是在双方认可的
240 条件下才能实施。条约在批准后的 10 年内有效，如果没有任何一方预
先表示其希望中止条约，则于此后再延长 5 年。

241

图 34 赫尔辛基奥运会，1952 年。

赫尔辛基原计划在 1940 年举办奥运会，主要体育场事实上在 1938 年就已经建成。在功能主义建筑时代，这是一处最优秀和最持久的建筑，它是由于尔约·林德格伦（YrjöLindegren，1900—1952 年）和托伊沃·杰恩提（Toivo Jöntti，1900—1975 年）所设计的。芬兰的建筑和设计在 20 世纪二三十年代开始获得国际声誉。作为在新艺术派风格晚期最重要的建筑师之一，埃列尔·萨里宁（Eliel Saarinen）在芬兰被誉为“青春的动机”，凭借赫尔辛基主火车站的设计（1914—1919），开始转向理性。萨里宁后来主要在美国工作。在芬兰功能主义的最重要的支持派是阿尔瓦尔·阿尔托（Alvar Aalto，1898—1976 年）。阿尔托总是非常仔细地运用自然，而不是摒弃它。帕伊米奥结核病疗养院的鲜明功能设计是为了给病人带来最好的光线和通风，以及使他们容易置身于丛林景观。阿尔托和他的妻子艾诺（Aino，1894—1949 年）为疗养院设计的弯曲的木质椅子成为他们自己设计中的经典。

沮丧的情绪,在某些时刻几近恐慌,是需要时间平息的。芬兰不参加马歇尔援助计划的决定被解释为这个国家进一步屈从于莫斯科的迹象,到处弥漫着在莫斯科达成的条约中存在秘密条款的传言。美国人威胁,如果芬兰议会批准这一条约就将撤回贷款,但仅仅一个月以后,美国又迅速改变了自己的方针,这是在有关“苏联人将会减少芬兰赔款”的新闻泄露出来后发生的。在 7 月的选举中,共产党人被击败,并从政府中消失后,来自西方的贷款和出口品迅速地增加。尽管美国对芬兰的未来仍然表现出忧虑,他们还是愿意勉强承认这是一个特例,并准备提供经济援助和谨慎的政治支持。最后的赔偿支付于 1952 年秋季完成,而赫尔辛基奥运会的举办,进一步激发了芬兰的自信及对民族生存的确信(芬兰本应当在 1940 年主办这场盛会)。

到了 1955 年的秋天,斯大林晚年统治的那种紧张气氛明显减弱了。在莫斯科关于延长苏芬《友好合作互助条约》的会谈是在一种轻松友好的氛围之下进行的。虽然芬兰人发现苏联无意考虑重新调整卡累利阿边界,且芬兰人必须接受将 1948 年的条约延长 20 年而非芬兰所希望的 10 年,但他们收回了波卡拉基地,苏联人还给芬兰加入北欧理事会及联合国开了绿灯。恐惧、忧虑与狐疑依旧困扰着双方的关系。帕锡基维猜测在莫斯科会谈的成果公布的前夜,美国的军事专员一定是在幕后做了什么,荷兰有一家媒体披露,一些芬兰军队的退役军官正策划一场惊人之举,这将把芬兰送进北约的行列中。莫斯科担心维诺·唐纳将会成为此后总统选举中的候选人,并力促帕锡基维连任。美国人怀疑在苏联的诸多让步之下隐藏着一个计划,这个计划将谋求利用芬兰在北欧理事会中兜售莫斯科“热爱和平”的诸多规划。在任职 242
的最后 6 个月中,帕锡基维多次在公共场合表示,苏芬关系已经有了显著提升,并不会妨碍芬兰与其他各国打造更加紧密的经济和文化联系。

芬兰怎样才能在 3 场混乱的战争中得以保全,怎样化解苏联吞并芬兰的野心,这些话题从 20 世纪 40 年代开始成为评论家们反复研讨的目标。90 年代末前苏联档案的解密使得苏联领导人的动机和目标得到了一个全景展示,而这在实质上改变了 30 年前由安东尼·厄普顿

(Anthony Upton)作出的判断——“只要斯大林还握有帕锡基维这张牌,他就不再需要芬兰共产党。”幸运的是,在俄国与德国的冲突中,无论在战略方面还是政治方面,芬兰比波兰甚至是波罗的海三国都缺乏重要性。这很大程度上可以解释,为何在1944年夏天,希特勒与斯大林在最后的考虑中都不愿意为了征服芬兰而使用大规模的部队。两人有着更为重要的猎物以供享用。两人都表现出了对芬兰战斗力的重视,并在言语中以及对待与之打交道的芬兰人时表现得彬彬有礼且有所克制。这使得芬兰的政治领导人无需忍受在1939到1940年间不幸的爱沙尼亚、拉脱维亚和立陶宛领导人所遭受的那些有预谋的欺凌,更不要说1945年以后那些被监禁或处决的东欧领导人的命运。德国与苏联都无情地操控着芬兰以适应自身的目的;如更加有远见的帕锡基维,谈论到斯内尔曼和于尔约·科斯基宁(Yrjö Koskinen)的悲观观点,无助弱小的国家在屈从于强大国家的利益的时刻,必须将其视为这个世界的生存方式,并尽量去适应,且要借助以往的经验。那些以赖提为首的呼吁正义与道德的人注定只能与失败者为伍。

德国并没有任何破坏芬兰社会与政治秩序来实现自己意图的尝试。在1944年6月的关键时刻,里宾特洛甫准备在芬兰筹划建立某种
243 形式政府的愿望被德国公使所打破,公使确定地告诉他,在芬兰并不存在那种可以被考虑执行这一方案的亲纳粹的组织。苏联人的确有过建立一个可能成为苏联一部分的共产主义芬兰的计划,虽然他们似乎不相信由芬兰共产党自身执行这一计划的能力。1945年5月,雷诺告诉日丹诺夫,芬共的主要目的在于加入苏联时,也许他的主人所回答的正是雷诺所希望听到的。但无论如何,他犯了比他精神上的主人更加狂热的罪过。日丹诺夫并没有表示这就是苏联所需要的,但在与共产党或非共产党的芬兰领导人打交道时,他更加明确地显示对苏联的安全利益的承认处在今后两国关系的核心位置。对于共产党的建议有很多,但他们此时正忙于采取决定性的步骤。尤西拉曾暗示,1918年,库西宁所指责的老派社会民主党脱离1917年革命道路的“议会主义”仍然对共产党领导层有着强烈的影响,并导致他们在议会中按照力量平

衡进行游戏。这也许也可以解释其特有的无力建立类似捷克或匈牙利共产党建立的那种无情领导权的原因,同时也可以揭示芬兰与东欧各国在本质上的不同。芬兰政治机构的各个层面与各党派并未被本土或外来的独裁者所摧毁。与共产党竞争的各党派拥有深厚的根基,并坚定地拒绝逆来顺受地在炮制的人民民主中接受一个次要的地位(尽管俄国人将非常希望看到以唐纳为首的政党的毁灭,各个政党也不愿意被管制委员会所挟持)。而且,芬兰共产党是1917年前工人运动的产物,这是一个在陌生领域中成长起来的孤儿。其领导人曾经拒绝了许多该运动中非列宁主义的幻想,但他们却从未抵赖这一点。虽然他们
将斯堪的纳维亚社会民主看成是西方帝国主义的一只魔爪并尽其全力 244
追求东欧社会主义模式,但芬共在其历史、传统和个性上更接近波的尼亚以西的共产党组织而非芬兰湾以南各个共产党。作为政治舞台上的"新面孔",他们曾经宣称他们自己是芬兰社会转变的引路人,但他们却选择了一条更加靠近过去的道路,就像他们曾经谴责的反动派们所做的一样。

第七章　吉科宁时代（1956—1981）

245 20世纪下半叶，芬兰人的生活受到两样东西的控制和影响：一个是从农业社会向后工业社会快速迈进的过程；另一个就是这个国家与外部世界的关系，特别是与苏联的关系。与此同时，这个国家也是被一个人统治着的，乌尔霍·卡莱维·吉科宁，1956到1981年共和国的总统，一个终其一生都充满争议的人物。在这个人逝世后的20年，甚至更久的时间内，对于这个话题的激烈争论仍在继续。随着苏联的解体，在莫斯科找到的有限解密档案透露出芬兰人与苏联政治领导人之间在某种程度上的合谋，使得吉科宁以及紧紧团结在其政策周围的那些人名誉扫地。"芬兰化"一词作为一个术语，第一次被芬兰以外的政治家和时事评论家使用，用来标示一种特定的、曾经强加于世界各地的苏联式操控模式。而现在，这种模式正在被芬兰人使用着，且看起来已经成为人们用来对那段芬兰历史进行描述的关键词汇之一了。而那些70年代的"芬兰"学者，如联邦德国的右翼党派政治家佛朗兹-约瑟夫·施特劳斯(Franz-Josef Strauss)以及政治评论家沃尔特·拉奎尔(Walter Laqueur)，认为苏联才是反面角色，这个国家使用了各种各样的操纵性手段以确保能够控制一个面积狭小、国力微弱，并且已经由条约而牢牢绑在身边的邻国。1991年后的芬兰学者们在解释"芬兰化"一词时，已经将关注点直接放在了处于这场困境中的芬兰人自身的过失上。尽管现在下最后的定论还为时过早,但绝大多数的责备和批评都已经压在了吉科宁肩上。

在很大程度上,所有这些都归因于这样一个事实:吉科宁是一个 246
杰出的、精力充沛的政治家,他在超过 40 年的时间里积极参与了公共生活中所有的主要领域,他被抬高到“国家最主要的缔造者,并能够指导国家战后政治命运”这样一个位置上。然而,吉科宁任职的这段时间,在芬兰国内对于权力和权威的行使及运用已经出现了变化。此外,在外部环境的压力下,长期以来形成的“民族一致”原则(至少是从 19 世纪 80 年代以来一直如此),作为芬兰人在公共生活领域的一大特点仍然发挥着重要作用。20 世纪 40 年代给芬兰带来的直接后果也是严重的。战争及其结果使得芬兰开始着手与其东方邻国(也是以前的宗主国)建立起一种全新的、与过去完全不同的关系。这是一种意义深远的保守性的和解,使芬兰的政治领导人得以设法去处理与东部邻国的关系,就像 19 世纪时他们的前人所做的那样。同时,这种关系也被他们作为一种工具,反过来用于控制芬兰政权本身。与苏联保持良好关系成为重中之重的问题,同时也成为一种困扰。从 20 世纪 60 年代中期开始,延续政府外交政策的一贯性成为芬兰国内任何政党和个人想要染指政权的前提条件。不作出类似的行动或声明会被莫斯科当局认为是抱有敌意和侵犯意图的;同时,在芬兰国内有这样一种趋势,将帕锡基维-吉科宁(Paasikivi-Kekkonen)在外交政策上的路线提高到宗教礼拜仪式那样神圣的高度去遵守,这些都是芬兰学者们所暗指的他们的国家正在“芬兰化”的标志。“国家在匍匐前行”,在最早研究这些问题的书中,我们借用了这样一个标题来形容那个时代。

然而,我们现在所持的、对吉科宁时代的那些特征的批评已经使这个国家受到轻视,并可能导致更多本来值得尊重的方面遭到贬低。芬苏两党之间存在这样一种含有稳定性和延续性的既得利益关系,不但可能、而且一定会带来一种安全感。隐约之中我们感到,或许正是芬苏之间的这种关系让两个国家能够在交往极少的情况下共存。旅游业自

20 世纪 60 年代以来的发展并没有使这里像在很多西欧国家那样出现哪怕是偶然的民族间融合。芬兰的旅游者到苏联去，被不以为然地认为是“只会喝伏特加的旅游者”。而且，无论在何种情况下，他们总是被小心地限制在一些特定的区域内。在这里，尽管有着大量官方主导的
247 接触和访问，但是积极、自由的思想交流却非常鲜见。两国的关系很难挑战以下两件事物：一个是芬兰人对自己国家的认同感，这是靠做事精打细算和对国家的深厚情感依赖所支撑的；另一个就是由西方传入芬兰的新思潮、新思想。但同时，它也保证了芬兰人民能够不受明显妨碍地继续他们原本的生活。在经济、社会、文化各个领域，芬兰人几乎都走在与其他西欧国家相同的发展轨道上，朝着富裕、消费主义、福利国家式社会保障的目标前行着。仅有极少数国民依然坚持这样的观点，即芬兰的应有地位应是在东欧民主国家的行列里。但他们却从不尝试去说服或是强迫另外大多数人也接纳同样的观点。吉科宁在公众面前极力把自己塑造成一个苏联领导人可以信赖的人。他确实这样做了，并在某种程度上取得了成功。20 世纪 70 年代的民意测验表明：国民对于当时实行的芬兰外交政策有很高的满意度，并相信芬兰是个拥有安全保障的国家。

然而，即使有了政治家们的保证，这里也总是存在着一种明显的焦虑不安的感觉，并在吉科宁总统任期的最后几年变得更为强烈。两国关系总是受到国际紧张局势（特别是欧洲）的影响，武器竞赛中技术上和战略上的问题错综复杂。它们中很多问题影响到了芬兰国内事务，却也在芬兰领导人与苏联共产党的周旋中起到了一定作用，特别是在后斯大林时代刚刚开始的那几年。与那些克格勃知名的特工人员或是苏共外交部打交道是一种很危险的游戏，但同时，这也是芬兰领导人能够接近莫斯科决策者们的一种有效途径。他们不愿仅仅靠惯常的外交渠道，因为权力并不掌握在苏联外交部门手中。这里提到的主要特工人员大多在芬兰工作多年，都是芬兰问题专家，他们语言流利、交友广泛。看起来，他们已经赢得了芬兰总统和很多重要领导人的信任及信心，以至于芬兰人偶尔会在机密会谈中将他们作为官方翻译使用，于是

日后这些人在撰写自己的回忆录时,很多人顺理成章地夸大了自己的重要性和影响力。他们被看做是傀儡的操纵者,依靠苏共政治局的那 248
些指示,操控着芬兰政治领导人以及公众人物。然而,如果简单地这样评价,就忽略了以下两个因素:苏联在政策制定中经常出现的混乱与反复,以及芬兰人据理力争的本领。尽管出现了备受指责的后果,并留下了苦涩的味道,两国之间却从来不是许多人想象中的那种一边倒的关系,即一方对另一方冷酷无情地进行压迫,或是在一个虚弱、消极的弱小邻国身上施加决定权。

与前几任总统相比,吉科宁是在一个独立的、芬兰人的国家里成长起来的。1900 年,他出生在芬兰东北部一个偏远教区。在成长过程中,他受到了芬兰民族主义中激进主义传统的影响。作为 20 年代末、30 年代初的学生运动的年轻领导者,“要给芬兰社会带来一场变革的渴望”成了他手记中和行动中最主要的内容,这种热忱终其一生没有完全消退。年轻的吉科宁被充满社会性的、无所不包的治国策略所吸引,并在卡累利阿科学学会接受老师尼洛·凯尔基(Niilo Kärki)的悉心指导。吉科宁自己关于国家的构想是这样的:使用某种特定语言的、可以自我教育、自我发展的群体。他把它首先看做是一种道德上的原则和一种对正义的追求,它将引导人民走向未来,而非让他们停在过去,就像芬兰民族主义者中的保守主义群体寻求的想法那样。从很早的阶段,他在对手面前就把自己表现得像一个精于政治且雄心勃勃的人,并领导了一次成功的政治攻击:在 1927 年,他从老一代手中夺过了芬兰人联盟的领导权,并以凶悍的辩术在学生和媒体中吸引了大批的拥趸,之后又开始负责国家体育联合会的日常工作。作为卡扬德政府的内政部长,他在 1938 年曾有过一次失败的尝试,没有将芬兰国内出现的信仰法西斯主义的爱国人民运动党成功取缔。但是在战争刚刚结束的那几年,他显示出了直面困难、力排众议的工作魄力。为了在外交政策上能够有彻底的变化,他在自己所属的农民党内部进行斗争,并通过在 1946 年关于“战争罪”的系列审判中的表现,成功占据了党内领导者的位置。

到了 20 世纪 40 年代末,外国的观察家们已经提前把芬兰最高的
249 政治职位看做是非他莫属的了,尽管他还有着一个不好的绰号叫“阴谋家”。1949 年末,英国首相在出访赫尔辛基时曾经对他作了这样的评价:他这个人“在能力上无人质疑,但是他时常使用那种尖酸刻薄的言辞表达自己的观点又使他树敌众多。同时,他对共产党花样繁多的调情式挑逗也无法在‘右翼党团’那里给他添加一个‘可靠’的名声。”那些右翼党团,特别也包括他自己所在的政党,都非常乐意提供有关他在共产党人面前“眉目传情”的流言蜚语给英国人和美国人。而特别是后者,在整个 50 年代都抱有对吉科宁的疑心。在他首个总理任期内的 1950 年,为了签订第一个五年贸易条约,他去了莫斯科——这是苏联在战后与非社会主义国家缔结的第一个成果——此举大大提升了他在国内的身份和地位,并给芬兰工业带来了明显利益。然而,美、英两国派往赫尔辛基的公使们仅仅把莫斯科对吉科宁的邀请看做是莫斯科在寻找机会把芬兰拉进自己轨道的证据。并且,他们猜测压力已经到来,并压在了新总理身上,这使得他需要更多地依靠芬兰共产党的支持。但是,有证据表明,从 1950 到 1956 年,即由吉科宁任总理的五届政府,似乎在暗中破坏任何与苏联共谋的意图以及与共产党之间的协议。在反对政府通过严格的工资控制来抑制通货膨胀的尝试方面,共产党也被证明是政府最激烈的反对者。共产党还例行公事地控诉了吉科宁与西方因商业利益而私下勾结。这就有趣地阐明了战后芬兰外交政策的另一个方面——与西方市场保持重要贸易的必要性。吉科宁与克格勃以及苏联的外交部合谋的程度如何、真正的动机何在仍然处于争论之中;但是却从不曾有人真正质疑吉科宁的决心:确保芬兰不被从正在进行的战后西欧经济调整过程中排挤出来。

1950 年,吉科宁作为农民党的候选人参与了总统竞选,结果帕锡基维获胜,而他只排在了可怜的第 3 位。于 1956 年定期举行的总统选
250 举结果尚未揭晓,但苏联外交部长莫洛托夫相信,已经年过八旬的帕锡基维应该继续留在他的位置上——那时莫洛托夫本人已经把全部精力投入到了在莫斯科发生的最后的权力斗争当中。芬兰共产党也支持这

一想法,并把它作为挫败社会民主党的策略。如果所有主要党派能够出面邀请,帕锡基维看起来并不厌烦去接受这一荣誉。然而,吉科宁没有放弃创建自己基业的努力,特别是在莫斯科,他利用了极其难得的与苏联领导人面对面的机会,展示出积极推进双方关系的意愿,履行这个诺言将会有助于提高他个人的声望。这时,他既幸运又敏锐地意识到双方的妥协即将发生:作为缓和紧张气氛做法的一部分,日内瓦四国会议在1955年夏天召开了。在顶住了保守派的反对之声后,《奥地利国家条约》顺利缔结。1955年8月,苏共中央第一书记赫鲁晓夫已经说服了苏共中央委员会支持波卡拉基地重返芬兰。会议记录记载:这无疑会给1956年初开始的芬兰总统选举带来有利的影响,有人已经把它看做是一种对于将吉科宁作为总统人选默许的支持。然而,他是不是已经成为赫鲁晓夫心目中的芬兰总统人选仍然是有疑问的。当时,赫鲁晓夫自己的地位绝非不可动摇。同时,谁也不能保证吉科宁有能力做到力排众议,击退要求帕锡基维的重新任职总统的浪潮;或是确保足够的支持,来赢得选举团中的大多数选票。形势到了最后关头仍未明朗。芬兰共产党仍然坚持他们的决定——在选举团中支持帕锡基维,只要他愿意。同时,至少是苏联的外交部门确信,他们提出的候选人将会重新占据总统职位:保守党、共产党和社会民主党将组成联合体,特别是社会民主党决定放弃他们的候选人法格霍姆(Fagerholm)来确保将吉科宁击败。在选举团召集会议的前夜,芬兰共产党收到了从莫斯科发来的命令,利用第二轮投票的机会,将其拥有的票数分开,并分别投给吉科宁和法格霍姆,以确保帕锡基维被淘汰下去。多亏从那些小资产阶级党派中来的代表,最终接受劝说加入到了农民党和共产党这一方,吉科宁以非常小的优势在第三轮投票中胜出。

距离吉科宁时代较近的几位前任总统在成为芬兰国家元首时,拥 251
有优越的国内环境条件,当时民族一致和民族团结的气氛是极佳的。而在他获得竞选胜利时,芬兰党派政治的不稳定状态,以及一场看起来会长期持续下去的因国民收入与物价水平之间的矛盾所引发的危机使得一场总罢工爆发了;甚至在新总统就职的同时,还发生了由农民组织领导的扣缴乳制品的事件。这意味着，吉科宁既需要为维护他的权威而斗争，也期望获得帕锡基维曾经得到过的与人民的彼此尊重。总统第一个任期是非常困难的。他在劝说国内主要党派支持他的外交政策时没能获得成功。这主要由于他过多地依靠了一个小圈子中同盟者的帮助：农民党的秘书长阿尔沃·科尔西摩(Arvo Korsimo)；吉科宁任总理时的私人秘书阿赫蒂·卡尔亚莱宁(Ahti Karjalainen)，审查和监察局的战时领导库斯塔·维尔库纳(Kustaa Vilkuna)教授——卡尔亚莱宁在 1958 年 6 月写给总统的一封短笺中描述他是“一个热心关注我们的真正朋友”，以及维克托·弗拉基米尔(Viktor Vladimirov)，一个坚守原则的苏联大使馆克格勃特工人员。苏联报界和政治领导人一直不停地抱怨所有被他们看做是怀有敌意、带着恶意腔调的芬兰文章和出版物，担忧着维诺·唐纳提出的回归大众生活运动，以及右翼社会党人的活动，例如他们党派的秘书长，维诺·莱斯基宁(Väinö Leskinen)。1957 年的社会民主党选举中，唐纳颇有争议地当选主席，这导致了党派的分裂，并在暗地里动摇了由社会民主党温和派议员卡尔·奥古斯塔·法格霍姆(Karl August Fagerholm)所领导的联合政府的基础。然而，弥补联盟裂痕的努力在 1957 年 5 月受到挫折。农民党政府中的少数派接过了党的领导权，并希望对其作出重新构建。坦白说，他们使用了并不合法的手段，使一个包含了很多紧急措施、用来解决现存重大金融危机的项目得以通过，并最终迫使马克贬值 39%。8 月，5 个社会民主党反对派领导人在没有通过官方正式批准的情况下加入了政府。吉科宁被指责促成了社会民主党的最终分裂，他通过支持总理的方式去试探反对派的意图，尽管当时有大量证据显示出反对派领导人埃米尔·斯科格(Emil Skog)绝没有能力控制当时的局面。

252 10 月，这样一个夹杂着多个党派的政府在议会针对其进行的不信任案投票中失利。组建一个新政府的尝试持续了 42 天。新计划建立了一个由唐纳领导的五党联盟政府，并把人民民主联盟排除在外。这个提议遭到了左翼党派暴风骤雨般的抗议，并导致莫斯科方面中断了已经列入计划的贸易谈判。吉科宁自己坚信，唐纳绝没有能力成功组建一个政府,但是为了防止有人指责他对其存有偏见,允许唐纳进行尝试。最终,总统任命了一届真正的无党派政府,而没有选择一个由农民党中少数派领导的政府。尽管在政府的主要领导人中,包含了经济界和劳工界代表,却没有能够把经济危机控制住。由于缺乏对账户的控制,国家不得不在 1958 年 1 月的一天停止了支付。那个毫无经验的总理在各处都招致批评,在政策上也难以保持一个稳定的方向。这届政府在 4 月份终因不信任案倒台,取而代之的是另一个在大选之前暂时执政的无党派政府。

1958 年选举中最大的赢家是共产党人,他们增加了 7 个席位,并成为芬兰议会中最大的党派。由于没有可能出现共产党与其他党派组成联合政府的局面(而且看起来也没有什么来自莫斯科的压力要求芬兰共产党参与其政府),建立新政府的义务就落在了农民党和已经严重四分五裂的社会民主党身上了。农民党领导人忽视了总统的警告(此警告应是苏联大使观点的再现):一个包括社会民主党右翼以及保守党的政府,会被莫斯科当局理解为一种不友好的举动。由于有了可以获得议会中四分之三成员支持的保证,法格霍姆立即带着由他组织起来的五党联盟趟进了这滩浑水。苏联大使被召回国内,而且并未提及派来新的人选,贸易谈判也随即中断了。潜在的威胁表明,鉴于在波罗的海西岸的德国-丹麦军事合作条约,苏联将会启动在芬苏《友好合作互助条约》中规定的军事磋商条款。吉科宁在劝阻丹麦人进一步与重新武装起来的德国进行军事合作的尝试上,得到了一个含糊的回答。 253
同时,他改变政府构成的尝试也遭到了他所在的农民党和总理的强烈抵制,总理根据他在 1948 到 1950 年间执掌少数派政府时受到来自莫斯科方面压力的经历,确信上述的威胁可以化解。尤其令吉科宁恼怒的是,约翰内斯·维罗莱宁(Johannes Virolainen),这个曾经是他在农民党时的下属,为了确保有关农业收入的立法顺利通过,竟然违背他的警告加入政府。然而到了 1958 年 12 月,维罗莱宁看起来好像已经屈服于严重的危机,成功地迫使他的党离开政府。

农民党人的离开,导致了联合同盟领导权的衰落,并引领着芬兰政权进入了一个由少数派和中右翼党派领导政府的时期。农民党人和左翼政党原本占据整个议会几乎四分之三的席位,但在政府中却没能做到通力合作。社会民主党人在政治上仍然不能被莫斯科所接受,直到让人讨厌的唐纳-莱斯科宁(Tanner - Leskinen)集团在20世纪60年代被更愿意接纳吉科宁的对外政策路线的新一代社会民主党人所取代。他们内部出现了严重的分裂,并最终导致了少数派分裂成为单独的一个党派,即由工人和小农组成的社会主义者联盟。共产党则仍然是孤立的,它已经被莫斯科所忽略,芬兰其他政党对其也尤恐避之不及。农民党自己也由于个人之间的竞争造成了分裂,就像1958年政府危机中表现出来的那样,丝毫没有显现出对总统的俯首帖耳。正如一个观察家50年代在芬兰所注意到的,如果不能回到过去的有序状况,在党派、公众与总统的对外政策全面协调之前,芬兰政局仍然会出现大量的膨化和躁动。

1958年秋发生的所谓“夜霜危机”(Night Frost Crisis),被吉科宁的对手们认为是受到了吉科宁本人的鼓动,在最近作为一种观点浮出水面。毫无疑问的是,总统本人从一开始就坚信,法格霍姆政府不会获得任何政绩上的成就,自然他也不会作出任何挽救其垮台的努力。公平地
254 讲,从一系列实践中可以得出结论,莫斯科方面的态度在未来能够起到的影响将远远超出组建政府过程中占据议会中优势席位的需要。事实上,吉科宁已经命令农民党领袖V. J. 苏克舍拉宁(V. J. Sukselainen)放弃任何以联合组阁来取代已经衰落的法格霍姆政府的想法,同时要求把少数派政府中有名望并忠于总统的人也包括进去。吉科宁的图谋是通过拉拢保守党和社会民主党,最终削弱仍然控制着政权的对手。从表面上看,危机之后随即发生的吉科宁与赫鲁晓夫在列宁格勒的会议纯属“意外的”会面。实际上是早已秘密筹划的结果,这是吉科宁所提倡的外交路线在实施初期最重要的一步,他希望通过不懈努力提升自己在国内外的地位和权威。赫鲁晓夫明确表示,苏联政府决不能再容忍任何包含有支持者参与其中的政府存在;并暗示,根据苏芬《友好合作互助条约》的条款,将共产党人排除在政府之外会被视为一种轻视苏联政府的态度。国内针对总统的批评也认为,吉科宁没能就苏联对芬

兰媒体和政府的抨击据理抗争。国内的反对派也在不断临近的总统选举中作出了更多努力，以期对现任总统形成一次真正的挑战。

然而，如果说危机仅仅是吉科宁为了扩大自己的权力而凭空捏造出来的，显然不太可能，尤其是那样做显然达不到这样的效果。对于赫鲁晓夫来说，保证其政策中的重点(即他正在推广的和平共处政策)极其重要，特别是在德国重建军队并获准加入北约之后。苏联人同样关注芬兰与欧洲经济合作组织成员国不断增加的贸易量，并清楚地意识到芬兰人参与到战后经济一体化进程中的迫切愿望。莫斯科对于芬兰为加入欧洲经济合作组织而进行的秘密谈判的消息反应强烈，吉科宁被迫暂停这些谈判。

贸易是吉科宁对外政策实践中最重要的着眼点。大量证据表明：在与莫斯科拖延已久、令人厌烦的掰手腕式的较量之后，芬兰终于在1961 年和 1973 年分别与欧洲自由贸易联盟和欧洲经济共同体签订了协定，这对于芬苏关系是真正的考验。苏联对芬兰与任何西方国家拉
近距离的举动都报以深深的怀疑，惧怕在这些举动背后藏有政治方面 255
的动机；但芬兰也很珍惜它拥有的作为一个传统国家的权利，这给了芬兰人一个小小的机会去设法调整并与西方市场保持接触。

芬兰人在 1959 年 7 月份一次北欧政府代表团会议上宣布，他们已经准备好接受北欧关税联盟的草案，他们了解到其他政府现在希望更进一步，参加一个新的包含 7 个国家的欧洲自由贸易联盟，该组织容纳了欧洲经济共同体的非会员国(其中包括英国)。由于芬兰大约 1/4 的出口产品是运往英国的，并需要与瑞典和挪威的货物竞争，拥有该组织会员资格或者加入一个拥有详细计划、能起到促进作用的协会是非常重要的，芬兰政府因此迫切表达了自己的愿望。然而，俄国人马上拿出1948 年条约中的条款提醒芬兰，芬兰需要保证不参加任何直接指向苏联的集团。吉科宁选择的策略是尝试减少苏联的那些担心，同时授权他信赖的代理人卡尔亚莱宁去试探加入欧洲自由贸易联盟的可能性。这种态度被欧洲自由贸易联盟的成员接纳了，并于 1960 年于该组织在巴黎召开会谈时毫无阻碍地通过了。然而，由于莫斯科的阻拦，芬兰人被迫

推迟执行最初已达成的协议。吉科宁看来已经考虑过，由于苏联人击落U2间谍飞机引发的并在继续增长的紧张局势可以作为一个有利条件被芬兰利用，因为赫鲁晓夫需要一个机会，来显示苏联能够与他的邻居以合作、和平共处的精神相处。然而由于苏联人拒绝让步，芬兰错过了第一次在欧洲自由贸易区相关国家内部获得削减关税的机会。

现在，芬兰的总统选举正在迫近，人们断定饱受批评的总统和他的竞争对手之间定会有一场艰苦卓绝的争斗。在1960年9月与赫鲁晓夫的会谈中，吉科宁将欧洲自由贸易联盟问题与他竞选连任的前景联系起来。赫鲁晓夫再一次选择了不去理会那些在苏联领导集团中坚决
256 反对芬兰加入欧洲自由贸易区的人。但同时，他也拒绝一项由吉科宁提出的可供替代的方案，即签订一个包括芬兰和苏联旗下的社会主义国家在内的自由贸易协定，原因是这将给北欧地区的稳定带来不利的影响。尽管苏联仍然对任何集团联盟抱有怀疑，但其开始认同芬兰对于加入欧洲自由贸易区的兴趣，只要这不影响到根据1947年巴黎和平条约中的条款给予苏联的最惠国待遇。在随后于莫斯科继续举行的会谈中，芬兰人获得了一个租借协定，得以使用一条连接芬兰东部塞马湖湖系与海洋的运河，其中一部分穿过苏联的领土。芬兰为俄国人的默许态度所付出的代价是一份由贸易兼工业部长卡尔亚莱宁签订的关税协定秘密附录。这份附录保证了苏联的进口货物能够得到与那些在欧洲自由贸易区之间往来的货物所能获得的相同的利润率和关税削减。与苏联签订的双边关税协定惹恼了英国人，英国猜测芬兰人一定是和莫斯科做了什么交易(很幸运，由卡尔亚莱宁签订的秘密协定没有泄露)。但是，由于担心芬兰人在被排除在欧洲自由贸易区之外后会完全落入莫斯科的控制之中，英国和瑞典却又兜揽了为芬兰辩护的任务。1961年3月，芬兰加入欧洲自由贸易区的草案和最后议定书双双签订。1968年，芬兰又加入了经济合作发展组织，其前身为欧洲经济合作组织。在整个20世纪60年代，芬兰与经济合作发展组织的贸易额一直稳步增长，并于1970年占据了其对外贸易总额的80%，凸显出这些市场对芬兰的重要性。

在1960年9月赫鲁晓夫访芬期间，吉科宁透露出的关于即将到来的总统选举的信息很快就广为人知了。同一个月，苏联驻芬大使受委派来到赫尔辛基，对帮助现任总统赢得连任的种种可能性进行调查。总统的竞争对手竭尽全力寻求一个合适的无党派代表，在不断降低期望并与数位候选者接洽之后，终于在1961年3月宣布：法官奥拉维·洪卡(Olavi Honka)将作为挑战者参加选战。莫斯科快速、准确地查明了幕后的操控者。洪卡从一开始就只是那些对政府抱有不满或类似情
绪的人的傀儡，再加上缺乏政治经验，以至于那些迫切希望摆脱吉科宁 257
的人也对这位候选人的前景心存疑虑。支持吉科宁的少数派很快出现在两个规模较小的人民党的党派中，当这两个党派对洪卡的支持逐渐减弱时，民意测验开始表现出吉科宁处于一个明显的领先地位，并在劝说洪卡主动退出竞选时发挥了重要作用。有人认为“照会危机”的严重时刻是由吉科宁自己故意造成的。这种说法最主要的证据是，总统在1961年4月18日与跟他关系最紧密的两个支持者以及总理进行磋商并作出决定，将在11月解散议会，并在总统选举结束一周后、同时又是选举团为总统选举聚集之前，重新举行议会选举。尽管，在通常情况下议会的组建和解散都是自然的，但在进行非常重要的总统选举时，一次提前发生的议会解散会被理解为受到了操控，是总统的授意在起作用。很明显，吉科宁希望造成竞争对手们的分裂，但他同样希望新的选举会带来党派之间重新结盟，为一个更加稳定的联合政府奠定基础，他一直认为这样一个政府对于应对那些压力——既与苏联保持良好关系，同时又与那些重要的西方市场保持接触——有着极其重要的意义。

4月中旬的这个计划也许会被批评为一个冷酷的政治伎俩，但同时它也将被解释为一次聪明的意在缚住总理苏克舍拉宁手脚的谋划，苏克舍拉宁的政治野心一直为总统所猜忌，但在宪法上却是合法的。更让人怀疑的是，仅仅在总统与苏联大使达成协议的第二天，具体内容就被人泄露出来了。无可辩驳的证据表明吉科宁和他的支持者一直在频繁、主动地与知名的克格勃特工联络，并有意运用这些联系来影响芬兰国内事务。也许，吉科宁和他的盟友感觉到，这是一个对芬兰共产党

的活动进行阻遏所必须采取的措施。芬兰共产党人经常得到来自莫斯
258 科的指示,但这充其量只是一个未开始的危险游戏,在最坏的情况下也就是使他们公开面对充当苏联政策工具的指责。

大家都在讨论的“照会”是 1961 年 10 月 30 日在莫斯科被交给芬兰大使的。它在总体上详述了德国军国主义和复仇主义的威胁(特别是在北欧和波罗的海地区),并建议通过磋商寻找保证两国安全的方法,以应对来自联邦德国及其盟友的攻击,就像芬苏《友好合作互助条约》第二条规定的那样。大使在整个夏天一直在预测这一类的事情,芬兰军方也对可能出现的磋商作出了自己的预案。赫尔辛基立即作出的反应是:“磋商是不可避免的”——看起来军方也打算遵循这条路线,也许他们打算把它看做一种可以迫使政府更新武器装备的有效手段。当照会被递交时,总统和外交部长卡尔亚莱宁正在夏威夷。吉科宁拒绝马上返回芬兰的举动,被用来进一步证明“照会危机”在某种程度上是事先策划好的,尽管他的传记作者替他辩解道“立即返回赫尔辛基”会使总统劝说美国人的努力——使美国人相信芬兰是一个独立的、没有和莫斯科当局绑在一起的国家——前功尽弃。

尽管吉科宁总是力图证明那份照会并不直接针对芬兰,不过它还是包含了一层隐约对他控制芬兰媒体能力的批评,正如照会中谈到的,这些媒体就像“几个特定集团”的传声筒,积极支持北约鼓动战争的行为,因此违背了 1947 年和平条约和 1948 年芬苏《友好合作互助条约》中的条款。根据芬兰的情报,在芬兰共产党领袖们的坚持下,这一段话被加进了照会,共产党领导人于 10 月末在莫斯科看到了文件的原本,它作为一个用来摧毁洪卡联合阵线的有效武器,受到了芬兰共产党中央委员会的热烈欢迎。11 月 3 日,苏联派往赫尔辛基的大使对外交部长卡尔亚莱宁明确表示:吉科宁最初对于照会的反应低估了芬兰国内
260 反苏力量的威胁。这使得总统在照会危机发生时的愤怒爆发了,并且放出大量口风,如果他感觉到不能够成功地实现他一生致力的梦想——保持芬兰的中立,他将退出总统竞选。这是一种用来威胁苏联领导人的方式,就像在芬兰国内对其反对派做的一样。

259

图 35 1961 年,肯尼迪总统欢迎吉科宁总统到访美国。

乌尔霍·吉科宁在柏林危机到达顶点的时候开始了他对美国的第一次正式访问;在访问中,美国国务院对于他最近与勃列日涅夫在芬兰的会面产生了很大的兴趣。吉科宁尽力使美国人相信他绝不仅仅是一个苏联人的信使。他在美国国家记者俱乐部的讲演中宣称:芬兰与苏联关系越好,越有利于它追寻与西方国家的合作。两国首脑在会谈结束之后发表的公报声明:美国人民理解芬兰中立的立场,并保证尊重芬兰的政策。国务院对于随后发生的"照会危机"作出的反应看起来能够表明,美国人一直相信芬兰人的独立是有限的,即使没有受到来自苏联方面压力的严重侵蚀。这时发生的克格勃特工人员阿那托利·戈利岑(Anatoly Golitsyn)从他在赫尔辛基的岗位上叛逃,以及他随后揭露出来的事情,看起来也增强了美国人的怀疑——苏联通过它在芬兰的代理人和共产党的同情者对这个国家施加了不可忽视的内部控制。位于图片中左侧的人是芬兰的外交部长阿赫蒂·卡尔亚莱宁,旁边是国务卿迪安·腊斯克(Dean Rusk)。肯尼迪总统是另一个戴着重重眼镜的绅士。

卡加里南于 11 月 10 日被派往莫斯科去讨论芬兰的情况——当前的国际形势不能保证多轮军事磋商的顺利进行,并迫使俄国人保证在进一步政治谈判中设法化解政治危机。他的对手安德烈·葛罗米柯(Andrey Gromyko)被证实不愿放弃多轮军事磋商的想法,他诡诈地声称此举是应苏联军方的要求。虽然卡尔亚莱宁(Karjalainen)作出的大量暗示已经表明即将发生的一系列政治变化:在11月14日正式宣布议会解散,新的选举即将在2月举行。苏联方面仍然顽固坚持多轮军事磋商是迫切需要的。面对一个表面存在的僵局,芬兰政府抓住了吉科宁将启程去西伯利亚城市新西伯利亚与赫鲁晓夫会面这一暗示,敦促总统接受苏方提出的条件。在多轮会谈于11月24日在诺沃西比尔斯克开始进行的同时,洪卡选择从总统竞选中退出,使得吉科宁的连任成为定局。因为没有从现存档案中发现任何有关于这次会面的会议记录,我们只能通过主观的推测,去判断吉科宁与赫鲁晓夫在午餐前的私人会面中所讨论的内容及达成的共识。在午餐会上的发言中,赫鲁晓夫声明他对于芬兰总统掌控和加强"帕锡基维-吉科宁"外交政策路线的能力有充足的信心。同时宣称,苏联政府现在感到推迟多轮军事磋商是可能的。但同时,作为苏联政府的代表,苏共第一书记表达了这样的希望:芬兰政府在将来能够紧紧跟上北欧、波罗的海地区发展的步伐,并在必要的时候,表明关于它的真实想法——芬兰将采取何种措施面对苏联政府。

1961年秋季"照会危机"的发展,无疑巩固了吉科宁的地位。然
261 而,单纯说这是一个用来保证总统竞选连任的精心密谋,便忽略了由德国问题引起的国际紧张局势的大背景、在莫斯科涌动的种种暗流以及赫鲁晓夫个人的动机。关于解决危机的决议,给吉科宁带来的也不完全是有利因素。吉科宁声称可以凭借个人的信用消除潜在的危险,并向芬兰人民再次保证他与赫鲁晓夫的会面已经加强了双方的互信和互相尊重。在11月25日通过广播和电视发表的演说中,他甚至尝试将两个领导人联名签署的公报解释为"对于可能出现的军事磋商的模拟,并已成为芬兰目前的首要任务"。赫鲁晓夫愿意就芬兰保持中立进行讨论,无疑加强了对保持芬兰中立的认可,并于1961年10月美国和芬兰总统之间会谈之后,成为正式联合公报中芬兰对外政策的基本要素。然而,在西方国家看来,在新西伯利亚的会谈强化了这样的印象,芬兰已经成为苏联利益的看门狗;同时他们还担心吉科宁与苏联人的暗中

联系正在逐渐浮出水面。“照会危机”同样影响到芬兰与北欧国家的关系，这本来是吉科宁手中最有利的武器之一，他曾通过打这张牌获得了不错的效果。是否有什么威胁使得瑞典作出了加入北约军队的决定、同时挪威和丹麦也正在放松北约在其领土上活动的限制，这些情况打乱了北欧的现状、影响到了北欧国家的关系。从1952年一直延续到20世纪70年代，他提出了各式各样的关于北欧中立化的倡议，本打算依靠降低存在于本地区的对苏联安全的威胁来为芬兰的利益服务，但却总是激起来自丹麦和挪威的愤怒反应。他们判断，芬兰受到了苏联的鼓动。

总统关于大选之后政治党派再结盟的那些设想并没有得到实现。社会民主党内的温和派没有对党的领导者唐纳造成有效挑战。该党在议会选举中丢掉了10个席位，看起来有了一种转向右翼的倾向；虽然共产党人以47席继续稳坐议会第一大党位置，但他们仍然徘徊在政府之外，尽管莫斯科努力让他们加入进去以作为芬兰能够延续其外交政 262
策的一个保证。保守的芬兰民族联合党加入大选之后由卡加里南组织起来的联合政府之中，并对饱受保守派媒体攻击的吉科宁的外交政策显示出一种矛盾的情感，而持续的经济困难则进一步削弱了建立起一个涵盖广泛的联合政府的机会。当其社会民主党派的对手由于反对农民党提出的农业收益政策而撤出了它的成员之后，卡加里南政府只能竭力维持，并于1963年底发生政府预算困难时最终垮台。卡加里南在农业党内的主要竞争对手，约翰内斯·维罗莱宁，从1964年9月到1966年5月，作为一个中右翼政府的总理，遇到的情况也不乐观。在那一年春的大选中，钟摆又摆向了左边。两个主要左翼政党更换了领导人，这使得吉科宁得以实现他长久以来的抱负——重新构建一个中左翼的联合政府。新政府由社会民主党人拉斐尔·帕西奥(Rafael Paasio)来领导，他策划了将唐纳一伙从党的领导地位上推翻的行动，拉拢共产党人加入政府，并逐渐抛弃了守旧的老的党派领袖以支持年轻的新一代温和派。为了让对苏友好政策的延续得到保证，卡尔亚莱宁坐上了外交部长的职位。

帕西奥政府的组成使得社会民主党回到了政坛，并在一段时期内给芬兰人的生活带来了显著的、根本性的变化，这些变化会在日后引起人们更多的思考。这同时意味着一段新的历史时期的开始，所有主要党派都站到了赞同帕锡基维-吉科宁路线一端的队伍中，通过在工厂街上的大使馆寻求与莫斯科增进接触。虽然，芬兰政治家们开始站在总统身后，支持它的对外政策，最引人瞩目的是维诺·莱斯科宁的变化，他开始致力于同莫斯科和解，并在 1970 年成为外交部长，但是当时仍然可以感觉到苏联态度正在明显转向强硬。在苏联入侵捷克斯洛伐克之后，其领导人和媒体很少提及芬兰中立的问题，在勃列日涅夫主义阐
263 明之后，芬苏《友好合作互助条约》更是成为两国关系的基础。这在某种程度上被看做是针对芬兰外交部的高级官员所做尝试的一种反应，官员们正在努力将“保持芬兰中立”的概念从芬苏《友好合作互助条约》的序言中剥离出来，但这并没有考虑到在赫鲁晓夫死后，苏联国内对于所出现的变化所持有的怀疑和敌对情绪已经遍布莫斯科。吉科宁仍然坚持他个人的外交政策，但是他不喜欢来自勃列日涅夫和柯西金的狂妄自大，就如他与赫鲁晓夫接触时感受到的一样。赫鲁晓夫是一个总是决心打破历史的人，就如吉科宁一样，用各种无情的手段打击他的政治对手。

吉科宁也许希望与苏联领导人保持一种密切、友好的联系，但那并不能否定他为了获得对芬兰至关重要的利益而作出的长期努力和不懈的斗争，特别是在争取有关的协议和特许权的问题上。他从没能成功地说服赫鲁晓夫归还卡累利阿地峡的一部分，哪怕仅仅是考虑。同时，他还不得不放弃一个只不过是租借协议的想法，内容是希望苏联能够允许芬兰人使用塞马运河。从 1968 到 1974 年，在他的第三届总统任期内，他遇到了众多棘手的问题，大有毁掉之前所做的所有工作——与苏联保持紧密、互信关系的同时又与西欧贸易伙伴保持接触——的危险。在所有这些问题中，最首要的是芬兰与一个正在扩大的欧洲经济共同体之间的关系。1969 年，在关于增加欧共体成员国的会谈重新开始的时候，他威胁要抛开正常的谈判内容，而讨论一个北欧人的经济协

定——诺迪克计划。最初，芬兰热衷于签署一个看起来能够带来希望的协议——包括逐渐增加的对内投资、技术专利的引进。但是到了这一年末，却又对此突然变得不感兴趣。在 1970 年 1 月，政府清楚地表明，如果任何诺迪克计划中拟定成员参加了关于加入欧共体的磋商，芬兰便不会就诺迪克计划作进一步的努力，并暂停所有谈判至几个月后。芬兰的退出引起了其北欧邻国的厌恶感，他们认为这是苏联压力的结果。吉科宁比他的总理、社会民主党人毛诺·科伊维斯托(Mauno Koivisto)更加迫切地希望推进诺迪克计划，并责备丹麦人要两面派手法，将诺迪克计划作为加入欧洲共同市场的跳板。然而事实却是，芬兰 264
政府自己在 1970 年 4 月与欧共体重开谈判，芬兰的出口商(特别是在木材加工产业方面的商人)，更倾向于签订一个与他们最大的客户群之间更加自由的贸易协定，并借此与他们在诺迪克计划中的竞争对手增进合作。

然而，除了共产党之外，芬兰国内支持政府与欧洲自由贸易联盟之间交往的呼声很高，而对于要跨越政治光谱加入欧洲经济共同体持保留意见。芬兰谈判代表从一开始就明确表示，他们不寻求任何与欧洲经济共同体在制度上的联系，而仅仅是为了贸易便利。在布鲁塞尔提出的条款，被芬兰人看做是没有安全感的，同时他们对正在进行的会谈所迈出的步伐也表现出不安情绪。然而，1972 年 7 月，这个意在保护本已十分脆弱的芬兰工业的计划遭到了抨击，计划中预计的转型期被主要的出口商们认为过长。由社会民主党少数派执政的政府因不愿意对协议通过的问题单独负责而宣布解散，目的是为了建立一个更广泛的中左联盟政府。力量不断增长的左翼党派，包括社会民主党，针对协定中列出的对于自由贸易协定中加强监管并控制国内经济的条款，要求获得补偿。这在本质上延迟了最终的成果。工业游说团曾在一个阶段声明，如果这样的法律通过了，不去签订自由贸易协定会好一些。同样有可能的是，在挪威人和丹麦人关于加入共同市场的全民公决中可能会出现一个否决票，这将再一次将诺迪克计划推上政治议事日程，这将是一个看起来能让总理卡莱维·索尔萨(Kalevi Sorsa)和总统喜欢的选择。在 1972 年 9 月末,挪威投了弃权票,但丹麦人在一周之后投了赞成票。为了保障一个共同市场之间的自由贸易协定,瑞典人极其渴望芬兰能够加入他们的行列,这部分是源于政治原因,但同样也是为了保证两国之间在欧洲自由贸易联盟协定之下已经不断增速的贸易。

这在很大程度上取决于苏联将采取的态度,为此芬兰人已经做了很细致的准备工作。就像在 1960 年,卡尔亚莱宁曾再一次与苏联人签订了一个秘密协定,并借此向其表明:芬兰将保证苏联获得与欧洲经
265 济共同体成员同等的贸易权利和便利条件。吉科宁信心十足地感觉到,苏联领导人虽然对欧洲经济共同体的政治动机仍然疑虑重重,但他们却相信可以在不伤及苏芬关系的前提下达成交易。[①] 在这里,吉科宁过高地估计了自己说服寡言少语又满腹狐疑的勃列日涅夫的能力。其他的一些事件则加大了他完成这个任务的难度:莫斯科认定芬兰的右翼党派正在复苏,并对此十分忧虑;同时,苏共更为关心的是在芬兰共产党内部各个等级之间逐渐扩大的裂痕。在挫败了捷克斯洛伐克改革主义者的运动后,苏联领导人决定加紧控制其他原本被他们认为在他们控制之下的地区,这些地区中就包括芬兰。最近的调查表明,一个苏联外交部的高级官员阿列克谢·别利亚科夫(Aleksey Belyakov),作为大使前往芬兰,以确保芬兰共产党能够继续留在政府里,并为实现社会主义在芬兰的霸权更加卖力地工作。[②] 很难说得清楚,从 1970 年开始进入左翼政党行列的青年激进主义已经上升到了什么样的程度,哄得苏共空想家们相信:在芬兰,一场革命的暴风骤雨即将到来。如果他们真的抱有这种期望,就应当马上被纠正,因为青年的激进主义者并不能够对左翼两个政党中的任何一个施加巨大的影响力。因被指责在那个时期使芬兰问题更加激化,别里亚科夫在吉科宁的坚持下很快

① 1969 年,吉科宁采纳了召开欧洲安全会议的意见,显然希望借此在欧共体问题上有更大的回旋空间。从 1954 年开始,召开欧洲安全会议就是苏联议事日程上的周期性话题。

② 在莫斯科的支持者们看来,别利亚科夫甚至以戏弄的态度对待维诺·莱斯科宁作为左翼候选人参加即将举行的总统选举的主张。最初被诋毁为唐纳分子和莱斯科宁在 20 世纪 60 年代同莫斯科讲和,而现在他适度地制造了激进的噪声,甚至反对青年革命。

被苏联召回；从早些时候开始，总统已经能够利用他与克格勃的关系来施加于已有利的影响，以稳住自己的地位。

1974 年既到，关于芬兰与欧洲经济共同体之间的自由贸易协定中悬而未决的问题，开始被与吉科宁再次赢得总统选举的可能性联系起来。民意测验显示出，全体选民中的大多数希望吉科宁能够留下来继续担任这个国家的领导人。然而，也有少数人希望，正在考虑中的政界人士能够在民众的观点上更进一步，即通过特殊立法绕过选举进程。即使是在满是传闻与猜疑的这几个月中，吉科宁丝毫没有丧失作为一个国家统治者应表现出的各种能力。有关他处理问题的方式可以从他记录在笔记中的内容中略知一二，关于一次与由他精心挑选的商业领域的亲信们在桑拿浴室的会面，他记录到："我从不会这样说，但是将总 266
统选举这件事与芬兰议会和欧洲经济共同体之间的协定，以及之后的一揽子(管理芬兰经济的)议案联系在一起，难道不是最好的办法么。这群家伙听完后群情激奋。我说，你们不会成功的，我们打赌，输了的每人一瓶威士忌。他们自己认为会成功，而我则认为他们不会。"

总统与勃列日涅夫、柯西金个人之间进行的机密谈判，不久之后就被一份瑞典报纸披露了细节，谈判中的计划几乎被彻底打乱了。疑点最终落在了一群年轻的社会主义者身上，他们曾经反对欧洲经济共同体的协定。而之后对此调查产生的余波则一直持续到了今天；如果说这次披露是为了使自由贸易协定浮出水面，那么它没有达到目的。吉科宁威胁将不参加竞选连任，声称这件事已经深深地影响到了苏联领导人对他的信任。这足以使得在商界对自由贸易协定最热烈的支持者以及保守党乖乖地聚集在总统身边，并放弃他们原来所持的心存保留的立场，进而执行那些能够确保总统连任的办法。所有主要党派都同意支持总统连任(在这一年底，他还收到了远在莫斯科的勃列日涅夫的祝愿)，并终于在 1973 年 1 月由议会通过决议，赞成其留在总统的位置上再干四年。芬兰议会还很快通过了有关延长总统任期的必要的立法修改。

吉科宁的第四个任期始于 1974 年 3 月。在几个月内，莫斯科当局催促他能否考虑在 1978 年后继续留在这个位置上，社会民主党人也要

求其继续留任以挫败信心满怀的卡尔亚莱宁的傲气。卡尔亚莱宁与莫
斯科建立了紧密的关系，并一直被认为是吉科宁最有可能的接班人。
然而在吉科宁第三届总统任期内，两个人的关系出现了明显的恶化，部
分原因大概是由于卡尔亚莱宁总是在酒精的作用下表现出一些飘忽不
定的举动。尽管年届八十，吉科宁的身体状况依然良好，也并没有失去
他对掌控权力和参与政治活动的欲望。他仍然使苏联领导人保留了对
267 他的信心，苏联领导人曾对他的连任最为担心。看起来没有人比卡尔
亚莱宁更加焦急地站出来宣称对最高权力的渴望；当时的环境是这样
的，1974 年 1 月，吉科宁自己同他的一个在苏联大使馆的朋友谈到，
“除非我同意‘留在总统位置上’，否则很难看清前面的道路”。到 1975
年 4 月，吉科宁下定决心继续走下去，在得到了大多数政党的支持后，
最终在 1978 年再一次连任总统，然而，不断加剧的病痛折磨使总统不
得不在 1981 年辞职了。

吉科宁在他漫长总统任期的最后 10 年取得了很多值得称道的成就，其中最显著的就是有关欧洲安全的赫尔辛基会议和限制战略武器谈判，但同时，也存在大量让人失望的结果。苏联不仅坚持将苏芬《友好合作互助条约》作为苏芬关系的基础，还把它延伸为唯一可行的芬兰对外关系和安全政策的指导原则，这对于芬兰正在努力推进的积极的中立主义是一个沉重打击。[①] 在西欧发生的关于“芬兰化”的争论对芬兰的声誉并未产生多大影响；同时，尽管吉科宁一直想给这个词汇附加一个正面解释，结局却未能如意。几个瑞典记者在 1973 年泄露了有关他们国家的军事情报，其中包括一些已经得到芬兰情报部门确认的瑞典在芬兰领土上行动的证据，并引起了芬兰人的愤怒。上述论断被瑞典前国防部长斯文・安德松(Sven Andersson)断然否认，尽管在法庭聆讯的过程中，已经有大量证据表明真实情况恰好相反。一个谨慎的芬兰抗议者向媒体泄露了消息，并在 1947 年春天引发了一场激动、愤

① 这种主义在很大程度上被归咎于芬兰外交官，如里斯托・哈维宁和马克斯・雅各布松，这两人在 20 世纪 70 年代不再受宠，而不是被归于总统本人。

怒的争吵,并加深了在芬兰总统和瑞典总理奥洛夫·帕尔梅(Olof Plame)之间已经明显存在的尖锐矛盾。

芬兰人同时需要抵挡来自苏联高层的关于促进两国进一步军事合作的催促。芬兰共产党中的斯人林主义少数派虚张声势的活动与虚假革命在实质上并无多大威胁;而真正让人担心的是这些人是在苏共意识形态领域的领导者米哈伊尔·苏斯洛夫(Mikhail Suslov)的怂恿下进行活动。吉科宁威胁说,如果由于工人骚乱以及物价与收入政策的 268
垮台使芬兰经济继续无法得到有效控制,将辞去总统职务。这一声明是1974年10月在苏共中央书记尼古拉·波德戈尔内(Nikolay Podgorny)访问期间作出的,此举有着明确的目的,即制止共产主义者的煽动。当波德戈尔内坚持他应继续任职之后,吉科宁进入了由共产党人控制的政府,条件是恢复秩序,并暗示政府中的左右两翼都将处于苏联共产党的控制之下。

1973年的石油危机对芬兰打击很大,也对其与苏联在商业上的联系产生了很大影响。芬兰人怀疑苏联人正在利用危机提高他们自己的石油价格。苏联人争辩道,就他们自己而言,他们不愿被看成是愿意接受更低油价的卖家,这个价钱不应低于他们从阿拉伯国家那里购买石油所支付的价钱。然而,就像苏斯洛夫告诉芬兰共产党的那样,危机确实提供了一个从政治和经济上将芬兰与苏联绑得更紧的绝好机会,芬兰共产党在这个过程中起到了积极的作用。在1974年2月,柯西金建议开始有关的磋商,这个磋商将使苏联为芬兰提供接下来15年所需的所有能源。尽管芬兰人愿意加强合作,他们却不愿意一下子走得太远。在接下来一轮关于石油的艰难谈判中,吉科宁并不急于发出这样的警告,即如果芬兰被迫接受一个比现行市场更高的价格将可能出现骚乱以及政治上的不稳定,并以此去打破苏联的要价。很明显,随着苏联越来越积极地参与芬兰的贸易谈判,吉科宁也受到芬兰国内商界人士越来越多的批评。在芬兰向苏联出口问题上,他正面临着一个更加困难的局面。这一系列计划中最主要的部分——基础设施建设由于受到通货膨胀的影响开始陷入困境,并迫使芬兰的公司将他们的成本预算大幅提高。作为基建计划坚定支持者的芬兰总统，担心由于计划的延迟或取消所产生的影响会对贸易平衡以及东北部的就业带来灾难性的后果。他已经公开承认，通货膨胀意味着芬兰的建筑企业将不再能够与苏联一方要求的价格水平相适应。他唯一的辩解是：拒绝协商将严重损害两国之间的贸易，并产生政治影响。苏联人同意与芬兰方面合作
269 来解决这个问题，但不愿在价格方面作出大的让步。最终，莫斯科勉强默许芬兰在 1973 年秋季与欧洲经济共同体签署自由贸易协定。协定同时也保证了芬兰与经济互助委员会——与欧洲经济共同体功能相似的社会主义国家之间的经济组织——在经济、科学和技术方面的协同合作，芬兰在其中需要扮演特定的角色，以期在两个集团之间达到一种巧妙的平衡。与苏联和其他站在社会主义行列里的国家进行双边记账式贸易，确实给芬兰人带来了好处，不仅在一个动荡的时期保证了非常稳定的能源供应，而且有力地支持了能够给苏联提供消费产品的劳动密集型产业(包括服装和鞋类等)。然而，一个笨重的经济管理体制必然带来头重脚轻的僵化结构，在苏联解体之后，也就不复存在了。这给很多主要依靠向垄断市场提供产品而发展起来的芬兰公司造成了严重影响。

经济上的滑坡加上政治上持续的不稳固，使整个 20 世纪 70 年代对于芬兰来说变成了一个困难的年代。由于连续几届政府都在支撑着与通胀作斗争，从 60 年代开始实施的社会福利项目开始陷入极度的困难。在凯约 · 利纳马(Keijo Liinamaa)的支持之下，雇主们和重新复兴的(也是重新联合的)工会在 1969 年达成了针对价格水平和收入水平的一揽子计划(附带着一系列的社会改革措施以及相应的社会效益)，在短期内大获成功，并为以后制订措施定下了基准。但磋商者们发现，这个基准在面对 70 年代后期更加严重的经济衰退时，无法再达到目的。议会明显不负责任地为一个过分奢侈的一揽子经济计划——以大笔资金对养老金计划提供支持——进行投票，不但导致了 1972 年帕西奥领导的少数派政府下台，还将很多严重的问题摆在了他的继任者面前。吉科宁总统在幕后积极干预，甚至以个人身份参加了一个他原来

所在党派——农民党(自 1965 年改名为中间力量党)——的委员会会议。他明确表示,如果该党继续支持通货膨胀下的养老金计划,将大大降低它在未来的某个时候成为政府执政党的机会。在他的政治生涯中,吉科宁逐渐掌握了使用笔名撰写文章的技巧,这是一种有效的策略,可以用来批评议会的挥霍无度以及政府在处理不断增长的经济危机中表现出的软弱无力。1974 年,通货膨胀以大约每月 2%的速度在 270
增长。同时,贸易赤字已经增长到有威胁的程度(大概占到 GNP 的 10%)。在之前的几十年,政府习惯作出的反应是货币贬值,而现在越来越多的经济学者声称,从长远的发展来看,仅仅依靠加强循环模式对经济发展是有害的。

经济上的问题是产生分歧的根本原因,我们可以看到,在 20 世纪 70 年代重新出现了要求一种无党派政府执政的呼声。这种典型的政治上的僵局从吉科宁的第一届总统任期就已经开始。帕锡基维-吉科宁路线中的外交政策现在得到了所有主要党派的支持。那些坚决持有不同政见的人则已经被推向政治边缘化的地带。韦科·文纳莫,这个总是扰得总统夜不能寐的吉科宁长期的反对者,将吉科宁的成功归功于他精明地在身边聚集了一大批其个人的追随者,以及他在平民百姓中的个人魅力,那些人真心相信:相对于他在芬兰外交政策方面的观点来说,他们是“被遗忘的民族”。① 70 年代所谓的“反抗政治”是从芬兰的经济与社会转型的进程中产生出来的,总的来说,当时的世界形势也是如此。事实已经证明,相对于其他斯堪的纳维亚国家来说,特别是丹麦,这些转变对于在芬兰已经建立起来的政党政治结构造成的损害要小得多;在 1970 年和 1972 年的议会选举中,文纳莫领导的芬兰农民党赢得了 18 个议席,很快由不令人满意的状况达到了全盛时期。

然而,这些建立起来的政党自身,已经成为一种政治上不稳定的根

① 然而,吉科宁的传记作者声称,总统坚持通过特别立法延长其任期,以避免同文纳莫之间可能损害苏芬关系的竞争。

源，这主要是由于人与人之间的争斗以及缺乏政党纪律的事件时常发生。这种情况甚至导致如下情况的发生：某一党派在议会中的党员执行着与其在政府部门中同一党派的党员完全相反的路线。由芬兰共产党构成核心的左翼的人民民主联盟，是最声名狼藉的，但并非是唯一的过错者。政府中同盟党派之间经常在关键议题上出现严重分歧，并导致中间力量党人和社会民主党人之间激烈的争论。中左联盟发展的趋
271 势朝向是这样的，在 1966 到 1982 年的 16 年中，有 12 年包含着人民民主联盟改革派代表，这有利于理解那种被社会民主党人佩卡・库西在他重要的蓝图式的著作《六十年代的社会政策》(*60-luvun sosiaalipolitiikka*，1961)中所描画的社会政策。但很难讲，在芬兰已经产生了正在当代瑞典和法国发生的社会主义者的想法或行动。

在六七十年代影响了很多西欧国家的新左翼思潮在芬兰的经历是不同寻常的。在受过高等教育的学生中，倾向左翼的情况有着一个明显的提升，这被看成是知识分子与工人阶级之间迟来的结合，在一场痛苦的、导致分裂的国内战争之后，又经历了几近半个世纪的风风雨雨，双方最终和解。这还暗示了芬兰已经不再是一个农业国，而已经成为一个繁荣的工业国。[①] 共产党作为全国性的社会团体之一为知识分子接受了，这种和解要比坚持任何革命的思想或是汲取任何正在流行的思想都重要(直到 20 世纪 90 年代，左翼党派中的激进派作为一种政治力量出现衰落的情况才刚刚发生)。在六七十年代，对于芬兰和芬兰人一直坚持的内向性的关注遭到了动摇，但在一些重要的地方，仍未被激进主义所触及。可以认为，由于要求与苏联保持良好关系的政令频出，它在事实上得到了加强。年轻一代，甚至包括保守的芬兰民族联合党对此也自发地大唱颂歌。换句话说，忠诚于帕锡基维-吉科宁路线成为一种爱国主义的职责。对于高层权威的服从，早已经由路德教派的牧

① 一些基础著作使和解成为可能，诸如维诺・林娜(Väinö Linna)和维约・梅里(Veijo Meri)等作家们的小说有助于重塑对芬兰过去分裂的态度，而且被那些足够大胆的历史学家们解释面临敌意的过去。

师们(他们在中央政府与人民之间起到了重要的纽带作用)在教会的讲坛说教了几个世纪。一个从19世纪发展起来的政府体系，确定了一种从高层向下传达并受官僚政府指导的法律和法令的实践，这意味着对于国家及其代理人的权力和权威提出挑战并不轻松。对于国家权威的认可实际上包含了一种不言自明的道理，其背后真正的目的是在内战 272
的悲剧发生之后，所有的人对国家稳定的需求，就如在1919年宪法中规定的总统职位所具有的强大的行政权力。这传递出一条支持巴锡基维和吉科宁外交政策的信息。它固执地、甚至是执拗地追求与苏联的良好关系，允许独裁主义在一个几乎没有意见分歧传统的国度盛行，并将公开对上述外交政策的批判等同于无爱国心的行为。

随着90年代初苏联和苏芬《友好合作互助条约》一起被扫进历史的垃圾箱，在芬兰的知识分子圈里，无论是根据自身知识程度划分出来的最精华的一部分，还是普通的芬兰人民，作为一股整体的力量，出现了大量苦闷挣扎与自省，并在针对言论自由方面的新闻审查制度的松紧程度上看似已经达成一致。事实是，知识分子们少有例外地不愿就1990年以前的问题进行讨论的举动，增加了对于在整场争论中本已不稳固的道德良知的一丝叹息。就像一个讨论的参与者所注意到的，这些举动将被解释为一种公共的忏悔行为或是一种事后的寻求原谅的尝试，芬兰只有如此才能够被欧洲俱乐部完全接受。

刚刚过去的这一段时光，一定是布满了愚昧的和令人尴尬的声明的历史。最臭名昭著的便是由芬兰中间力量党议会党团主席在1974年11月拟定的提案，他提出要将1944年9月19日芬苏战争正式结束的那一天定为独立的日子，甚至称其为“第二个国庆纪念日”①——他给出的解释是，这是芬兰第二共和国的独立日。自我审查一方也从不缺少其辩护者：这被认为是反映了一种对于芬兰外交政策明智性的合适理解。

---

① 1944年出现的“第二共和国”的主张很受帕锡基维-吉科宁中路线的主要支持者的赞同。

273

图 36　老式与新式的芬兰共产党。

20 世纪 60 年代末，在芬兰共产党传统的五一节示威游行中，激进的学生们开始加入这个行列，使其出现了多彩化形式和年轻化趋势。在同样是 1969 年摄于赫尔辛基图片中出现了一个明显的对比：既有穿着单调乏味且面带严峻表情的退伍老兵们打着历久的旗子、喊着传统的口号；也可以见到充满活力却又杂乱无序的学生们发出截然不同的呐喊。他们与欧洲其他地区同为共产党的伙伴不同，没有被拉进自由意志论者或是托洛茨基分子的阵营中去。芬兰有左翼倾向的学生们倾向于将他们自己与共产党中斯大林主义的少数派连成一线。这让人看起来更像是一种由于需要产生的联合，而不是有着相同思想的人的集合。一种对安全的需要以及一种对权力的需求，使得这些年轻人，大部分是中产阶级的激进分子，朝着极其正统、立场强硬的共产主义前进。

芬兰正在进行的(或者说是致力于的)自我审查应达到什么样的程度仍然是一个争论的主题。在芬兰，政府对于言论自由的控制和干预具有悠久传统，可以追溯到 17 世纪末国家审查官职位开始建立的时候。1919 年宪法保证了自由集会、结社和表达意愿的权利。但是一个刑法法规的修正案使得出版和传播对政府不恭的材料变为有罪，同时已经建立起来的法律秩序赋予政府以权威的力量来控制左翼媒体。1930 年，法律的限制在很短的时间内进一步收紧，直指任何贬低和嘲 274
弄国家机构和纪念性建筑物的行为。到 1948 年，宣传任何可能会伤害芬兰与其他强国关系的评论将被认定是刑事犯罪，英国外交部的官员们对此的描述是："糟透了……对于新闻自由的干预已经被明文写在了相关法规书籍上，仅仅是为保护苏联免遭批评……如果批评直指那些比西方民主国家更加敏感的国度，政府会毫不犹豫地开始行动，使之最终屈服于共产党媒体的谩骂。"这里，还要加上一种明显的心甘情愿的官僚作风，以显示出服从于(甚至是期望能够满足)芬兰那伟大的东方邻居的意愿。1944 年秋，发生了一个早期的例子，一份由芬兰司法部送往国内各个大学图书馆的通知，要求所有被视为有反苏倾向的著作从开架阅览室下架、封存，民众手中藏书的命运亦是如此。出版社也陷入压力，不再出版可能会在莫斯科引发被冒犯感的著作。由社会主义者控制的芬兰泰米出版公司本已将与于尔约·雷诺有关的那些潜藏的破坏性记忆通通挖掘出来，政府在后来声明这将有损于芬苏之间的关系，并且劝说该公司不要出版 1974 年由作家索尔仁尼琴(Solzhenitsyn)创作的《古拉格群岛》(*The Gulag Archipelago*)。

与此相反，甚至在当今芬兰人自认为是最谦卑的 20 世纪 70 年代，苏联的新闻界也发出了大量的抱怨，这是芬兰必须要解决的。70 年代初发生了一个有名事件，苏联大使抱怨一些文章散播苏斯洛夫在煽动芬兰共产主义者举行罢工事件中扮演了不光彩的角色，芬兰总统本人甚至以 1948 年的法律起诉来威胁一位周刊的编辑。媒体或许不像埃斯科·萨尔米宁(Esko Salminen)书的标题所提议的那样"安静"(而且，确实如他所含蓄地承认的那样，在他所列举的许多例证中，作家们对自我检查制度提出了批评)。或许，更令人担心的事件是 1975 年由艺术家卡尔-古斯塔夫·利尤斯 (Carl-Gustaf Lilius)制造的。他在一份芬兰语杂志上发表文章，认为自我检查制度是隐瞒真相的方法，是忘记苏联存在的方法。换句话说,它成为一床舒适的毯子,使芬兰人民置身于外部大世界的肮脏之外。

275 吉科宁任职总统的最后几个月,当这个年逾八十的国家领导人身体状况的衰落越来越快并达到令人尴尬的清晰可见的程度时,谁都不愿意、也没有能力再去追问这些棘手的问题。政治家们和媒体谨慎地克制着不去发表评论,因此大量不堪的玩笑开始盛行:在媒体沉默的时候,人们有着其他途径去表达观点,就像在苏联时期人们开的那种政治玩笑。吉科宁从政治生活领域退出并没有带来芬苏关系的进一步靠拢。他的继任者很明显地站在了在政治方面采取妥协立场的领导者的对立面上,但是他延续了通过信任的代理人来影响莫斯科的这一做法,并仍然坚持帕锡基维-吉科宁路线的那些原则。

尽管犯过一些错误,乌尔霍·吉科宁还是与他那个时代的步调紧紧地保持了一致。与他暴躁的前任不同,他很少对公共意见加以斥责,更愿意鼓励他的国民对于他们的过去进行公开辩论。他是人民的一分子,和蔼可亲、易于接近,这与那些处在遥不可及住在克里姆林宫的城堡中或是坐在呼啸而过的大轿车中的强硬、僵化的苏联领导人形成了鲜明的对比。在他长长的任期中,芬兰成为一个富裕的国家,建立起了一个涉及广泛的社会福利体系,在面对广泛领域内的各种活动时,芬兰人民可以自由地参与其中——从参加旅行团到成为一个耶和华目击者(这样的活动,他们的苏联朋友一定不会喜欢)。乌尔霍·吉科宁,一个小农的儿子,青年时期成为纯粹的芬兰民族主义者,在战后外交政策中又成为"冷原因"的具体化身,掌管了一个空前变化的时期,引领芬兰进入了一个彻底不同的现代化世界,并使芬兰拥有了世界主义的价值观。

第八章　从民族国家到欧盟国家

乌尔霍·吉科宁的继任者是社会民主党人毛诺·科伊维斯托。在 276
1958 年移居首都、并成为赫尔辛基工人储蓄银行的董事以前，科伊维斯托在 20 世纪 50 年代早期，作为一个战争中的老兵，在其家乡图库尔以坚决且积极地反对共产主义在贸易联盟运动中的影响而闻名。在这之后，他又相继担任了中左联盟的帕西奥政府的财政部长(1966—1968)和政府总理(1968—1970)，在接下来的 10 年里，科伊维斯托都在设法维护他的名誉，当其他许多有希望染指总统位置的候选人纷纷遭遇挫折的时候，他作为芬兰银行的领导人却置身于政治圈之外。1979 年 5 月，科伊维斯托第 2 次被任命为总理，民意调查显示他成为受选民欢迎的下一届总统候选人。1981 年 4 月，作为在野党，科伊维斯托通过抵制吉科宁隐晦的最后通牒进一步加强了他的地位和声望。他解决了政府机构中的延误和混乱现象，通过议会中的辩论，他打破了即将辞职的传言并得到了议会中大多数议员的支持。10 月底，吉科宁以健康不佳为由提出辞职的举动，使得科伊维斯托得以凭借代理总统的身份参加新一轮总统竞选。8 位总统候选人中，科伊维斯托成为最热门的候选人，并制造出了创纪录的数字(占到了投票选民的 87%)。靠着 43%的普选票和改良共产主义者的支持，科伊维斯托在选举团的第一轮选举中就当选了总统。

277 科伊维斯托选举的胜利可以被看做是公众反对旧政治秩序的表现，但事实上，该秩序在此之前已经显示出衰败的迹象。阿赫蒂·卡尔亚莱宁在长时间等待总统的位置之后(并仍然受到莫斯科的青睐)，却未能获得中间党的认可，该党派成员更倾向于选择他的长期竞争对手约翰内斯·维罗莱宁作为总统候选人。改良派共产党领导层已经私下同意在决定性的投票中支持科伊维斯托，从而打破了自 20 世纪 50 年代以来以农民党、共产党正统派和芬兰人民民主联盟为核心的体系。风向进一步转变的标志是 1982 年底政府彻底抛弃了共产党人，在这之后，芬兰人民民主联盟议会党团的多数派一致反对国防项目的预算，并得到了政府的支持。迄今为止，人们容忍这种不满的目的是为了不与莫斯科产生纠葛。但现在，它被认为已无必要。在 1983 年议会选举中，7 个席位的丢失，标志着共产主义者作为芬兰政治体系中一支主要力量的时期已经结束。在战争刚刚结束的那几年达到最顶峰之后，共产党一直保持了选民数的 1/5 到 1/4 这样一个较为固定的支持率，芬兰人民民主联盟逐渐缩减为一个小党派，并在 1991 年选举中，以左翼联盟形式重新出现，却仅仅赢得了 19 个席位。这个时代发生变化的另一个迹象是芬兰农民党的代表在 1983 年政党选举中获胜之后，进入政府之中。农民党的领导人韦科·文纳莫，是吉科宁最强烈的反对者之一，他声称是替芬兰“那些被遗忘的人”讲话，他对从前农民党的同僚早就耿耿于怀，现在急切地寻求募集大批在城市的忠诚追随者作为这个党派的核心。1987 年，保守派重返政坛，并与社会民主党人组成了一个联合政府，这显然是在 20 年的对立之后，吉科宁时代的政治体系松动的标志。

由于来自莫斯科方面的压力减轻了，重新安排芬兰的政治格局变得比较容易，而莫斯科自身也在劲吹变革之风。科伊维斯托在处理与苏联往来关系时，也保持了外交政策的连续性，甚至使用了其前任建立
278 起来的沟通渠道。1983 年，苏芬《友好合作互助条约》又延长了 20 年，条约以谨慎的措辞维护着两国间坚定和友好的关系。在困难的情况下(例如在 1984 年底意外降落在芬兰领土靠近挪威边境的苏联导弹或是 1986 年切尔诺贝利核电站灾难)，芬兰政府也尽量克制，避免发表任何

可能使其东部邻国愤怒或烦扰的声明。科伊维斯托在表面上支持吉科宁提出的在北欧建立无核区的建议，这基本上是外交辞令；在实践中，他没有采取任何行动来推动这一想法。但是深入讨论这一建议，可能有助于消除在斯堪的纳维亚国家间许多对于芬兰自身意图的不信任。[①] 芬兰在 1985 年成为欧洲自由贸易区正式成员，这有助于北方国家的关系更加紧密。

科伊维斯托总统与米哈伊尔·戈尔巴乔夫和乔治·布什建立了良好的工作关系，并作为调解人在冷战的最后阶段扮演了一个有作为的角色。面对即将到来的苏联解体，芬兰官方仍然表现得十分谨慎，尽管他们对于邻国爱沙尼亚的独立运动给予了很多非官方的援助和支持。芬兰政府看似被动和不明确的立场与波罗的海国家的愿望和斯堪的纳维亚所提供的更热情支持形成了强烈对比，并且引起了指责。科伊维斯托对于媒体的忍耐已经达到了极限，却也被芬兰广播公司的报道激怒了。报道似乎对苏联的生命力产生了怀疑，甚至要求芬兰政府对波罗的海国家采取更大胆的政策。总理哈里·霍尔克里(Harri Holkeri)和外交部长佩尔蒂·帕西奥被命令绝不许插手北欧理事会作出的对波罗的海问题的承诺，这种命令在大多数时候是明确的，有时也是转弯抹角的(科伊维斯托以他晦涩的散文而著名)，他公开要求波罗的海领导人抑制住自己急于冲向自由的心情，在他们将来与克里姆林宫里的人们打交道时，要学学芬兰人的样子。

直到最后一刻，谁也没有任何方法将芬兰政府始终坚持的政策解
释为对苏联的损害或敌视。中右翼的阿霍政府在 1991 年春天上台，帕
沃·韦于吕宁(Paavo Vayrynen)被任命为外交部长，对于 1991 年 8 月
在莫斯科发生的政变，他没有同他的北欧联盟伙伴们一起对其予以强 279
烈谴责，丹麦外交大臣乌费·埃勒曼·延森(Uffe Elleman-Jensen)确信，

① 北欧无核化的主张迄今仍被斯堪的纳维亚所拒绝，但在 20 世纪 80 年代初被挪威和瑞典的社会主义政府所接受，部分作为对“潘兴Ⅱ”导弹和巡航导弹在西欧部署以对抗苏联的“SS－20”导弹的一种回应。

新闻界知道芬兰人与北欧国家外长会议发表的措辞谨慎的最后声明是有关系的。一旦政变失败，苏联的解体就是不可避免的，而芬兰政府正在迅速采取行动。政府的外交事务委员会接纳了由外交部提出的理念，与3个波罗的海国家重新恢复了外交关系，芬兰人从未正式地承认这几个国家失去了独立的身份，并且早在1991年9月3日，总理亲自公开发表声明，他的政府已经开始衡量申请成为欧洲共同体成员的利弊。

芬兰政府在1990年9月就已经宣布，德国的重新统一已经削弱了巴黎和平条约中许多相关的军事条款。苏联在一年后的解体也使得1948年签订的芬苏《友好合作互助条约》变得多余了，条约最终被芬兰和俄罗斯在1992年1月制定的一系列简单的政治和经济协议所代替。在吉科宁任总统期间，大部分权利所依靠的是芬苏《友好合作互助条约》，我们将看到，在其失效后以及苏联存在的最后日子里，政府发挥了突出的作用；在这一过程的重要阶段，总统和政府之间原本平衡的权力关系出现了决定性转变。

芬兰边界上这些重大事件发生在国家经济严重衰退的背景之下。随着产量急剧下降，贸易下滑，公司也开始成批倒闭，国家不得不通过大规模干预对银行体系进行挽救。失业率上升到史无前例的水平，在1993年达到最高峰的17%。奇怪的是，芬兰经济的状况并没有在讨论芬兰成为欧洲共同体成员国时成为主要障碍，这个辩论在很大程度上集中于民族认同的问题上，并随着苏联的解体上升到显著地位。伴随着苏联解体，出现了大量的不确定性和令人忧虑之处，每天的新闻和报纸被流民、毒品、妓女和跨越芬兰边界的有组织的犯罪问题充斥着，这些刺激使安全成为主要议题。然而芬兰的政治观点是倾向于依靠欧盟
280 和地区合作而不是北约作为解决问题的手段。更重要的是，苏联的突然消失结束了一个芬兰与强大的东方邻国保持良好关系的时代，这种关系本来已成为大部分芬兰精英口中称颂的东西。这种以残酷现实为基础的政策实际上可以被追溯到19世纪，芬兰的民族主义领导人在那时宣称仍然热衷于这种旧有的联系。取自黑格尔学说的历史决定论显示出了深刻的含义，并经过斯内尔曼和于尔约·库西宁补充和加强成

为民族主义理论。小国不可能得到历史的青睐，面对强权政治的严酷现实，公然违抗将只会带来灾难。如果国家内部足够强大和团结，有一种共同的语言和文化，自由主义和个人主义发展得到限制，这个国家才会得以存在。芬兰内部团结的提升要以芬兰语言和文化的绝对统治为基础，同时也与芬兰和俄罗斯之间的关系紧密联系在一起；和圣彼得堡那些有权势的人士保持良好畅通的沟通渠道成为国家建设过程中的一个重要的组成部分。从根本上讲，芬兰在 1939 年危机那几个月遭遇所有问题的根源，都是由于忽略了这些规则。帕锡基维的观点和他的战后政策，在其继任者那里得到了继承和发展，这意味着冷酷的现实主义在国家命运的指导之下得到了重新建立。

一张将芬兰与欧洲一体化进程强制隔离的网突然消失了，再加上针对芬兰化进程的热烈讨论，在支持芬兰成为欧洲共同体成员国的支持者们那里引起了激烈讨论。作为较早的对于“芬兰参与更密切的经济一体化进程”的反对者，社会民主党人帕沃·利波宁（Paavo Lipponen）于 1994 年宣布，在所有关于芬兰化的谈判结束以后，芬兰“终将在西欧取得一个平等的地位”，作为一个国家，通过加入欧洲共同体，它将学到西欧的“成熟”。在布鲁塞尔举行的谈判中，佩尔蒂·萨罗莱宁作为保守派的外贸部长发挥了关键作用。作为欧洲共同体成员，这样一个欧洲身份成为芬兰外交政策的基本特征。支持获得成员国资格的人还认为，任何的拖延都将造成芬兰形象的极大损失，如果芬兰的 281
申请尚不能在瑞士和奥地利通过，至少要尽最大可能获得东欧前社会主义国家的认可。由于长时间被排除在欧洲共同体的重大谈判之外，加上它奇怪的战时轨迹，还由于优先与苏联达成协议的需要，芬兰的整合起步较晚，但在同时，却有着初涉者狂放的热情。精明的政治精英宣称将欧洲看做是自己新的民族身份。

1992 年 3 月发生了很多具有讽刺意味的事情，其中一个便是当时超过半数的议会议员投了“申请加入欧洲共同体”赞成票，而最强的反对派恰恰是这个联合政府的基石——中间党的成员。为了把他的党争取过来，总理埃斯科·阿霍采取了一个循序渐进的方式。在议会成员资格申请的辩论期间,他用暗示辞职的方式加以威胁,这便足以在议会中粉碎反对派并获得一个足够的多数。外交部长帕沃·韦于吕宁的表现是冷淡的,并最终退出了政府,这在表面上是为了追求自己的总统野心。韦于吕宁是这样一些政客中的一个,他们在吉科宁年代成长,在他们身上明显标记着那个时代外交政策的特征,并不愿放弃这一政策的根本原则。他们谴责“威斯敏斯特式的议员们”仅仅是为了赶上这班火车而没有真正顾及它将把这个国家带向何方。面对一个拥有 12 个会员国并一心将他们整合为欧洲人的组织,他们对是否能够平等地成为其成员表示质疑,并担心最近这种尝试“已经被许多人看做是逃离充满污点的过去”的努力,“威斯敏斯特式的议员们”将会削弱甚至摧毁芬兰的独立性。共同体的成员资格将使得芬兰中立的立场消失,而力主保持中立立场的辩护人则称,这种姿态曾经保证了芬兰与苏联和世界其他地区建立了良好关系。

这时出现了诸多争论,特别是韦于吕宁希望建立一个北欧共同体作为替代品,但此时这种尝试已经太迟。阿霍政府将一揽子协定提交
282 议会,他们认为此举将加强支持加入欧共体一方的经济论证,但丝毫没有减轻“数量正呈减少趋势的小农们”的恐惧,小农们也是在芬兰加入欧共体问题上最激烈的反对者之一。芬兰和瑞典、奥地利一起(但没有挪威,它的人民再一次否决了加入欧共体)在 1994 年 10 月 16 日举行公民投票,投赞成票的人占到了一个明显的大多数(全体选民的 74%参与了投票,56.9%的人表示了支持,43.1%的人反对)。小于 40 岁的选民和芬兰南部城市中产阶级都明确站在了“支持”的阵营;老年群体和农村人口,特别是北部和东部地区,倾向于投出反对票。

芬兰于 1995 年 1 月,即在马尔蒂·阿赫蒂萨里总统执政期间,加入了欧洲联盟。他是一位经验丰富的外交家,并作为联合国专员和特别代表通过处理纳米比亚问题而闻名。阿赫蒂萨里从来没有建立选举办公室,他作为社会民主党候选人参选,反映出在后吉科宁时代的公众是多么不信任政治家。这处于银行危机刚刚发生之后(普遍的看法是,政治家们在用公众的钱挽救银行体系)。阿赫蒂萨里是由直接投票选

举当选总统的第一人，他在第二轮投票中击败了另一个相对的“新面孔”，瑞典人民党候选人伊丽莎白·雷恩(Elisabeth Rehn)。

芬兰加入欧洲联盟的举动突出了一个棘手的问题，那就是总统与政府之间的确切关系。阿赫蒂萨里明确表示，他打算继续保持由总统“控制安全和外交事务的权力”，并在欧盟主要会议上代表芬兰。这使他陷入与总理阿霍的冲突中，观念上的冲突达到危机的程度，那就是谁能在餐桌上代表芬兰。阿赫蒂萨里在科孚岛会议上坚持他是芬兰的唯一代表，但在之后又接受了在未来欧盟委员会的宴会桌上的“两个位子”的原则。阿霍和他的司法部长安内莉·耶滕迈基(Anneli Jäätteenmäki)通过议会和由它控制下的宪法委员会实现了变革，他们将决定权移交给政府，由其决定谁可以在欧盟会议上代表芬兰。阿赫蒂萨里抱怨这是一场没有通过立法的政变，这种说法遭到了对手的抨击。局势一直处于不明朗的状态，直到新宪法在2000年开始使用，将 283
有关欧盟的事项从总统职权范围中移除。

1919年宪法把行政权力坚定地放在总统的手中，从20世纪70年代开始，很多针对宪法的改革开始正式实施了，并在科伊维斯托总统执政时期试图对原先有利于国家委员会(芬兰政府的正式名称)的内容加以修正。在1987年和1991年的两次宪法修正案中规定，国家委员会的成员必须得到议会的信任，同时尽管宪法保留了总统任命政府的权利，但他需要适当地考虑议会中党派集团的意见。政府或者哪个部长如果不再得到议会的信任或者根据总理的特殊要求，便能被解雇。在总理的要求下，经过与议会各党派之间协商，议会可能被提前解散。1991年的改革也限制了总统的任期，他的任期不能超过两届，并实行法国模式的直接选举。

然而，外交事务仍然保留给了总统，总统在立法过程中还保留着相当大的主动性和控制力。新宪法的法令在相当的程度上改变了政府和议会之间的平衡。现在，立法权稳固地留在了议会中。总统的立法否决权几乎已经消失，直到1987年还只有一届新的议会才具有这样的权利；任何由总统退回议会的法案，通过进一步审议可以被重新采纳并毫不拖延地得以通过。宪法规定，政府的组成和方案由在议会中的各党派讨论决定。根据这些协商，并征求众议院议长的意见，总统宣布提名已由议会选出的人担任总理。由选举产生的当选公职的人和由总理推荐任命为部长的人需要总统加以任命。总统保留了大部分高级土地管理机关官员的任命权，并仍然是武装部队的最高指挥官。外交事务仍
284 由总统指挥，现在与国务委员会合作，这个部门的职责是提出相关问题的议定书然后去实践它。

1999 年 3 月，新议会通过了必须达到 2/3 的多数议员赞成的新宪法，新宪法定于在一年后塔里娅·哈洛宁(Tarja Halonen)就任第 11 届共和国总统那一天生效。宪政改革的大部分动力无疑是由吉科宁过度使用总统权力所引起的。但也可以说，在后吉科宁时期的芬兰政界，社会民主党把它自己建设为一个重要的成员。20 世纪 90 年代期间，科伊维斯托、阿赫蒂萨里、哈洛宁都作为外交部长在利波宁政府服务过，也都成功地当选了社会民主党的总统候选人，成为政府的重要组成部分。从 1982 到 2003 年间，每隔 4 年都是如此。

哈洛宁在 2000 年的总统选举中胜出，也标志着在政治上的性别平衡问题有了一个重大提升。2000 年的总统选举在事实上是个突破，因为 7 个候选人中有 4 位是女性。芬兰妇女在欧洲首先获得了充分和平等的选举权，在 1907 年，有 19 名妇女当选第一届议会议员。在接下来的 50 多年里，这个数字没有明显增加，只有在 20 世纪的最后 25 年才开始增长。从 1987 年开始，妇女在议会选举投票中比男子稍显积极，在 2003 年的选举中，男女选民投出选票数量的差距已经上升到 4 个百分点。直到 20 世纪 90 年代，少数妇女服务于政府的目的才得以实现。中间党在 2003 年的选举中获胜之后，安内莉·耶滕迈基总理的任期是短暂的，她因为被指控泄露了旨在诋毁她对手的消息而被迫辞职。在政治上，在其他许多层次的公共生活领域中，妇女任职高位的情况仍然非常鲜见。

在过去几十年里，芬兰的行政系统也经历了大刀阔斧式的改革，出
286 现了转向部长负责制的倾向，这是由于战争基本破坏了中央级别行政委员会的根基。即使这样，委员会的数量也在不断增加，同时其下设局的数量也在暴增，特别是在 1965 到 1973 年之间。这些部门负责的

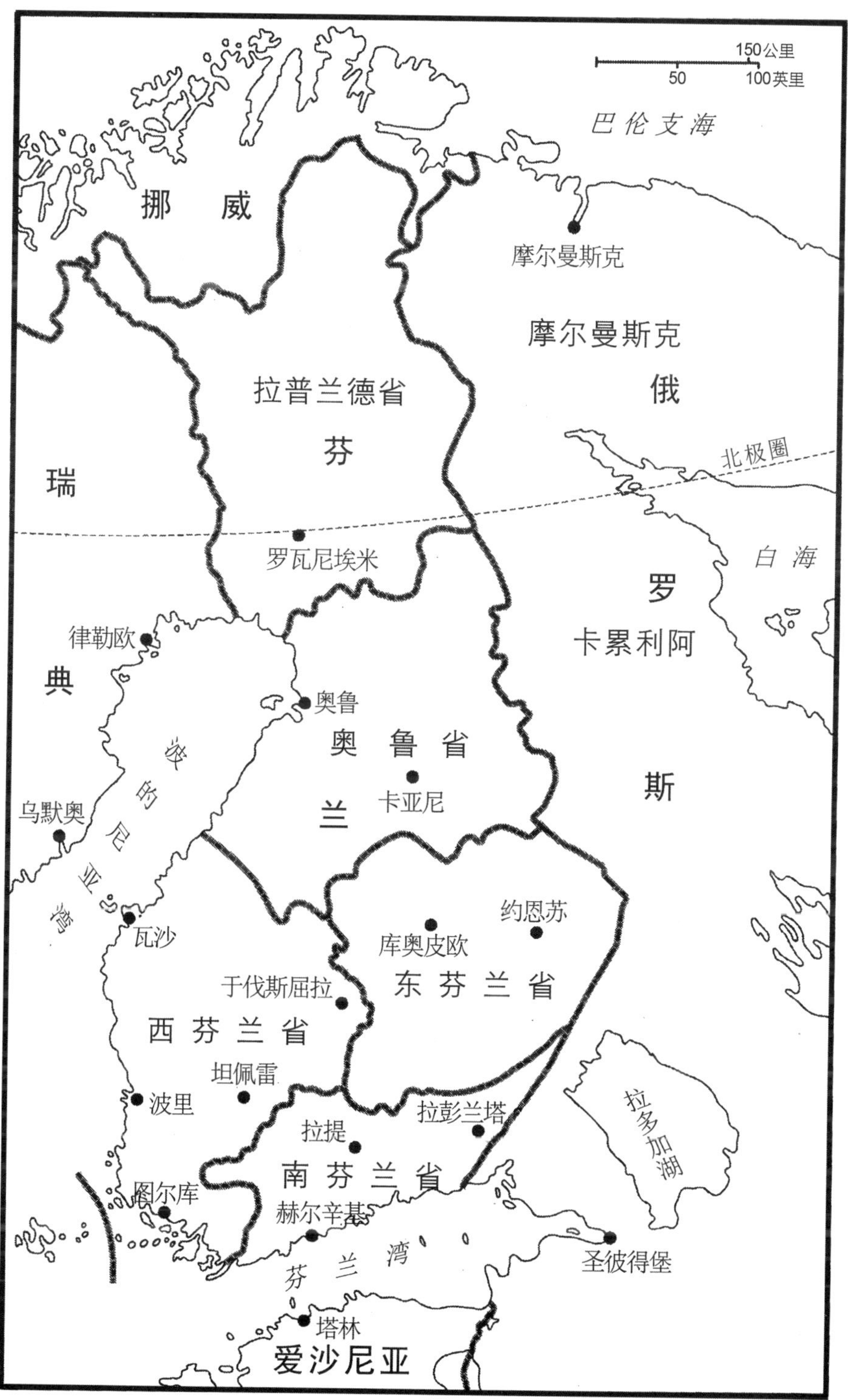

地图 5　21 世纪初的芬兰

职责包罗万象，从电影分级到资料档案；芬兰还拥有广泛的研究机构，研究范畴从和平问题到蛮族游戏。公共服务支出从 20 世纪 60 年代初占国民生产总值的 30%上升到 1985 年的 40%。保守的社会民主党联

287

图 37　20 世纪 50 年代新定居者的农场。

根据 1944 年停战协议条款，芬兰失去了略超过 1/10 的耕地面积，苏联则得到了这些土地。芬兰还要安置失去领土的 40 万难民。为此，大约有 2 781 366 公顷土地被征用，其中一半是国有的，另外大约总数的 1/4 是通过强制购买而得来的，这些土地都被用于兴建房屋和耕地。这片土地中的一部分给了那些在战争中参加作战的人和他们的家庭，但大部分用于重新安置难民。例如最终来到这里的这样一个家庭，他们最初来自卡累利阿地峡的科伊维斯托，之后又迁移到芬兰南部的阿斯克拉(Askola，南芬兰省的一个地方)。图中所示紧凑的家庭建筑，在 20 世纪 50 年代的芬兰是一种标准设计。孩子们所玩的耕作游戏表明，对于大多数农民来说，马匹仍然是主要的耕作手段。战争结束后的 10 年是好光景，在农田上耕作的马匹数量平均大约是 35 万匹，而到了 1976 年，这个数字减少到 3.3 万匹。靠土地谋生的人口数量急剧减少。现在大约只有 10 万芬兰人靠土地谋生；而在 50 年前，则超过 100 万。

合政府通过哈里斯·霍尔克里设定培训措施以减少支出，主要通过精简和重组来克服政府部门和众多委员会之间的重叠。许多委员会已经对他们自己的预算负责或者已经转变成了国有股份制公司，例如邮政、通信业和铁路。然而，旧委员会依靠不同的伪装又重新出现，大量的新局也建立起来。事实上，逐级体制已经填补了原先存在于部长们和地方行政机构之间的空白。

1996 年，内陆的 11 个省被缩减为 5 个：奥鲁、拉普兰、南部、西部和东部芬兰。这是一个自上而下的合理化建议，当时却被批评为破坏了区域特性以及强迫地方服从于中央行政区域机构。中央行政机构确实对县一级地方政府发挥了强有力的控制力。县一级长官由总统任命，并在行政上听从于所属各部，有关各部制定指标和检测其执行情况都需要通过省级机构。

这些改革在模式上与打算进行改革的欧洲其他地区有许多相似之处，发生的背景都是出现了快速的社会变革。现在只有人口中的一小部分还在依靠农业和林业维持生计，而这却是几十年来芬兰经济的生命线，1970 年仍然有 1/5 的劳动人口被雇佣。50 年前，只有不到 1/3 的芬兰人口生活在城市；现在只有不到 1/3 的人生活在农村。这里有一个明显的人口流动趋势，即从北部和东部的边境流向南部城镇，尤其是向首都转移，正如诗人彭蒂·撒里科斯基(Pentti Saarikoski)在 20
世纪 60 年代所描绘的，赫尔辛基迅速从一个由森林围绕的中等城市变 288
为人口超过百万的主要城市。和其他的先进经济体系一样，芬兰目前面临的问题是人口老龄化，但到目前为止，芬兰都很少依靠移民劳工来填补劳动力市场的空缺。

将这样一个主要是乡村和田野的农业国(他的人民生活简朴而且往往孤立地生活在一个隔绝的欧洲北部边缘)转变为一个富裕的、即时通信的后工业国家(诺基亚手机成为这个国家身份的象征)，是基于与欧洲国家的交流中表现出的智慧和互信，其中最重要的措施便是开明的教育政策和认真培养芬兰最宝贵的资产——人力资本。这并不是
说，经济增长的轨迹就一直没有障碍和困难。财政和经济政策有时完 289

图 38　简约的消费主义：赫尔辛基商品交易会，1958 年。

对于大多数芬兰人以及越来越多的外国游客来说，海岸的夏季别墅已经成为"必须拥有"的了。作为耕地的土地比例减少了，而夏季别墅的数量却在迅速增长，1950 年的数字大约是 4 万幢，到了 2000 年，这个数字增长了 10 倍。1958 年商品交易会展示的一所专门建造的木屋，对于当时大多数芬兰人来说已经超出了他们能接受的范围，直到 60 年代末 70 年代初，该产业才开始起飞。然而，20 世纪 50 年代末期，大多数芬兰人已经很乐意融入农村生活，还会有一些没有亲属的城镇居民来到农场，而很多人(尤其是妇女)只是在最近才刚刚离开土地。

全不利于发展。虽然芬兰得益于普遍的战后繁荣，但在整个五六十年代，芬兰经济是在严格监管和政府管制之下的。在 60 年代逐步开放贸易限制带来了更大的多样性，减少了芬兰在对外贸易中严重依靠森林产品的问题，但在货币政策上并没有任何重大变化。在芬兰银行的问题上，主要的控制手段是配给制的形式，严格的控制信贷和限制货币供应量。保持芬兰出口竞争力的有效方式是货币贬值，在 1947 到 1987 年之间，芬兰马克贬值了 12 次。如果说有什么使得芬兰自然激进的经济得到加强，那便是严重的经济危机，例如在 1957 年、1975 年和 20 世纪的 90 年代经济危机之后，同样出现了经济发展速度的高涨。

国家在经济上历来发挥着核心作用，尽管大的趋势是赞成转向私有化，但国家仍然是一个大股东，甚至直接拥有一些芬兰大型企业。它与60年代末开始的收入政策制定和福利社会的规定是有联系的。在战争年代,重新安置从卡累利阿来的难民也许是最重要的一次国家干预行动,增加农场的数量,实际上降低了芬兰大农场的平均规模。总的来说,是组织非常好的利益团体在很大程度上决定了芬兰经济的走向,它们包括商业、银行业、工会、农民的中央组织。在战后的几十年里,议会并不是一个严肃的论坛和经济政策的决策地,人民的代表大多数是处在这一程序之外的。

本质上,是社团体系在许多场合或明或暗地指引着芬兰经济(靠着它,还为社会政策提供指导),且在一般情况下,很少遭到批评。一部分原因来源于不可否认的事实,无论是在社会福利金的给付形式上,还是
在服务部门增加就业机会的问题上或者是补贴并保证农民收入上,它 290
被认为不仅带来了经济增长,同时还有利益。商界领袖、工会领导和农业方面游说议员的团体每年都会齐集一堂,竭力想制定出一个稳定的政策,他们不仅仅是代表局部利益,尽管他们的要求和抱怨有时也使得达成决议变成了一件有争议的并且困难的事。他们可以合法地声称他们代表国家——以首席仲裁人的资格代表国家。对于工会,从20世纪四五十年代已经因为内部争斗而严重分化,参与民族的形成和制定综合收入政策为它的巩固和发展提供了一个机会。20世纪60年代末,芬兰工会中两个对立的集团共同组成了芬兰工会新的中央机构,到20世纪末,其成员从60万一跃超过100万,而其他两个委员会分别代表白领和经验丰富的专业工人,他们的增长则更加壮观,加上现在出现的近100万工人,使芬兰成为欧洲工会会员比率最高的国家之一。因为有些决策会被新的工资要求和通胀压力所严重地侵蚀,工会很少完全同意这样的决定,但这是(因内战而蒙上污名的)他们参与社会一体化的一个重要的步骤,并通过芬兰的政治实体进一步加强了这种感觉。

一个更加令人怀疑的看法是有关工会领导们的,早在七八十年代,他们已经加入了正在控制国家的精英中,并在桑拿浴室或是在特定旅馆的私人房间里做着重要决定。对关键部门中管理委员会官员任命问题上的调查,比如芬兰银行,印证了这一观念。只要芬兰继续处在经济

增长中,并保持富裕和安全,芬兰的广大公众似乎可以接受其管理自己的事务并相信当权者。然而,20 世纪 90 年代初所发生的事情却严重动摇了人们的信心,并且这样的反响在整个 10 年中持续回响。

291 20 世纪 80 年代是芬兰经济获得前所未有增长的 10 年,尤其在生产能力方面。国内需求的巨大增长极大地刺激了进口,并威胁着将发生如 20 世纪 70 年代中期那样大的净负债规模,当时的贸易赤字已经增加到国内生产总值的 10%。可以看到,80 年代的芬兰也在总体上取消了对货币市场的限制。在芬兰,这是管理不善的结果,导致的后果是贬值的资金推动了油价、股价和不动产价格的上涨。商业陷入疯狂的竞争,银行贷款超出了本应发出的货币量,当经济开始衰退时,后果就变得很严重,而衰退正好与苏联的解体同时发生。这种贸易本来是有助于劳动密集型产业为苏联市场生产消费品的,但是突然结束的双边贸易使得经济衰退更为严重,毁坏了许多企业,并使失业率上升到前所未有的水平。从 1990 至 1991 年,总产量下降了 6%,与英国和瑞典的贸易下降了 10%以上,与苏联的贸易量则下降了 70%以上。

在 1991 年,由于考虑不周的决定,即将芬兰马克与欧洲货币单位绑在一起,使这场危机更为严重。这是对于瑞典决定加入欧洲货币单位的仓促反应,这意味着保护马克和打击投机倒把,但却没有成功。货币贬值一直是大出口商们所青睐的招数,但是现在却遭到了银行业中主要经济学家以及那些借入大量外国贷款的金融家的反对。随着危机的加深,经验不足的中右联盟新总理阿霍开始尝试使用一直以来都很奏效的老战术——协商一致,但是很快发现它不再奏效。阿霍提出的关于社会合同的协商被日益增长的贬值需求和在工会与行业中不可调和的分歧所破坏。到是年秋天,资本外移已经开始,芬兰银行被迫通过提高短期利率进行干预,最终相对于欧洲货币单位的汇率,调整的幅度达到 14%,而在实际上马克贬值了 12%。与此同时,政府已开始实施一个全面的一揽子计划,以降低对于更为大幅度贬值的需要。马克即将崩溃的威胁足以说服工会领导人同意签署方案,并由富有经验的社
292 会民主党领导人卡莱维·索尔萨起草。索尔萨的建议将削减 7%的劳

动力成本，这主要通过削减从雇主到工薪阶层养老金来达到。工会最初似乎准备接受这一观点；但最终，两个代表主要出口部门——工程和造纸业的工人工会都不愿意遵守这个协议，他们担心仍将出现大幅贬值。面对顽固的抵制和总罢工的威胁，政府不得不作出让步。

国家公共财政状况在崩溃的前夕是好的：预算有盈余，国家债务在国际债务平均水平中相对较低。然而，到了 1992 年，预算赤字是 720 亿马克，接近国民生产总值的 15%，主要是由于收入下降和迅速增加的支出。政治家们将议会中必须达到 2/3 多数才能通过的决议改变为一个简单的多数，使得通过“削减必要的储蓄”的计划变得更为容易。政治家得到了其他官员的庇护，他们在备忘录和报告中制定了不受欢迎的建议，这些建议给所有人带来了同样的不幸。一系列的储蓄计划，尽管在实施过程中有大约 6 个月的停顿，却一直进行到 1994 年，估计总数在 350 亿到 500 亿马克，它们的主要形式是对地方当局拨款的削减、补助的削减、税价的上调和从雇主到雇员都是一样的社会保障的增加。但是，面对工会的反对和总罢工的威胁，使失业津贴不再与收入挂钩的努力不得不被放弃。

这些措施严格地测试着领导人之间团结和共识的极限，但真正激怒公众的是政府要将银行系统从灾难中解救出来的方式。在 20 世纪 80 年代，大量的银行储蓄已经卷入了公众所称的“赌场经济”，当 1989 年股指开始下降且利率开始上升的时候，股票交易所价格指数已经增加到原来的 3 倍，而房地产的价格也涨到 2 倍，这时他们发现自己陷入了深深的困境。其中一个最大的储蓄银行从 1990 年开始陷入困境，但
直到 1991 年秋季被芬兰银行解救之时，危机的程度是不为人知的。数 293
十个小地方的或区域的储蓄银行宣布，它们无力承担自己的债务。由工作组制定并提出的共涉及 80 亿马克的一揽子拯救计划最终被证明是对形势的一个严重低估；最终，拯救银行需要超过 400 亿马克。这一昂贵的救援行动，可能有助于恢复国际上对芬兰金融机构信任，但它在广大公众中却造成了深深的怨恨，他们被迫承受公共服务的削减和实际收入的降低，而且还面临着越来越多的失业。一些赔偿的要求需要

法院审理,但多是那些备受诋毁的 rötösberrat(高度准确的修饰语,结合了暴发户和无赖的要素)提出的,他们在开庭之前便已经悄悄地撤诉或者逃掉了。在一个著名的案件中,一名已经取得工人储蓄银行的行政领导位置的社会民主党前任主席,被认为需要支付 2 500 万马克的赔偿,他通过上诉要求降低总额,并最终赢得判决,仅仅赔款 100 万。这笔交易获得了一个来自社会民主党的资历较浅的财政大臣的批准,当有人在议会中提出质疑时,他被迫辞职。

芬兰经济显著地从危机中恢复过来。出口数量在 7 年内增加了一倍,生产总值的增长要比劳动力的增加快得多,并出现了相当深刻的机构性变革。电子设备行业的增长称得上惊人,整个 90 年代的后 5 年,这个行业出口的激增挑战了长期占统治地位的木材业和造纸行业。大型的商业和工业已经充分融入全球市场,目前有超过 60%在国内领先的芬兰公司在国外开展了业务。2003 年经合组织(OECD)的报告特别表扬了芬兰在研究和发展方面高水平的投资,称其为一个健康的金融部门,其在 20 世纪 90 年代的后 5 年经济增长率超过了整个经合组织平均水平的 1 倍。它还赞成通过放松管制来开放经济,并推进下一步改革,改革不仅要在庞大且低效的公共部门展开,同样也涉及部分私营部分。

294 这使得经济复苏出现了一个下滑的趋势。与出口贸易方面相比,国内需求复苏需要更长时间。失业水平仍然很高;在衰退期有 40 万个工作岗位消失了。电子工业引导着复苏,在其注重提高生产率的过程中,需要拥有必要技能的青年人。在南部的一些城市和芬兰的其他地区之间,经济增长的动力日益悬殊。在农村地区,用来资助那些失去工作的、年老的或是体弱多病的人的费用高得惊人,而在过去 30 年间,年轻的和身体健全的人成群结队加入移民大军中。同时,还有着迅速逼近的人口老龄化的威胁:在未来 20 年,芬兰预计将成为所有经合组织国家中 65 岁以上人口增幅最大的国家;上述情况还要再加上半数 50 岁以上的人在事实上业已经过国家的积极就业政策批准正式退休。2001 年财政部发表的一份报告承认,目前的政策难以使芬兰应付这个

图 39 “为每一个街区建一个幼儿园”。

20 世纪 60 年代末，议会大厦台阶上的这次示威凸显了由于城镇人口迅速增长而造成的许多问题之中的一个，那就是工作的妇女很难顾及对孩子的日常照顾。在 20 世纪七八十年代之间，芬兰的福利国家体系基本上建立起来，它的许多条款是针对社会压力而制定的。例如，入托儿童的父母根据自己收入和家庭规模来支付费用，现在已经是一项权利。出席议会和政府的各方代表在传统上代表了某些职业和(或)区域的利益，如果不通过这些人，他们很少有机会使他们的需要为人所知，比如农民的妻子，已能获得一些权利。20 世纪 90 年代削减福利经费的举动衍生出一些组织，其中包括一些争取养老金领取者利益和关注人口老龄化问题的政党。对于在七八十年代福利改革中受益最大却又饱受争议的人们而言，老龄化问题可能是一个容易引起争论的话题。

负担，办法只能是进一步提高已经很高的税率或使国家债务再一次上升。减少政府债务，处理劳动力供给和需求之间的差距被确定为主要的挑战，并将教育视为“长期增长的动力”。

该报告还承认需要增加劳动力移民，然而公认的困难是如何吸引劳动力。和瑞典相比，芬兰的移民劳动力非常少，直到20世纪80年代，它确实是一个劳工的净出口国，主要目的地就是瑞典。仅在高峰的1969年和1970年，就有8万芬兰人移居瑞典去寻找工作；据估计，从1946到1994年，共有75万人越过海峡去寻找短期工作。芬兰人在瑞典建造了最大的移民社区，不过大量的移民和他们的家庭回到芬兰，带来了新的技术和劳动力市场的繁荣。

这些移民大多数来自农村地区。放弃土地是芬兰在20世纪下
296 半叶的转变中最引人注目和令人心酸的方面。在1950年，400万芬兰人口中大约有167万人从事耕作和林业；到了2003年，500万芬兰人口中就只有12万人还从事上述行业。当被放置于战争刚刚结束的背景中，农业人口的下降更是戏剧性的。安置政策受到战争的影响，而领土的损失则使得芬兰有了与西欧不同的发展趋势。芬兰是西欧国家中唯一一个在战争之后耕地平均规模减小的国家，直到20世纪60年代，农场的数量才不断增加。到了1969年，芬兰增加了14%的耕地，已经超出了芬兰在战争中失去的面积。安置政策很大程度上是被一个要求所推动的——确保为森林提供劳动力，以取代不稳定的伐木工的随意流动。这是韦斯特马克委员会在1958年针对芬兰农业未来的观察和考虑后，提出的一个临时解决办法，却没能注意到长期影响。委员会提出了一个一揽子农业政策，目的是缓解生产过度。其建议得到了社会党和保守派的支持，但农民的代表或共产党人却持反对意见，他们的支持者中很多是小农。由阿赫
297 蒂·卡尔亚莱宁领导的农业党少数派政府拒绝接受该建议，坚持加强而不是取代定居点的建设。卡尔亚莱宁甚至把60万公顷的新土地作为目标。根据韦斯特马克委员会的估计，这将意味着芬兰将有近100万公顷多余的土地。

图 40　一旦清除石块我们将获得收益……

在这张没有日期和题注的照片背面，有人潦草地写着可以粗略翻译成“一旦清除石块我们将获得收益，现在这个地方却被弃之不用”。战争刚一结束，相当大的补贴和保险费就被支付给那些使新土地可以耕作的人们。机器被用来拔除树桩、排干沼泽和移动石头，这是劳累至极的工作。虽然产量有了大幅增加（小麦平均单产每公顷从 1 565 公斤增加到 1950 年的每公顷 2 330 公斤。20 年后，平均每头奶牛的奶产量从 3 175 公斤增加到 4 400 公斤），但农业输出作为国内生产总值的百分比却在下降。撂荒，就好比将耕地打包封存，从 20 世纪 70 年代初就已经开始。自从 20 世纪 60 年代达到高峰后，处于耕种的土地面积大概下降了 20%。

但是，委员会的许多建议，在以后的几年都悄悄地通过了。60 年 298
代，安置政策让位于区域发展战略。将新的就业引向周边北部和东部地区成为不太成功的尝试，而区域发展政策建立了沟通和服务的基础设施，帮助整合最边远的村庄，并使这儿的人更容易走出去。机械化大大降低了在森林中对于劳动力的需要，另外还有一些在农业改变方面值得一说的东西：它不是链锯和拖拉机，而是农民的女儿，她们数以千计地离开土地,而不再选择成为一个农民的妻子。

从20世纪60年代末开始直到芬兰加入欧盟,它实行了制定政策的新参考标准,各式各样的战略随之而来,都是为了在芬兰实施更加现代化和合理的耕作。然而并非所有的政策都取得了成功,大多数都引起了强烈反对。在1968年,税收的基础是从土地转向实际收入。这虽然增加了收入,却使小农场比大农场承担了更沉重的负担。照顾小农户利益的土地委员会被同时废除了,农民的土地收益因为耕地的收回变成了工资,同时还将不需要的奶牛送到屠宰场,这使得农民在收入上遭到了额外的打击。在1969年和1970年出现了以瑞典为目的地的大规模移民。20世纪70年代早期,韦科·文纳莫的声称代表"被遗忘的人"的农村党取得了选举胜利,这表明了影响是多么深刻。社会民主党领袖卡莱维·索尔萨后来承认,他的执政党没能理解来自"已经受到向外移民影响的"乡村的绝望情绪。至今为止,那一代乡下人仍然骑在马背上,尽其所能开垦和种植着土地,他们一直是芬兰的荣耀。劳动力现在的价值实际上已经几乎减少到零了。

在芬兰的农场,农业很难成为大多数人的全职工作,人们在这里仍然保留着很多种生活方式,而不仅仅将其视为一种谋生手段,即使在21世纪初也是如此。从1950到1990年,农场数目从465 655个减少
299 到199 385个,然而平均的规模却从5.2公顷上升到12.7公顷。自从芬兰加入欧盟,农场的数量更是日趋减少,目前平均面积为30公顷。在这些农场中大约一半是全职农民,其中1/3以上是55岁的。这些全职农民的收入在很大程度上也依赖于其他的来源,在芬兰农场和林场的工作仅占整个家庭全部收入的1/3,养老金、一两个人合伙的小买卖、旅游收入和其他活动弥补了其他的2/3。农业家庭为了生存不得不适应这些情况,但是它们也表现出了很大程度的适应力,借用拉伊·亚伯拉罕(Ray Abraham)的恰当结论:这既是劳动力的适应力,也是道德社会的适应力。

农村生活的许多独特地方已经在现代化和合理化的过程中失去了。工作方法和模式,不同的用具和工具的名称,甚至是餐具的准备和

服务，在不同的地区都有非常大的区别，这种分化甚至从50年前就已经开始了，现在可能只存在于记忆中或是村庄的历史或者民俗博物馆中。土地的减少已经严重削弱了社交联系和社区的活力，尽管始于20世纪70年代的村民委员会运动已经被证明在关切乡村生活和促进新的社会和生产活动方面是非常有效的。汽车和电子通信已经取代了巴士服务和邻里闲话，农业家庭现在和城里人生活在同一个地球村，同样享有着卫星电视的娱乐方式——并希望享有同样的生活水平。当然，农村还吸引着外来者，但仅仅是在短暂的夏季数月。在20世纪的过去40年间，夏季别墅的数量翻了2倍，现在已经接近50万大关。对于许多芬兰人而言，夏季别墅为他们到乡下提供了一个宝贵的通道，特别是在家庭关系联系紧密的地区。湖泊和森林仍然是芬兰身份的代名词，尽管到了现在，它们也像其他事物一样，更加接近于欧洲特色、表现出同源的特征，这意味着他们向一个更广阔的世界敞开了大门——就芬兰的乡村、旅游业和遗产工业而言。

然而，过去50年中的主要故事，一直是人口从乡下向城市或者人 300
口中心涌动。在1980年，劳动力总数的40%是农民的孩子，这个数字中的3/4从事农业以外的其他行业。芬兰人中，一些人获得了较高的学历，并得以从事社会地位较高的职业或是经营自己的企业；但大多数人最终成为级别较低的工薪阶层或蓝领工人——芬兰工人阶层总是从那些离开土地的人群中来招募。在当前的环境中，流向南部的人口已经严重地改变了讲两种语言的群体在首都和图尔库的平衡。芬兰语已经成为这些几百年来一直由讲瑞典语人聚居地区的主要语言。这可能会在整个阶层的日常生活中导致压力和紧张，从日常购物到娱乐场地。根据在1977年针对赫尔辛基的瑞典语使用者的一项调查，在不同的情况下，他们对于是否愿意使用瑞典语有着明显不同的区别，例如在医院瑞典语应用广泛，但在实际生活中却遭到了限制。访谈还揭示了一个复杂的关于忠诚的问题。很少有人感觉到与瑞典的亲近感，尽管他们中的很多人与瑞典人有着亲缘关系。语言是很重要的，而且大多数人选择了在用瑞典语授课的学校中接受教育；但在大多数其他方面，受访者有相同的喜好和关注,并表现出了与他们讲芬兰语的同胞一样程度的爱国情绪。在社会的其他部分,语言界限的鸿沟正逐渐模糊,特别是在城市中,芬兰语成为日常生活中无处不在的语言,操两种语言的人之间的通婚也变得非常普遍。总之,无论是生活在城市中占大多数、能讲双语的群体,还是仅懂一种语言、占到少数、生活在东波的尼亚和奥兰群岛的乡下人(两种人都要求拥有自己的自治权),与那些在城市中分享共同公共空间的人之间,是有着巨大分歧的。尽管最近的调查表明,人们保护瑞典语地位的意识和意愿正在提升。

301 瑞典语和芬兰语仍然是芬兰的两种官方语言,尽管在目前将瑞典语作为母语的人口出现了相对的下降,即从占到 1930 年人口的 10% 转为今天的 6%。瑞典语可以出现在公共生活的各个领域。在语言教育中有一项规定,从小学教育到研究生教育,必须包含瑞典语广播和电视频道、报纸和杂志、戏剧和各种各样的文化和慈善协会。2000 年的宪法也承认土著萨米人、罗姆人和“其他团体”拥有保持和发展自己语言和文化的权利。1991 年的语言法案规定,萨米人有权获得一份翻译或解释为自己语言的官方文件。在萨米地区用萨米语进行教学也有着争议。同时,萨米人对自己语言和文化的兴趣也有显著复苏。在芬兰,萨米少数民族基本上生活在芬兰远北地区。估计他们的人数在 4 000 到 6 000 之间,主要讲三种民族方言,大约各占 1/3。萨米人在挪威和瑞典有更大的聚居社区,在他们中有着一个巨大的转变,20 世纪 70 年代以来,他们以更积极的态度来面对一直鼓励发展跨越国界活动的北欧国家各个政府。最值得注意的是,在 1956 年建立的萨米人理事会,现在有 15 名成员,分别来自挪威、瑞典、芬兰和俄罗斯。

罗姆人在人数上接近萨米人,但却远远不那么幸运。两个群体都已经发现他们的传统生活方式和维持生计的手段均受到威胁。例如,1986 年切尔诺贝利的灾难,影响到牧场的驯鹿牧民,而这些土地早已经由于农业定居点的推进、采矿和采石而被过度开发;然而,当萨米人已经能够适应周围环境的变化,甚至将他们的传统优势产业转向旅游业,罗姆人向荒凉的边远地区迁徙的生活方式却已经受到社会和经济

变革的威胁和善意官僚作风的影响,他们发现自己越来越走向一个社
会福利所遗忘的角落。自从 20 世纪 70 年代以来,芬兰又容纳了其他
独特的少数民族,这些人多数主要是智利、越南以及最近的索马里的难 302
民。然而就种族构成问题来说,相对于其他西欧国家,芬兰在民族结构上仍然保持了民族同一性。其中一个最大的少数民族群体是因格里亚人,在 20 世纪 90 年代初,有超过 10 万人迁徙到芬兰。从瑞典返回的芬兰人及其后代受到了欢迎,他们与芬兰人拥有同样的权利。但实际上由于来自差异很大的不同文化,他们在适应方面遇到了问题。芬兰政策现在已经转向支持英格利亚人留在俄罗斯和爱沙尼亚。

许多发生在最近几年的边界变动已经得到确定,芬兰作家强调的是,即使在冷战高峰时期,在芬兰与苏联境内的卡累利阿部分,仍有着相当多的跨国界联系。而北欧国家的合作行动方面在打破僵化属地观念时,发挥了先锋作用。自 1989 年以来,在波罗的海国家内部及北欧与波罗的海三国之间的合作急剧增加。大量的时间和精力被投入可以预期的重新构建北欧地区空间框架的问题上。新的区域间议会、委员会和咨询小组已如雨后春笋般出现,一些旨在推动和促进人们思想和行动交流的举措也已经启动。克里斯托弗·布朗宁(Christopher Browning)宣称:“在芬兰的后现代发展进程中,正进行着民族与国家概念的分离,并开辟了新的思维。这种思维有利于我们更好地理解国家安全、主权、国家的作用以及区域建设的性质。”但另一些人对于降低国家影响的问题仍然持谨慎态度(布朗宁甚至承认权利政治和国家利益持续的重要性)。我们可以举出这样一个例子,由北欧人倡议发起了一个表面上旨在促进从冰岛到俄国这一范围的相关国家间的区域合作项目,芬兰付诸实施了这一项目,并在 1997 年被欧盟作为其政策接纳,但在事实上,芬兰实施这一项目却旨在进一步实现自己的一系列目标。

在过去 25 年间,统治者自上而下对公共事务的控制已经出现了部
分瓦解。这使芬兰人在针对现在看起来仍属禁忌的主题表述观点或有 303
所举动时更加自由,比如卡累利阿问题。在 20 世纪六七十年代,自我封闭的民族主义仍然盛行,并正演进成为一个全球化的趋势,原因主要

是那些最大的芬兰公司在国外比在国内雇佣了更多的工人，还有大量的年轻人和受过教育的人正在国外旅行和工作。在这一转变中，许多在日常生活中象征“芬兰式”的事物已经被束之高阁、放在了怀旧的货架上——比如诺基亚手机，从胶靴、汽车轮胎到手机正经历着完全的蜕变。历久而生的光泽和美好的回忆，成了身份中一个重要的组成部分。共鸣的消失不过是痛苦和迷失。许多芬兰人在几十年间反复重申的对这片土地的感情，对于更年轻的城市化一代不再具有相同的重要性或意义。对于刚刚过去的这段时间的政治遗产，偶尔会出现猛烈反应，这只能用来表明在一个“农业的过去”和一个“欧洲的未来”之间是有着明显区别的。在 20 世纪 90 年代末，作为欧洲的“青年与历史”工程的一部分，芬兰做了一项针对青年人对于历史和历史特征所持态度的研究，得出的结论是，老一代难以理解 20 世纪中叶几十年中发生的社会巨变，他们留下了无数的故事，并留下年轻一代作为过去的消费者去创造自己的历史。

正如许多研究报告中指出的，与其他任何目的相比，芬兰加入欧洲联盟更多是为了身份。几十年来，在两个超级大国所领导的对峙集团以外，存在着一个令人称奇的政治无人区，它有着成为“西方”国家的目的和意图，但却没有凭借某一个组织的指令通过自己的语言或行动加以表示。一个协会在过去的 40 年中都是孱弱无力的，而不是振奋的或者说是加深了关系。归属的前途无疑对广大的芬兰人民是有吸引力的。但是，将欧洲化问题作为一个项目，精英们比普通选民要有更多的关注。一份在 2001 年年底进行的“欧洲晴雨表”调查显示出：很少有芬兰人认为自己只是欧洲人。芬兰人中将民族性放在第一位上的比率
304 远远超过欧盟平均水平。他们还拒绝将“芬兰的欧洲人”作为他们的身份。通过“青年与历史”的项目，人们还发现芬兰人对于本民族过去的那些插曲和身份有着很强的依恋，比如芬兰在战争期间为了生存而进行的抗争，而不是什么抽象的价值观，比如民主或北欧社会。

事实上，并非所有这些特性都与现代芬兰说了再见，于是便有了一些新旧相互重叠的特性。无论是乡下还是城市，每个地方都要忍受航

班的起落和飞过；收集对于过去的回忆——方言、当地风俗、地方菜；各种压力集团，永远不能取代一个靠着自己的文化每天爆发出现实活力的团体。那一代在坚硬、无情的土地上辛勤耕作的人们现在正面临或已经退休，当他们看到如此多的土地和建筑遭到遗弃一定会特别痛苦。宗教特性是不容易评估的，然而有一点是相当肯定的，与50年前相比，宗教信仰和习俗对芬兰人的生活产生的影响是很小的。移民成为很受特定的教会和宗教欢迎的加入者（例如，芬兰农民的菲律宾妻子们帮助天主教在芬兰中部收徒甚广），但芬兰仍是路德宗占统治地位的国家，尽管路德宗的教众没有几个是教堂的常客。究竟芬兰还遗留多少吉科宁总统长期执政时期建立起来的特征，也是很难说的。因为只有很少的人，密切地参与了那些思想的构建，并在后来为之辩护。最明显的特点是，芬兰的外交政策，曾一度与吉科宁总统那不可磨灭的姓名和人格联系在一起，现在却不再存在了。在六七十年代的政治生活中，从“独立存在”变为“团结共存”的政策被那些吉科宁明确的支持者们称为“K-路线”。但到了现在，却成了颇有争议的东西，并被推翻了。另一件现存的、从那个时期保留下来的较为重大的成就便是一个基础设施现代化、功能完备的社会。想要许多芬兰人认为社会保险机构是他们民族性中重要的组成部分，这是不太可能的。① 然而，如果“特性”意味着 305
什么，它一定要密切联系着人们的日常生活，那就是养老金、社会保障制度、社区、学校、商店和保健中心，这些芬兰政府自60年代就开始重点强调实施的东西。这种具体的现代化可能逊色于电影中那满是田园风光的湖畔小木屋，但它却真正是芬兰刚刚过去这段历史的遗产，也是其可预见未来的基础。

① “新现代”（Neomodern）是佩索宁（Pesonen）和里希宁（Riihinen）在他们进行的关于21世纪之初芬兰的政治与社会综合性调查中所使用的词汇。

大 事 记

1155—1160　宣布对芬兰进行“第一次十字军东征”，以英国人亨利被一个名叫拉里的农民谋杀而达到高潮。亨利随后被提升到圣徒的地位。

1229　芬兰的亚和它的子民在罗马教皇的保护下安居。

1323　根据奥列沙克和约划分瑞典和诺夫戈罗德间在卡累利阿伊萨摩的边界。

1397　北方三王国丹麦、挪威、瑞典联盟建立；最终在 1523 年土崩瓦解。

1527　古斯塔夫·瓦萨国王宣布瑞典教会的首领，并采取措施将韦斯特罗斯(Vasteras)议会批准的教会财产没收。

1548　麦克尔·阿格里科拉的《新遗嘱》芬兰语译本出版。

1617　根据《斯托尔博沃条约》瑞典获得了环拉多加湖和涅瓦河更多的领土，其中不包括波罗的海的马斯克维。

1640　在图尔库建立了大学。

1700—1721　由瑞典向沙俄帝国、丹麦以及萨克森波兰发起的伟大的北方战争。从 1714 年起大部分芬兰的领土被沙俄部队占领。

1721　瑞典向沙俄割让了自己在 1617 年获得的爱沙尼亚和立

沃尼亚的波罗的海沿岸省份，以及奈斯泰德和平条约中涵盖的卡累利阿伊萨摩，其中包括了维堡的要塞和城市。

1742—1743 沙俄第二次侵占芬兰领土；根据《图尔库和平条约》芬兰割让了东南部的广泛领土。

1788 古斯塔夫三世向沙俄发动了一次不成功的袭击，直接导致了阿尼亚拉军营驻地一批军官的叛变。一部分芬兰官员向沙俄寻求对某种程度上独立的芬兰邦的保护也并未获得成功。

1808 2月，亚历山大一世大举入侵芬兰。6月，签署《帝国诏书》，芬兰成为沙俄帝国的一个省份。

1809 2月，亚历山大一世下令在波尔沃召开芬兰各阶层以省份集合或以议会为单位参加的会议。

3月，宣布已经掌控芬兰大公的同时，亚历山大一世审定并批准了国家宗教和基本法律法规，同时也明确了在波尔沃时与会的各阶层在宪章中的权力和特权。

7月，在亚历山大一世对各阶层的讲话中，他提到了“忠诚的子民……从此刻起跻身强国的行列”。

9月，根据在哈米纳达成的和平条约，瑞典向沙俄帝国割让了有明确称谓的省份。

1812 沙俄将在1721年和1743年获得的领土同新从瑞典人手中获得的芬兰领土合二为一。赫尔辛基成为大公国新的首都。

1828 大学从图尔库迁到了赫尔辛基，更名为亚历山大帝国大学。

1831 芬兰文学学会建立。

1835 以东部民间诗歌为基础并汇集了埃利亚斯·伦罗特的《卡累利阿》编撰而成的《英雄的国土》的头版问世。

1838 伊斯雷尔·瓦瑟的《论瑞典与俄国1812年联盟条约》在

沙俄帝国内引起了一场关于芬兰状况的争论。

1843 萨克里斯·托普柳斯提出了芬兰人民是否拥有历史的问题,并最后得出结论:芬兰直到 1809 年才拥有历史,那时正是需要政治存在的时候。

1851 马蒂亚斯·卡斯特伦被委派到赫尔辛基亚历山大帝国大学教授芬兰语的新位置上。

1854—1856 英国协同法国与沙俄作战,派遣舰队进驻波罗的海。为了推进对赫尔辛基的攻势,英法对奥兰群岛发动了攻势,此次进攻给芬兰沿岸的城镇带来了不小的破坏。

1858 第一个芬兰语中等学校建立。

1862 开通了从赫尔辛基到海门林纳的铁路线;通往彼得堡的线路于 8 年后完成。

1863 亚历山大二世下令召开国会会议。芬兰人在直接涉及讲芬兰语的人民问题上时同瑞典人享有相同的地位;这个协议在 1883 年末时受到了威胁。

1867 成立于 1811 年的芬兰银行被授权发行自己的货币,从 1860 年开始,货币的规格严格地受国会的监督。

1869 议会法令中出台了国会常务条例。路德教堂不受国家法律条例的约束;同时,教堂不再掌控教育和地方政府机构。

1870 亚历克西斯·基维的小说《七兄弟》出版。

1878 议会通过了一个征兵的法令,法令中规定允许组织 5 000 人的部队,并在芬兰进行训练和常驻。

1890 根据帝国法令,在芬兰的邮政业务划归沙俄帝国管理。

1898 尼古拉·伊万诺维奇·博布里科夫被任命为芬兰政府首脑,此举很快使大公国跻身帝国之列。

1899 尼古拉二世的《二月文告》规划了一系列限制芬兰自治的措施并紧密了大公国同帝国间的联系。芬兰工人党建立。西贝柳斯的爱国交响诗《芬兰颂》首演。

1900 全面应用俄语这个作为芬兰政府机关用语的措施在一份帝国敕令中被规划出来。

1901 军队法中废除了芬兰的武装部队并在沙俄帝国军队中实行征兵制,该项举措引起了广泛的不满;掀起了一次全国性的消极抵抗。

1903 政府首脑博布里科夫被给予了很高的权力来对付他的政敌。芬兰工人党转变为社会民主党并采用了马克思主义理论。

1904 博布里科夫被一名叫欧根·绍曼的学生暗杀,该学生随后便自杀身亡。军队法作废,同时议会同意每年交纳资金来巩固国防。

1905 10 月至 11 月,俄国爆发革命,芬兰掀起了爱国运动,然而,这场爱国运动却因由工人组成的赤卫队同中产阶级组成的白卫军貌合神离而夭折。一项帝国法令废除了博布里科夫时期大部分的法规。国会替代了一院制立法机构的四阶级议会,国会成员由一定比例的由年龄在 24 岁以上的公民选举产生的代表组成。

1906 第一次选举产生的新国会,社会民主党是大赢家,占据了 200 个席位中的 80 个。

1908 尼古拉斯二世过早地解散了国会,为他的权力继承人设立了一个典范;他又任命了新一届的独立于国会之外的政府。在两年之间,新政府就完全落入了那些绝对忠于帝国政策的人手中。

1915 军事训练在有芬兰志愿者的德意志开始,这些志愿者之后组成了普鲁士皇家第 27 军。

1917 2 月到 3 月,在俄国爆发了革命;旧有政权的官员和事务官离职或是被取代;俄国的临时政府承认了新成立的芬兰政府以及议会大会。社会民主党控制了在议会的绝大多数席位,同时渗透进联合政府。

6 月至 7 月,社会民主党强烈要求芬兰完全的国家独立,得到了全俄苏维埃代表大会有条件的支持,与 7 月 18 日在议会通过了一项权能附与法令,临时政府向民主党摊牌,下令解散国会并重新选举。

10 月,选举将社会民主党的席位减少到了 93 席;主动权交到了中产阶级集团手中,并决定结束无政府状态。

11 月,工人进行了一次大罢工,同时改革委员会承担实质性的领导,但并未同意完全掌控权力。议会再一次完善了权能附与法令并通过了一系列的改革,这些改革是大部分的工人领袖放弃了起义罢工并努力去组建一个社会主义党人的政府。取而代之的,是由 P. E. 斯文胡伍德领导的中产阶级政府,该政府对于独立以及恢复法律和秩序作出了承诺,赢得了议会大多数人的支持。

12 月 6 日,宣布独立,最终在该月末得到了新苏维埃政府的承认。

1918 1 月,社会主义党人掌控了赫尔辛基的权力并成立人民政治委员会;斯文胡伍德政府的成员在瓦萨建立了一个基地。

2 月至 3 月,由前沙俄军官 C. G. E. 曼纳海姆领导指挥的、以瑞典志愿军及回归的贾格尔营军官为后盾的白卫军挫败了赤卫军的进攻。

3 月,德芬协定使芬兰同德国的战争目标紧密联系在了一起。

4 月,白卫军占领了坦佩雷城,这对于赤卫军是沉重性的打击。德国部队登陆芬兰南部海岸并占据了赫尔辛基。芬兰军队第一次远征到了卡累利阿东部。

5 月,赤卫军的残余部队投降;赤卫军领袖逃往俄国。

8 月,芬兰共产党在莫斯科成立。

10 月,黑森王子腓特烈 · 卡尔被选为芬兰国王;德国在第一次世界大战中战败后他推谢了这一份荣誉。

1919 3月,国会进行了新一届选举,恢复了社会民主党80个席位。

7月,采用新宪法,K. J. 斯托尔贝里国会选举了共和国第一任总统。

1920 芬兰和苏维埃俄国在爱沙尼亚的塔图签订了和平协议。

1921 奥兰群岛被授予自主权。

1923 芬兰社会主义工人党的活动被宣布为违法行为。

1924 "飞翔的芬兰人"帕沃·鲁米在巴黎奥林匹克运动会上荣获了4枚金牌,创造了在战争年代芬兰主宰中距离跑的佳绩。

1926 维诺·唐纳成立了少数派的社会民主党人政府。

1929 11月,年轻的共产党员们在拉普阿镇被杀害,掀起了一场反共产主义的浪潮,这就是所谓的拉普阿运动。

1930 6月,国会的共产党成员以密谋叛国的罪行被逮捕。

10月,拉普阿激进分子逮获前总统斯托尔伯格的行径受到了广泛的谴责。

11月,应新选举产生的国会的三分之二人的要求,国会通过了反共产主义条例。

1931 斯文胡伍德当选为新一届总统。

1932 2月至3月,公然反抗警察驱散集会人众的命令,拉普阿的激进分子在曼扎拉镇引发了一场全国性的恐慌,这次恐慌被斯文胡伍德的直接介入干涉以及军事统帅部拒绝支持叛军而平息。

7月,芬兰和苏维埃俄国签订了互不侵犯条约。

1937 一个由重农派的进步的社会主义民主党人组成的中左政府形成。

1938 苏联发起关于奥兰群岛再武装问题的谈判。

1939 8月,纳粹-苏维埃秘密协议草案把芬兰划进了苏联的势力范围之中。

10 月至 11 月,在莫斯科举行的关于修正边界问题的谈判未获成功。

11 月 30 日,红军进攻芬兰。

12 月 1 日,由被放逐的共产主义领导人 O. V. 库西宁领导的芬兰人民政府在特里约基成立。

12 月至次年 1 月,苏联停止对芬兰贷款;在气温零摄氏度以下的苦战导致了惨败。

1940 2 月,法国和英国对于芬兰援助的许诺导致了芬兰政府在同苏联寻求和解的路上犹豫不决。

3 月 13 日,在莫斯科签署和平协定;芬兰割让卡累利阿地峡,同时租赁给苏联一个海军基地。

8 月,同德国签署过境运输协定,允许德军穿过芬兰直达挪威北部。

12 月,入侵苏联的计划在柏林引起了轰动。里斯托·吕蒂当选为芬兰总统。

1941 6 月 25 日,芬兰在苏联空袭后重新卷入战争,但是试图声称它在进行一场区别于同德国法西斯交战的独立的一场战争。该年末,芬兰军队占领了苏联卡累利阿的大片领土。

12 月 6 日,英国向芬兰宣战。

1943 美国斡旋于芬兰和苏联间试图调和的努力未获成功。

1944 在斯德哥尔摩重新开始和平谈判。

6 月,赤卫队攻破卡累利阿地峡。吕蒂同德国外交部长冯·里宾特洛甫签署了不终止独自和解协定。他随后辞职,放弃接任总统一职,曼纳海姆元帅终止了这份协定。

9 月,签署停战协定;盟军控制的委员会在赫尔辛基成立,以此来监督协定中各项条款的执行情况,其中不仅包括了1940年时边界和赫尔辛基西部一个新海军基地的恢复,还包括取消被认为是反苏的组织和大量的战争赔款;同时芬兰还被迫清理有德军驻扎的城市。

11月,J. K. 帕锡基维成立了联合政府,其中包括已经合法化了的共产党的成员。

1945 3月,战后第一次选举中,共产党领导的人民民主联盟取得了四分之一的席位,成为政府中的“三大党派”之一。

11月,8名战争时期的领袖在芬兰法庭以停战协定中第13号条款即罪恶地将芬兰卷入1941年的战争而受到审判。他们的审判在盟军控制的委员会施压后加重了,虽然最后他们还是早早地被释放了。

1946 尤霍·帕锡基维继曼纳海姆后当选总统。

1947 签订巴黎和平协定。芬兰决定拒绝马歇尔援助。

1948 4月,芬兰同苏联签订了友好合作互助条约;这成为冷战时期苏芬友谊的基础。

7月,“三大派”联合政府被少数派社会主义民主党政府所取代。

1950 乌尔霍·吉科宁成立了第一个他的“五届政府”。

1952 原计划1940年在芬兰赫尔辛基举行奥林匹克运动会。向苏联支付最后一批战争赔款。

1955 波卡拉海军基地回归芬兰。芬兰加入北欧理事会和联合国。

1956 2月至3月,吉科宁以微弱优势当选总统,并以应对在总罢工掌控下的城市开始他的总统生涯。

1958 同苏联恶化的关系导致了所谓的“夜霜危机”;已经内部分化的社会民主党被视为是吉科宁推行增进同苏维埃社会主义共和国联盟友谊政策的最主要的绊脚石。

1961 3月,芬兰成为欧洲自由贸易联盟的成员。

11 月,由于国际局势的紧张,苏联依据 1948 年的互助条款寻求同芬兰的磋商;吉科宁成功地劝服苏联领导人赫鲁晓夫放弃磋商,同时巩固了他在芬兰的地位和权力。在总统竞选运动中反吉科宁的竞选者由于吉科宁在新西伯利亚会见了赫鲁晓夫而退出。

1962 2 月,吉科宁在总统竞选中完胜。

1966 5 月,拉斐尔 · 帕西奥成立了一个由农民党、社会民主党、人民民主党人组成的中左联合政府。

1968 2 月,吉科宁第三次当选为总统。

1973 芬兰同欧洲经济共同体及经济互助委员会签订协议。

1974 3 月,1973 年 1 月由国会通过的特别法案使得已是古稀之年的吉科宁再度延长了 4 年的任期。

1975 欧洲安全合作会议在赫尔辛基举行。

1981 10 月,吉科宁由于疾病困扰辞去了总统一职;总理毛诺 · 科伊维斯托继续履行国家领导人职责直到再次大选。

1982 2 月,科伊维斯托逾越党的路线赢得支持并当选总统。

1985 芬兰成为欧洲自由贸易联盟的正式成员。

1987 4 月,保守派 20 年后再次进入政府,同社会民主党联合协作。

1991 8 月,最初谨慎应对保守派在莫斯科发动政变的企图,芬兰政府迅速承认了波罗的海省份的独立。

9 月,政府宣布考虑作为欧洲共同体成员的优势和劣势。

11 月,由于芬兰陷入金融危机和经济衰退的泥潭,芬兰银行被迫贬值货币以求重获信托。

1992 1 月,1948 年苏芬间的互助协定被一系列的政治经济协约所取代。

3 月,议会大多数人投票支持加盟欧共体。

1994 1 月至 2 月,马尔蒂 · 阿赫蒂萨里在第一次竞选共和国总统的第二轮脱颖而出成为赢家。失业人数创历史新低。

10 月,在全国性的公民投票中 56.1%的人支持加盟欧洲共同体。

1995 1 月,芬兰成为欧盟一员。

1999 3 月,国会通过新宪法,该宪法一年后生效。

2000 1 月至 2 月,塔里娅·哈洛宁成为芬兰历史上第一个女总统。

芬 兰 总 统

卡洛·伊·斯托尔贝里(进步党)1919—1925

劳里·雷兰德(农民联盟)1925—1931

佩尔·埃温德·斯文胡伍德(保守党)1931—1937

屈厄斯蒂·卡利奥(农民联盟)1937—1940

里斯托·吕蒂(进步党)1940—1944

卡尔·古斯塔夫·埃米尔·曼纳海姆(无党派)1944—1946

尤霍·帕锡基维(保守党)1946—1956

乌尔霍·吉科宁(农民党)1956—1981

毛诺·科伊维斯托(社会民主党)1982—1994

马尔蒂·阿赫蒂萨里(社会民主党)1994—2000

塔里娅·哈洛宁(社会民主党)2000—

选举与政府

1906年的国会法案奠定了现代芬兰的政治体系。尽管缺少一个重要的城市工业无产阶级政党,但在芬兰,左派势力一直很强大。自1907年第一次选举产生新的参议院立法机关起,两个主要左派党在国会中占据的席位就很少跌至40%以下。

芬兰社会民主党凭借一个得力的国家组织及若干年的煽动宣传参加了1907年的选举,这无疑使它相对于其他在1905年革命之前的动乱年代里经历了内部纷争的党派有了明显优势。1916年,社会民主党成功获得了103席位的绝对优势,在完全的民主国会选举中取得如此的丰功伟绩,其他公认的马克思主义政党是望尘莫及的。尽管因1920年的内部分裂而受到削弱,社会民主党依然能够在1930年国会清除共产党员后收复失地,并在1944年之后,面对来自复兴的共产党的巨大挑战且成功幸存。从1944到1990年,最主要的挑战来自芬兰人民民主联盟的左派势力,该联盟基本上是一个由选举产生的持异议的左翼社会主义和共产主义党员构成的组织,该联盟协同由内战中被驱逐出境者于1918年在莫斯科成立的芬兰共产党,扮演了领导角色。如数字表格2所示,自1980年起,对于左派政党的支持呈现逐渐下滑的趋势,虽然社会民主党人在投票方面比他们在1990年后作为左派联盟重新组构的对手运作得更好。

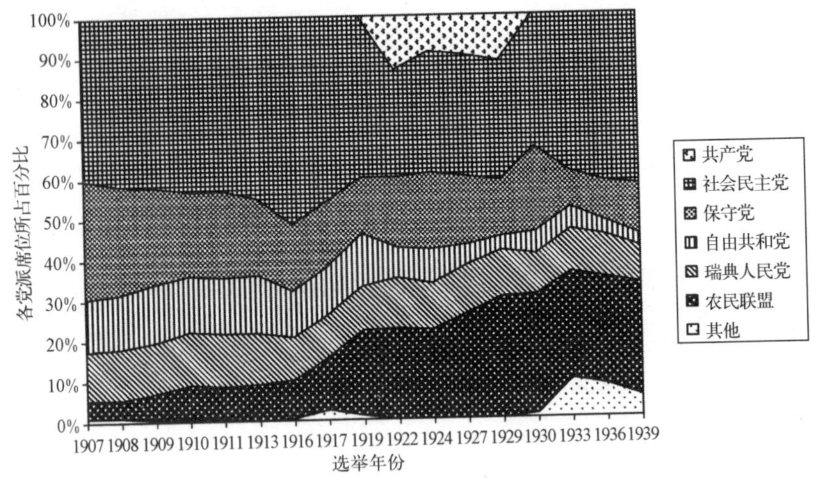

图表1　1907—1939 年的芬兰选举

参加 1907 年选举的四个非社会主义政党中，在动员少数说瑞典语的选民以获得支持方面，瑞典人民党是极为成功的，并且直到如今依然保持着对大多数讲瑞典语选民的忠诚。自由立宪主义的青年芬兰党在芬兰北部和东部输给了新兴的农民联盟，且在芬兰全民投票竞选中落后于保守主义的老芬兰党。1918 年芬兰国家阵营中有一次重新改组，与此同时君主主义保守派成立了国家联盟而自由共和党成立了国家进步党。到 20 世纪 40 年代期间，对于进步党人的支持锐减。在 1951 改革和更名为芬兰人民党之后，该党经历了一场短暂的复兴，但是因于 1965 年起兴起的自由人民党的施压，芬兰人民党的命运继续恶化：在 1995 年该党失去了在国会中的最后一个席位。

农民联盟主要从农业人口中获得支持，同时是自 1919 到 1970 年间最大的非社会主义政党。在 1965 年更名为中央党，面对芬兰农民党时遭受了损失，且在 70 年代和 80 年代期间在同保守党争夺城市中产阶级者的支持的竞争中落败。然而，自 90 年代起，中央党又重新赢得了它在 40 年代和 50 年代时所拥有的支持，同时作为“三大党”(社会民主党、保守党、中央党)之一向更广阔的城市选民进军。

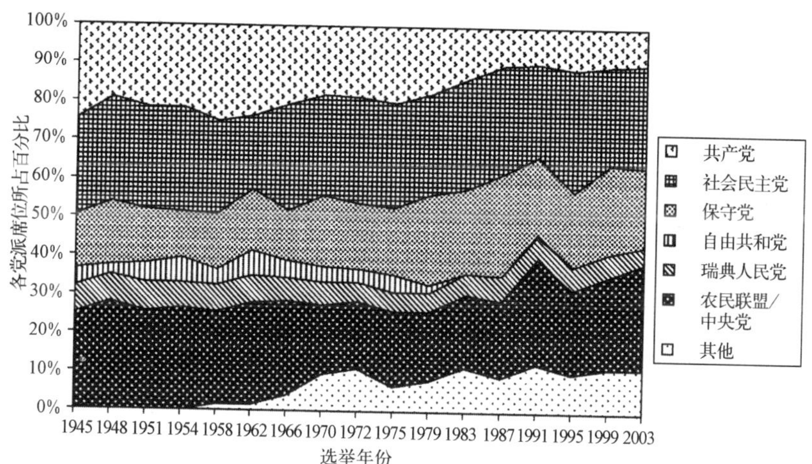

图表2　1945—2003 年的芬兰选举

由于对极左政党(以及自由主义的青年芬兰党传统的继承人)支持的减少,一批新政党涌现出来,其中三个现在已经成为固定成员,甚至参与政府工作。芬兰农民党的道路是跌宕起伏的,从 70 年代早期的最高潮,当时该党在两次选举中获得了 10%的选票,随后又分崩离析,1983 年迎来短暂的复兴,最后又在 90 年代大幅下滑。基督人民党,现在被称为基督民主党,在 1970 年进入国会,在两个关键时刻(1979 年和 1999 年)都成功保住了多于 4%的选票。绿党在 1983 年进入国会,

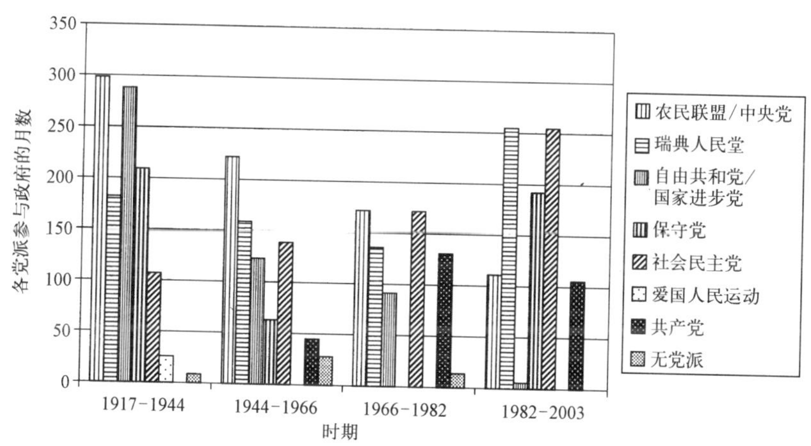

图表3　1917—2003 年各党派参与政府示意图

并平稳建立基础,在 2003 年的选举中进入左派联盟的进攻范围之内(绿党 14 席位,左派 19 席位)。

芬兰的历届政府自始至终都是联合型的。少数派或无党派政府是很少见的。图表 3 将独立的年份分成四个显著的时期;垂直的长方体表示各党派参与政府工作的月份总数。

1919 到 1944 年的政府的平均时间长度不足一年(11.57 个月),而且在 1944 到 1966 年也只是比一年稍多(12.9 个月)。在 1966 年与 1982 年间,平均政府时间长度曾至 15.21 个月,但是在随后的 20 年有一个达到了平均 31.75 个月的令人吃惊的提升。

政府图表中一个很突出的数字是两个较小政党的高水平参与。尽管在选举中支持降低(见图表 1 和图表 2),进步党在共和政体最初的 10 年间依然是政府固定的成员。9 个政府都是由进步党的成员来领导的,其中包括 1937 到 1939 年 A. K. 卡扬德(A. K. Cajander)的第一个中左政府,还有战争期间的吕蒂政府(1939—1941)。虽然保持着高支持率,瑞典人民党只曾经推举出一名总理,并且持续了不到半年时间,但是瑞典人民党在整个芬兰独立的过程中是不可或缺的。虽然没有在图表中有所显示,新成立的在议会占有一席之位的小党派自 1980 年也积极活跃在政府工作中。

导　读

传　记

Elemer Bako, *Finland and the Finns. A Selective Bibliography* (Washington, DC: Library of Congress, 1993)

John Screen, *Finland*, World Bibliographical Series, vol. 31, rev. edn (Oxford: Clio Press, 1997)

总　论

Max Engman and David Kirby (eds.), *Finland. People-Nation-State* (London: Hurst, 1989)

Osmo Jussila, Seppo Hentilä, and Jukka Nevakivi, *From Grand Duchy to Modern State. A Political History of Finland since 1809* (London: Hurst, 1999)

D. G. Kirby, *Finland in the Twentieth Century* (London: Hurst, 1979)

Matti Klinge, *A Brief History of Finland* (Helsinki: Otava Publishing Co., 1980)

Let Us Be Finns. Essays on History (Helsinki: Otava Publishing

Co., 1990)

The Finnish Tradition. Essays on Structures and Identities in the North of Europe (Helsinki: SHS, 1993)

Lars-Folke Landgren and Maunu Häyrynen (eds.), *The Dividing Line. Borders and National Peripheries*, Renvall Institute Publications 9 (Helsinki: University Printing House, 1997)

Tuomas M. S. Lehtonen (ed.), *Europe's Northern Frontier. Perspectives on Finland's Western Identity* (Jyväskylä: PS - Kustannus, 1999)

Anssi Paasi, *Territories, Boundaries and Consciousness. The Changing Geographies of the Finnish-Russian Border*, Belhaven Studies in Political Geography (Chichester: Wiley, 1996)

Pertti Pesonen and Olavi Riihinen, *Dynamic Finland. The Political System and the Welfare State* (Helsinki: Finnish Literature Society, 2002)

Jorma Selovuori (ed.), *Power and Bureaucracy in Finland 1809 – 1998* (Helsinki: Edita, 1999)

Hugh Shearman, *Finland - the Adventures of a Small Power* (London: Stevens & Sons, 1950)

Fred Singleton, *A Short History of Finland* (Cambridge: Cambridge University Press, 1989; 2nd edn revised and updated by A. F. Upton, 1998)

Sven Tägil (ed.), *Ethnicity and Nation-Building in the Nordic World* (London: Hurst, 1995) (contains chapters on the Sami, Finns in northern Sweden and Norway, Finnish- and Swedish-speakers in Finland, and on the Karelians in Finland and Russia)

从中世纪到 1809 年的芬兰

Robert Bartlett, *The Making of Europe. Conquest, Colonization and*

Cultural Change 950 –1350 (Harmondsworth: Allen Lane, 1993)

Eric Christiansen, *The Northern Crusades. The Baltic and the Catholic Frontier, 1100 – 1525* (London and Basingstoke: Macmillan, 1980)

Matts Dreijer, *The History of the Aland People. From the Stone Age to Gustavus Vasa* (Stockholm: Almqvist & Wiksell International, 1986)

Robert Frost, *The Northern Wars. War, State and Society in North-Eastern Europe, 1558 – 1721* (Harlow: Pearson Education, 2000)

Maija Kallinen, *Change and Stability. Natural Philosophy at the Academy of Turku 1640 –1713*, Studia Historica 51 (Helsinki: Suomen Historiallinen Seura, 1995)

Martti Kerkkonen, *Peter Kalm's North American Journey. Its Ideological Background and Results*, Studia Historica 1 (Helsinki: The Finnish Historical Society, 1959)

Heikki Kirkinen, 'Finland in Russian Sources up to the Year 1323', *Scandinavian Journal of History*, 7 (1982), pp. 255 – 75

Anu Koskivirta, *The Enemy Within. Homicide and Control in Eastern Finland in the Final Years of Swedish Rule 1748 –1808* (Helsinki: Finnish Literature Society, 2003)

Erkki Lehtinen, 'Notions of a Finnish National Identity during the Period of Swedish Rule', *Scandinavian Journal of History*, 6 (1981), pp. 277 – 95

Olaus Magnus, *A Description of the Northern Peoples 1555*, ed. Peter Foote, trans. Peter Fisher and Humphrey Higgens, Hakluyt Society, Second Series, Nos. 182, 187, 188 (Hakluyt Society: London, 1996, 1997, 1998)

Heikki Ylikangas, *The Knife Fighters. Violent Crime in Southern*

Ostrobothnia 1790 - 1825 (Helsinki: Annales Academiæ Scientarum Fennicæ, 1998)

俄国统治下的芬兰(1809—1917)

Steven Huxley, *Constitutional Insurgency in Finland: Finnish 'Passive Resistance' Against Russification*, Studia Historica 38 (Helsinki: The Historical Society of Finland, 1990)

Osmo Jussila, 'The Historical Background to the February Manifesto of 1899', *Journal of Baltic Studies*, 15 (1984), pp. 141 - 47

Aira Kemiläinen, 'Nationalism in Nineteenth-Century Finland', *Societas Historica Finlandiae, Studia Historica*, 33 (1989), pp. 93- 127

D. G. Kirby (ed.), *Finland and Russia 1808 - 1920. From Autonomy to Independence* (London and Basingstoke: Macmillan, 1975)

Keijo Korhonen, *Autonomous Finland in the Political Thought of 19th Century Russia* (Turku: Annales Universitatis Turkuensis, B. 105, 1967)

C. Leonard Lundin, 'Finland', in Edward Thaden (ed.), *Russification in the Baltic Provinces and Finland, 1855 - 1914* (Princeton: Princeton University Press, 1981)

Juhani Paasivirta, *Finland and Europe. The Period of Autonomy and the International Crises 1808 - 1914* (London: Hurst, 1981)

Kari Pitkänen, 'The Road to Survival or Death? Temporary Migration During the Great Finnish Famine in the 1860s', in Antti Häkkinen (ed.), *Just a Sack of Potatoes? Crisis Experiences in European Societies, Past and Present*, Studia Historica 44 (Helsinki: The Historical Society of Finland, 1992), pp. 87 - 118

Tuomo Polvinen, *Imperial Borderland: Bobrikov and the Attempted*

Russification of Finland, 1898 –1904 (London: Hurst, 1995)

George Schoolfield, *Helsinki of the Czars. Finland's Capital: 1808 –1918* (Columbia: Camden House, 1996)

Robert Schweitzer, 'The "Baltic Parallel" - Reality or Historiographical Myth: the Influence of the Tsarist Government's Experience in the Baltic Provinces on its Finnish Policy', *Journal of Baltic Studies*, 15 (1984), pp. 195 – 215

The Rise and Fall of the Russo-Finnish Consensus. The History of the 'Second' Committee on Finnish Affairs in St Petersburg (1857 –1891) (Helsinki: Hallintohistoriakomitea & Edita, 1996)

Edward Thaden, *Russia's Western Borderlands, 1710 – 1870* (Princeton: Princeton University Press, 1984)

Päiviö Tommila, *La Finlande dans la politique européenne en 1809 – 1815*, Studia Historica 3 (Helsinki: la Société historique de Finlande, 1962)

William Wilson, *Folklore and Nationalism in Modern Finland* (Bloomington: Indiana University Press, 1976)

独立后的第一个时期(1917—1947)

Risto Alapuro, *State and Revolution in Finland* (Berkeley: University of California Press, 1988)

James Barros, *The Aland Islands Question. Its Settlement by the League of Nations* (New Haven: Yale University Press, 1968)

Michael Berry, *American Foreign Policy and the Finnish Exception: Ideological Preferences and Wartime Realities* (Helsinki: Suomen Historiallinen Seura, 1987)

John Hodgson, *Communism in Finland* (New Brunswick: Princeton University Press, 1967)

Max Jakobson, *The Diplomacy of the Winter War, 1939 – 1940*

(Cambridge, MA: Harvard University Press, 1961)

Markku Kangaspuro, 'Nationalities Policy and Power in Soviet Karelia in the 1920s and 1930s', in T. Saarela and K. Rentola (eds.), *Communism National and International* (Helsinki: Suomen Historiallinen Seura, 1998), pp. 119 - 38

Jukka Nevakivi, *The Appeal that was Never Made. The Allies, Scandinavia and the Finnish Winter War 1939 - 1940* (London: Hurst, 1976)

Jukka Nevakivi (ed.), *Finnish-Soviet Relations, 1944 - 1948* (Helsinki: University of Helsinki, 1994)

Juhani Paasivirta, *Finland and Europe. The Early Years of Independence, 1917 - 1939*, Studia Historica 29 (Helsinki: Suomen Historiallinen Seura, 1988)

Tuomo Polvinen, *Between East and West. Finland in International Politics, 1944 - 1947* (Minneapolis: University of Minnesota Press, 1986)

Kimmo Rentola, 'Finnish Communism, O. W. Kuusinen, and Their Two Native Countries', in T. Saarela and K. Rentola (eds.), *Communism National and International* (Helsinki: Suomen Historiallinen Seura, 1998), pp. 159 - 81

J. E. O. Screen, *Mannerheim. The Finnish Years* (London: Hurst, 2000)

A. F. Upton, *Finland in Crisis 1940 - 1941* (London: Faber, 1964)

Anthony Upton, 'Finland', in Martin McCauley (ed.), *Communist Power in Europe, 1944 - 1949* (London: Macmillan, 1977)

The Finnish Revolution, 1917 - 1918 (Minneapolis: University of Minnesota Press, 1980)

Carl Van Dyke, *The Soviet Invasion of Finland, 1939 - 40*

(London: Frank Cass, 1997)

Olli Vehviläinen, *Finland in the Second World War Between Germany and Russia* (Basingstoke: Palgrave, 2002)

第二次世界大战后的芬兰

Ray Abrahams, *A Place of Their Own. Family Farming in Eastern Finland* (Cambridge: Cambridge University Press, 1991)

Sirkka Ahonen, 'The End of the Common School-Change in the Ethos and Politics of Education in Finland Towards the End of the 1900s', in Sirkka Ahonen and Jukka Rantala (eds.), *Nordic Lights. Education for Nation and Civic Society in the Nordic Countries, 1850 - 2000* (Helsinki: Finnish Literature Society, 2001), pp. 175 - 203

Pirkkoliisa Ahponen and Pirjo Jukarainen (eds.), *Tearing Down the Curtain, Opening the Gates* (Jyväskylä: SoPhi Academic Press, 2000)

David Arter, 'The EU Referendum in Finland on 16 October 1994: A Vote for the West, not for Maastricht', *Journal of Common Market Studies*, 33 (1995), pp. 361 - 87

Christopher Browning, 'From Modern to Post-Modern Region-Building: Emancipating the Finnish Nation from the State', in M. Lehti, and D. Smith (eds.), *Post-Cold War Identity Politics. Northern and Baltic Experiences* (London: Frank Cass, 2003), pp. 101 - 27

Jussi Hanhimäki, *Containing Coexistence. America, Russia and the "Finnish Solution", 1945 - 1956* (Kent, OH: The Kent State University Press, 1997)

Keijo Immonen (ed.), *Pitkä linja-The Long Perspective. Mauno Koivisto, valtiomies ja vaikuttaja-statesman* (Helsinki:

Kirjayhtymä, 1993)

Tim Ingold (ed.), *The Social Implications of Agrarian Change in Northern and Eastern Finland* (Helsinki: The Finnish Anthropological Society, 1988)

Max Jakobson, *Finland: Myth and Reality* (Helsinki: Otava, 1987)

Finland in the New Europe (Westport, CT: Praeger, 1998)

Pertti Joenniemi, 'Finland in the New Europe. A Herderian or Hegelian Project?', in O. Wæver, and L. Hansen (eds.), *European Integration and National Identity. The Challenge of the Nordic States* (London: Routledge, 2002)

Urho Kekkonen, *A President's View*, trans. Gregory Coogan (London: Heinemann, 1982)

Walter Laqueur, 'Europe: the Specter of Finlandiz ation', *Commentary*, 64 (1977), pp. 37 – 41

Tuomas Martikainen, *Immigrant Religions in Local Society. Historical and Contemporary Perspectives in the City of Turku* (Åbo: Åbo University Press, 2004)

George Maude, *The Finnish Dilemma. Neutrality in the Shadow of Power* (London: OUP for the Royal Institute of International Affairs, 1976)

Juha Pentikäinen and Marja Hiltunen (eds.), *Cultural Minorities in Finland. An Overview Towards Cultural Policy* (Helsinki: Finnish National Commission for Unesco, 1995)

Tuomo Polvinen, *Between East and West. Finland in International Politics 1944 – 1947* (Minneapolis: University of Minnesota Press, 1986)

Teija Tiilikainen, *Europe and Finland. Defining the Political Identity of Finland in Western Europe* (Aldershot: Ashgate, 1998)

经 济

Jorma Ahvenainen, 'The Competitive Position of the Finnish Paper Industry in the Inter-War Years', *Scandinavian Economic History Review*, 22 (1974), pp. 1-21

Finland (Paris: OECD Reviews of Rural Policy, 1995)

Finland. A New Consensus for Change (Paris: OECD Reviews of Regulatory Reform, 2003)

Riitta Hjerppe, *The Finnish Economy 1860 - 1985. Growth and Structural Change* (Helsinki: Government Printing Centre, 1989)

Yrjö Kaukiainen, *A History of Finnish Shipping* (London: Routledge, 1993)

Kimmo Kiljunen, *Finland and the New International Division of Labour* (Basingstoke, London: Macmillan, 1992)

Timo Myllyntaus, *The Gatecrashing Apprentice. Industrialising Finland as an Adopter of New Technology*, Communications of the Institute of Economic and Social History 24 (Helsinki, 1990)

Matti Peltonen, 'Agrarian World Market and Finnish Farm Economy: the Agrarian Transition in Finland in the Late Nineteenth and Early Twentieth Centuries', *Scandinavian Economic History Review*, 36 (1988), pp. 26-45

Fred Singleton, *The Economy of Finland in the Twentieth Century* (Bradford: University of Bradford, 1986)

文学与艺术

Olli Alho (ed.), *Finland. A Cultural Encyclopedia* (Helsinki: Finnish Literature Society, 1997)

Books from Finland, published quarterly by the University of

Helsinki Library since 1967, offers a comprehensive guide to translations of Finnish works into other languages, with articles and translated extracts from recent publications; particularly good on poetry.

Keith Bosley (ed. and trans.), *Skating on the Sea: Poetry from Finland* (Newcastle: Bloodaxe Books/Helsinki: Finnish Literature Society, 1997)

Matti Kuusi, Keith Bosley, and Michael Branch (ed. and trans.) *Finnish Folk Poetry-Epic. An Anthology in Finnish and English* (Helsinki: Finnish Literature Society, 1977)

Kai Laitinen, *Literature of Finland. An Outline* (Helsinki: Otava, 1985)

James Richards, *800 Years of Finnish Architecture* (Newton Abbot: David and Charles, 1978)

Sixten Ringbom, *Stone, Style and Truth. The Vogue for Natural Stone in Nordic Architecture, 1880 - 1910* (Helsinki: Suomen muinaismuistoyhdistys, 1987)

John Boulton Smith, *The Golden Age of Finnish Art. Art Nouveau and the National Spirit* (Helsinki: Otava, 1975)

Renja Suominen-Kokkonen, *The Fringe of a Profession. Women as Architects in Finland from the 1890s to the 1950s* (Helsinki: Suomen muinaismuistoyhdistys, 1992)

Markku Valkonen, *The Golden Age: Finnish Art, 1850 - 1907* (Helsinki: Werner Söderström, 1992)

索　引

（索引中的页码为原书页码，即本书边码）

B

D

E

F

G

H

L

N

O

P

R

S

T

U

V

W

Y

Z

译 者 说 明

1. 纪胜利翻译了序言、目录、第一至三章和注释、索引、导读、表格、选举、总统及部分插图。负责全书的修改和润色。
2. 孙策承担了第五章和第七章全部,第四章、第六章和第八章的部分翻译和校稿。
3. 吕平承担了第四章、第六章和部分插图的翻译。
4. 王雪承担了第八章的部分翻译和部分插图的翻译。